『기업의 시대』 인터뷰 인물 목록

노벨경제학상 수상자

1 로버트 포겔 시카고대학 교수 · 1993년 노벨경제학상 수상자
2 제임스 멀리스 케임브리지대학 교수 · 1996년 노벨경제학상 수상자
3 로버트 먼델 컬럼비아대학 교수 · 1999년 노벨경제학상 수상자
4 조셉 스티글리츠 컬럼비아대학 교수 · 2001년 노벨경제학상 수상자
5 마이클 스펜스 뉴욕대학 스턴 경영대학원 교수 · 2001년 노벨경제학상 수상자

기업 CEO 및 리더

6 개빈 니스 유니레버 수석 부사장
7 김종훈 벨연구소 전 사장
8 란가라잔 벨라모르 인포시스 중국 CEO
9 로저 메이비티 콘란Conran 그룹 CEO
10 류촨즈 레노버 그룹 창업자
11 리수푸 지리자동차 회장
12 마윈 알리바바 그룹 회장
13 무스타파 모하타렘 GM 수석이코노미스트
14 벤 버바이엔 알카델-루슨트 CEO
15 빌 포드 포드자동차 회장
16 쉬샤오춘 진뎨金蝶 국제소프트웨어 회장
17 쉬쾅 중국 미드레이 이사장
18 앨런 가넥 IBM 소프트웨어 부사장
19 앵거스 컨디 헨리풀 회장
20 엘렌 쿨먼 듀폰 회장 겸 CEO
21 오스카 창 트렌드마이크로 아시아퍼시픽 총괄 부사장
22 왕촨푸 BYD 사장
23 이나모리 가즈오 교세라그룹 명예회장 · 일본항공인터내셔널 회장
24 장 폴 아공 로레알 회장 겸 CEO
25 존 패럴 코카콜라 전략기획사업 부사장
26 쿵둥 중국국제항공공사 전 회장
27 토머스 코넬리 듀폰 부회장
28 폴 오텔리니 인텔 전 CEO
29 푸청위 중국석유화공(시노펙) 회장
30 프레드문트 말리크 말리크 경영컨설팅 회장
31 하비 피트 국제 비즈니스 컨설팅사 칼로라마 파트너즈 CEO

각국의 학자 및 전문가들

◆ 미국
32 가스 살로너 스탠퍼드대학 경영대학원 학장
33 게일 포슬러 컨퍼런스보드 위원장
34 데이비드 램튼 존스홉킨스대학 중국연구과 교수
35 데이비드 슈미틀라인 메사추세츠공과대학 경영대학원 학장
36 루이스 갈람보스 존스홉킨스대학 기업역사학 교수
37 리나 아크타르 미국 금융박물관 문서책임자
38 리처드 실라 뉴욕대학 스턴 경영대학원 교수
39 리처드 테들로우 하버드대학 경영대학원(HBS) 교수
40 머레이 와이덴바움 워싱턴대학 와이덴바움센터 명예회장
41 밥 케이시 헨리포드박물관 관장
42 버드젤 주니어 법률학자
43 스벤 베케트 하버드대학 역사학과 교수
44 스튜어트 블루민 코넬대학 역사학과 명예교수
45 스티븐 왓츠 『국민의 거물: 헨리 포드와 미국의 세기』 저자
46 아서 보니 카네기멜론대학 테퍼 경영대학원 교수
47 아오키 마사히코 스탠퍼드대학 명예교수
48 아이라 잭슨 메사추세츠대학 보스턴캠퍼스 교수
49 앙트완 반 아그마엘 이머징마켓매니지먼트 회장
50 앤서니 머피 댈러스 연방준비은행 정책 고문 겸 선임 연구원
51 윌리엄 라조닉 메사추세츠 로웰대학 경제학과 교수
52 윌리엄 커비 하버드대학 동아시아연구센터 교수
53 이매뉴얼 월러스틴 예일대학 사회학과 교수
54 제닉 레이돈 컬럼비아대학 국제공공정책대학원(SIPA) 교수
55 제프리 존스 하버드대학 경영대학원(HBS) 교수
56 제프리 코원 서던캘리포니아대학 법학과 교수
57 조셉 프라트 휴스턴대학 경제학과 교수
58 조지프 나이 하버드대학 케네디행정대학원 전 학장
59 존 고든 경제역사학자
60 존 네이스비츠 미래학자

61 존 켈치 하버드대학 경영대학원(HBS) 교수
62 천즈우 예일대학 경영학과 교수
63 케네스 로즈 록펠러 기록보관소 부책임자
64 케네스 포메란츠 시카고대학 역사학과 교수
65 테레즈 플래허티 펜실베이니아대학 와튼 경영대학원 교수
66 폴 케네디 예일대학 역사학과 교수
67 프랜시스 헤셀베인 피터 드러커 재단 설립자
68 피터 크라스 『카네기』 저자
69 헤르만 에버하트 프랭클린 루스벨트 도서관장
70 J. 스콧 암스트롱 펜실베이니아대학 와튼 경영대학원 교수
71 T.J. 스타일스 『최초의 거물: 밴더빌트의 장대한 삶』 저자

◆ 영국
72 니콜라스 크라프츠 워릭대학 경제학과 교수
73 닉 할리 옥스퍼드대학 세인트안토니 칼리지 경제사학과 교수
74 머빈 데이비스 전 영국 무역산업부 장관
75 에이드리언 울드리지 〈이코노미스트〉 경영전문 편집인
76 존 케언스 에든버러대학 법학과 교수
77 톰 톰린슨 런던대학 소아즈 사학과 명예교수
78 팀 모스 영국법인등기소 기업전략담당
79 피터 놀란 케임브리지대학 교수
80 한스 반더벤 케임브리지대학 중국현대사 교수

◆ 프랑스
81 니콜라 바브레 프랑스 경제사학자 겸 변호사
82 베르나르 라마낭소아 프랑스 공립 경영대학원(HEC) 학장
83 알레산드로 스탄지아니 프랑스 사회과학고등연구원(EHESS) 교수
84 장 에르베 로렌지 프랑스 경제학자협회장
85 피에르 도케스 리옹 제2대학 교수
86 피에르 시리유 오트르 프랑스 사회과학고등연구원(EHESS) 총장
87 하워드 데이비스 파리정치대학 교수

◆ 독일
88 베르너 플룸페 프랑크푸르트대학 역사학과 교수
89 볼프강 코니히 베를린공과대학 인문학과 교수
90 안드레아스 레머 바이로이트대학 경영학과 교수
91 프랑크 비텐도르퍼 지멘스 기록보관소장
92 한스 피터 뮐러 훔볼트대학 사회학과 교수
93 헤르만 셰를 전 프리드리히 알렉산더 대학 경제학과 교수
94 헤르만 지몬 독일 경영학자

◆ 기타 유럽 국가
95 로베르타 모렐리 로마 제2대학 경제사학과 교수
96 산드로 스키파니 로마 제1대학 법학과 교수
97 메리 오설리번 제네바대학 교수

◆ 일본
98 니시자와 타모츠 히토쓰바시대학 경제연구소장
99 다케타 하루히토 도쿄대학 경제학과 교수
100 사카모토 카즈이치 리쓰메이칸대학 명예교수
101 오마에 겐이치 일본 비즈니스브레이크스루대학 학장
102 오카자키 데쓰지 도쿄대학 경제학과 교수
103 이토 모토시게 도쿄대학 경제학과 교수
104 이노우에 준 시부사와역사관장
105 호리 마키요 와세다대학 정치경제학술원 교수
106 후지모토 타카히로 도쿄대학 경제학과 교수

◆ 중국
107 닝샹둥 칭화대학 경제관리학원 교수
108 샤오닝 국무원 국가국유자산감독관리위원회 전 부주임
109 시타 라마크리슈나 벨라무리 중국유럽국제경영대학원(CEIBS) 교수
110 왕샹친 베이징상학원 전 총장
111 왕즈러 중국 상무부 다국적기업연구센터 주임
112 우징롄 중국 국무원 발전연구센터 연구원
113 우징핑 푸단대학 역사학과 교수
114 위허핑 중국사회과학원 연구원
115 자오쉬둥 중국정법대학 교수
116 장웨이잉 베이징대학 광화 경영대학원장
117 저우팡성 국무원 국가국유자산감독관리위원회 기업개혁국 전 부국장
118 천정핑 칭화대학 인문학원 교수
119 첸잉이 칭화대학 경제관리학원장
120 첸청단 베이징대학 역사학과 교수
121 팡이 베이징공상대학 상학원 교수
122 한톄 난카이대학 역사대학원 교수
123 허하이런 중국사회과학원 법학연구소 부연구원

기업의시대

公司的力量
Copyright ⓒ 2010 by Shanxi Education Press, China
Original Chinese edition was published by Shanxi Education Press,China.
Korean language edition ⓒ 2014 by Dasan Books Co., Ltd.
Korean language edition is published by arrangement with
北京三多堂传媒科技有限公司 through 中国山西教育出版社
All rights reserved.

이 책의 한국어판 저작권은 저작권자와의 독점 계약으로 (주)다산북스에 있습니다.
신저작권법에 의해 한국 내에서 보호를 받는 저작물이므로 무단 전재와 무단 복제를 금합니다.

중국 CCTV · EBS 방영 다큐멘터리

기업의 시대

CCTV 다큐 제작팀 지음 : 허유영 옮김

머리말

먼 과거를 돌이켜볼 수 있다면, 먼 미래도 내다볼 수 있다

기업은 우리에게 익숙하고도 낯선 존재다. 기업은 인류 역사상 가장 광범위하고 효율성이 높은 경제조직이며 '인류가 얻어낸 최고의 성과'로 평가받고 있다. 특히 기업의 다양한 형태 가운데 가장 많은 수를 차지하고 있는 주식회사의 탄생은 근대 이래 가장 중요한 경제적 혁신으로 여겨지고 있다. 주식회사는 자원을 한곳으로 모으고 리스크를 분산시켰으며 인종이나 민족, 지역에 관계없이 개개인의 힘을 응집시켜 인류의 경제생활, 더 나아가 현대 문명의 새로운 페이지를 열었다.

과거 수 세기 동안 기업은 개인 간의 공존 질서와 국가 간의 경쟁 규칙을 변화시켜왔다. 오늘날 유형과 무형의 다양한 성과들이 기업의 이름 아래 창조되고 있으며, 기업이 구축한 글로벌 경제 네트워크가 전 세계 거의 모든 국가와 지역에 진입해 있다. 기업은 이미 없어서는 안 될 생존 방식이자 생활 방식이 되었다.

다른 한편, 기업은 새로운 지식과 기술의 창조자이자 제도 혁신과 문화 개선의 조력자가 되기도 했지만, 그와 동시에 모든 것에 가격을 매기는 부작용도 가져왔다. 이익의 강력한 유혹 앞에서 기업은 모든 것을 상품화하는 원흉이 되었다. 2008년 갑작스럽게 찾아온 금융 위기로 세계경제는 큰 타격을 입었는데, 이 거대한 충격의 발단은 다름 아닌 몇몇 기업들의 부정부패였다. 지난 수백 년 동안 기업은 인간의 이기적인 본능과 도덕적 마지노선 사이의 갈등과 충돌에서 단 한 번도 벗어나지 못했다. 글로벌화가 확산되면서 탐욕에 대한 비난과 시장에 대한 회의는 또다시 기업들을 공로와 과오의 깊은 논쟁 속으로 빠뜨렸다.

우리가 기뻐하고 있든 걱정하고 있든 분명한 사실은 기업이 인류 생활에서 필수불가결한 요소가 되었다는 것이다. 세계가 걸어온 역사를 보건대, 기업은 오늘날 결코 없어서는 안 될 조직이자 제도이며 문화로 자리 잡고 있다.

그렇다면 기업에 대해 우리는 어떻게 더 깊이 인식하고 이해해야 할까? 기업은 어떻게 탄생했으며 어떻게 발전해왔을까? 기업의 힘은 어디에서 나오기 시작했으며 또 어떻게 시대를 변화시켜왔는가? 이런 관점에서 각국 기업들이 걸어온 발자취를 뒤돌아보는 것은 현재 기업들의 성장과 발전에 도움이 될 수 있는 좋은 참고자료가 될 수 있다. 중국 최대 TV 방송사인 CCTV는 바로 그 역할을 하고자 했다.

우리는 기획에서 제작까지 약 2년이라는 긴 시간을 들여 이 프로젝트를 진행했다. 6개 제작팀이 유럽, 아시아, 아메리카 3대륙을 돌았고 이탈리아, 영국, 프랑스, 독일, 인도 등 8개국을 넘나들었다. 기업의 탄생과 발전의 역사를 자세히 파헤치기 위해 귀중한 역사자료들과 유적을 찾아 카메라에 담았다.

『기업의 시대(TV 방영 당시 제목은 '기업의 힘')』는 기업의 운명과 미래를 다각도로 심도 있게 분석한 다큐멘터리다. 세계 각국의 유수 대학과 경영대학원, 연구기관을 찾아 취재했고, 5명의 노벨경제학상 수상자와 100명이 넘는 역사 · 경제 · 정치 · 사회 등 각 분야의 석학들을 만났다. 인터뷰에 응한 학자들은 '기업'이라는 주제를 통해 세계사를 회고한다는 CCTV의 예리한 시각을 높이 평가했다.

『기업의 시대』는 또한 기업의 성장과 생존 환경을 전반적으로 조망한 다큐이기도 하다. 제작팀은 세계 각국에서 지난 수백 년간 각기 다른 역사 단계에서 번영을 누린 다양한 특색의 기업 50여 곳을 취재했고, 세계 기업계에서 큰 영향력을 가진 기업인 50여 명을 만나 기업에 대한 그들의 인식을 들어보았다. 이런 것들은 모두 다 지금까지 어디에서도 보고 들을 수 없었던 소중한 자료들이다.

이처럼 『기업의 시대』에는 역사와 현 시대를 관찰하고 사색하기 위한 긴 여정이 기록되어 있다. 기획 단계에서부터 현실과 역사의 접목을 통해, 단순한 즉답을 얻어내는 것이 아니라 상세한 자료와 스토리를 통해 차근차근 결론을 도출해내고자 했고, 현대적인 감각을 통해 풍부한 정보와 자료를 제공하는 데 주력하고자 했다.

마지막으로, 『기업의 시대』는 그동안 사회적으로 큰 반향을 일으킨 다큐멘터리를 만든 제작팀이 그동안의 제작방식을 그대로 살려 만든 것이다. 현실에 발을 딛고 냉정하고 객관적인 이성을 유지하며 겸손하고 성실한 자세를 잃지 않는 것이 우리의 변함없는 목표였다. 이 콘텐츠가 글로벌화 시대의 파도에 흔들리고 있는 세계에 가치 있는 참고자료가 되길 바라마지 않는다. 먼 과거를 돌이켜볼 수 있다면 먼 미래도 내다볼 수 있다고 확신한다.

CCTV 부사장

뤄밍羅明

차 례

머리말 먼 과거를 돌이켜볼 수 있다면, 먼 미래도 내다볼 수 있다 • 4

제1장 세상을 바꿔온 힘, 기업

01 세계 어디에나 있는 조직 • 15
02 근대의 가장 위대한 발명품 • 29
03 욕망이라는 이름의 전차 • 35
04 기업은 과거이자 미래다 • 42

:: Interview inside 인터뷰 인사이드 • 48
　존 퀠치 | 마이클 스펜스 | 오마에 겐이치 | 로버트 먼델

:: Insight review 인사이트 리뷰 • 52
　기업은 어떻게 탄생했는가? | 기업은 왜 유럽에서 탄생했을까? | 기업은 사회를 어떻게 변화시켰는가?

제2장 무한한 시장을 향한 대장정

01 특권 기업들의 무역 전쟁 • 61
02 '황금 알을 낳는' 주식회사 • 71
03 산업혁명 그리고 시장의 승리 • 78

:: Interview inside 인터뷰 인사이드 • 91
　니콜라 바브레 | 에이드리언 울드리지

:: Insight review 인사이트 리뷰 • 97
　특권 기업은 어떤 흥망성쇠의 과정을 거쳤는가? | 산업혁명은 어떻게 발생했는가?

제3장 부를 이룬 영웅들의 전성시대

01 신대륙의 급부상과 기업가의 출현 • 105
02 독일 기업의 추격 • 123
03 무너진 자유경쟁의 원칙 • 128

∷ **Interview inside** 인터뷰 인사이드 • 135
　피터 크라스 | 존 고든 | 로버트 포겔

∷ **Insight review** 인사이트 리뷰 • 139
　부의 신화는 어떻게 만들어졌는가? | 기업가 정신은 어떻게 탄생하는가? | 기업가의 역할은 어디까지인가?

제4장 성장 이면의 모순과 갈등

01 '영혼 없는 리바이어던'이 된 기업 • 147
02 공평과 효율의 게임 • 154
03 '밀림의 법칙'을 버리다 • 163

∷ **Interview inside** 인터뷰 인사이드 • 177
　스벤 베커트 | 버드젤 주니어 | 루이스 갈람보스

∷ **Insight review** 인사이트 리뷰 • 181
　'혁신주의 운동'은 왜 일어나게 되었는가? | 기업의 과도한 권력을 어떻게 억제할 것인가?

제5장 번영 뒤에 찾아온 재앙

01 전 세계를 휩쓴 악몽 • 189
02 전염병처럼 번진 '대공황' • 198
03 정부의 '보이는 손' • 204
04 새롭게 재편된 시장경제 • 214

∷ **Interview inside** 인터뷰 인사이드 • 223
　마이클 스펜스 | 헤르만 에버하트

∷ **Insight review** 인사이트 리뷰 • 227
　시장경제의 발전 과정에서 경제 위기는 필연적인 것인가? | 우리는 경제 위기에 어떻게 대응해야 하는가? | 위기의 해법은 어떻게 모색해야 하는가?

제6장 누가 기업을 지배하는가?

01 '기업 왕조'의 세대교체 • 235
02 전문경영인의 화려한 등장 • 242
03 방대한 조직이 불러온 병폐 • 257

::Interview inside 인터뷰 인사이드 • 264
  아이라 잭슨 | 데이비드 슈미틀라인 | 빌 포드

::Insight review 인사이트 리뷰 • 269
  '경영자 혁명'은 어떻게 발생하게 되었는가? | 현대 기업 제도의 핵심은 무엇인가? | '내부자 통제'가 왜 기업의 새로운 과제가 되었는가?

제7장 일본 성장의 비밀, 기업문화

01 일본을 바꾼 '논어와 주판' • 277
02 '서양의 얼굴'을 가진 '동양의 영혼' • 286
03 성공을 이끄는 기업문화의 길 • 293

::Interview inside 인터뷰 인사이드 • 304
  오마에 겐이치 | 다케다 하루히토 | 이노우에 준

::Insight review 인사이트 리뷰 • 309
  일본 기업들은 어떻게 서양 기업들을 추월했을까? | 일본 기업문화에는 어떤 특징이 있는가? | 일본 기업문화의 형성은 어떤 교훈을 남겼는가?

제8장 생존을 위한 숙명, 혁신

01 연구개발의 선두에 선 기업 • 317
02 과학기술 전쟁의 서막이 열리다 • 324
03 기적을 실현하는 힘 • 337

::Interview inside 인터뷰 인사이드 • 347
  폴 오텔리니 | 빌 포드 | 장 폴 아공

::Insight review 인사이트 리뷰 • 351
  과학기술이 왜 최고의 생산력인가? | 기업이 혁신을 실현하는 힘은 어디서 나오는가? | 제도와 기술 가운데 무엇이 더 중요할까?

제9장 신흥시장국가 중국의 야심

01 전제정치 아래서 싹 틔운 최초의 기업 열풍 • 359
02 거센 변혁의 물결 • 368
03 본궤도에 오른 중국의 시장경제 • 374

:: Interview inside 인터뷰 인사이드 • 391
장웨이잉 | 첸잉이 | 우징롄

:: Insight review 인사이트 리뷰 • 395
근대 중국 기업들은 어떤 과정을 겪었는가? | 중화인민공화국 수립 이후 기업은 어떻게 달라졌는가?

제10장 국경 없는 세계, 새로운 기업의 시대

01 세계를 움직이는 다국적기업 • 401
02 소리 없는 글로벌 혁명 • 410
03 문화의 충돌과 현지화 전략 • 415
04 세계라는 이름의 경제 무대 • 424

:: Interview inside 인터뷰 인사이드 • 433
베르나르 라마낭소아 | 헤르만 지몬

:: Insight review 인사이트 리뷰 • 437
'글로벌화'란 무엇인가? | 글로벌화의 주인공은 누구인가? | 글로벌기업의 과제는 무엇인가?

노벨경제학상 수상자 5인 인터뷰 기업, 정부 그리고 시장경제의 미래 • 442
후기 기업을 통해 우리가 살고 있는 시대를 생각하다 • 454
부록 연표로 보는 기업의 역사 • 460

인류가 현대사회로 발전함에 따라
세계시장이 점차 거대한 모습을 드러냈다.
그 산물로 혈연, 지연을 초월해
인간 개개인의 힘이 응집된 기업이 탄생했다.
기업이란 과연 무엇인가?
왜 기업을 근대 이래 탄생한 가장 위대한 발명품이라고 부르는가?
기업의 성공과 실패는 이 세상을 어떻게 변화시켜왔는가?

제1장
세상을 바꿔온 힘, 기업

수 세기를 거치면서 기업은 개인 간의 질서와
국가 간의 경쟁 규칙을 끊임없이 고치고 새롭게 써왔다.
세상에는 유형과 무형의 다양한 성과들이
기업의 이름 아래 창조되고 있다.

기업은 하나의 조직이며 제도이자 문화다.
또한 기업은 생존 방식이자 생활 방식이며,
보통 사람들이 역사를 창조하기 위한 수단이기도 하다.
'기업'이 발명되지 않았다면 현대 문명은
지금의 모습을 갖출 수 없었을 것이다.

01
세계 어디에나 있는 조직

1858년 4월 10일, 런던 템스 강변에 95미터 높이의 건물이 새로 들어섰다. 건물 안에는 무게 13.5톤에, 분침 길이만 4미터가 넘는 영국 최대 크기의 시계 '빅벤Big Ben(2012년 엘리자베스 2세 즉위를 기념하여 엘리자베스타워로 개명되었다)'이 설치되었다. 이후 빅벤은 영국의 상징이 되었다.

이 빅벤이 등장하면서 최신 시간 개념인 표준시가 사용되기 시작했다. 그 전까지는 태양의 움직임에 따라 각지의 시계를 맞추었다. 사람들은 해가 뜨면 일하

런던 빅벤

고 해가 지면 휴식을 취했다.

그러나 철도회사들이 생겨나면서 변함없이 이어지던 자연법칙에도 변화가 나타났다. 각 기차역마다 태양의 움직임에 맞춰 울리는 교회 종소리를 듣고 시간을 맞춘다면 열차 운행에 심각한 차질이 빚어질 것이었다. 곳곳에 철도가 부설되면서 사람들은 더 이상 태양의 움직임에 따라 생활할 수 없게 되었다.

국토가 넓은 미국에서는 표준시 도입이 더욱 시급한 과제였다. 1883년 11월 18일, 미국에서 처음으로 전국의 열차 시간표가 통합되었다. 통합 첫날 낮 12시, 미국 동부의 시계는 똑같은 시각에 맞추어졌다.

그 후 신이 내린 시간은 인간이 만든 시계바늘로 측정되기 시작했다. 이 모든 것을 바꾼 것은 종교도, 정치도, 과학도 아니었다. 그것은 바로 '기업'이었다. 물론 기업이 바꿔놓은 것이 비단 시간뿐만이 아니다.

평소 우리는 주변 기업들에 별다른 주의를 기울이지 않는다. 모든 것이 공기처럼 자연스럽기 때문이다. 하지만 일단 공기가 없어지면 진공 상태에서는 생존할 수 없다는 사실을 그제야 깨닫게 된다.

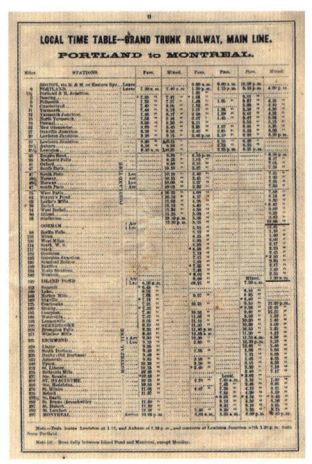

미국 최초의 열차 표준시간표

기업

기업이란 주주가 자본을 투자해 영리를 목적으로 법률에 따라 설립한 일종의 조직 형태다. 기업은 민사권을 행사하고 민사 행위를 할 수 있는 능력을 지닌다. 주주는 출자한 액수나 소유 지분의 한도 내에서 기업에 대해 책임을 지고, 기업은 전체 자산의 한도 내에서 기업의 채무를 책임진다.

2009년에 기업은 세계 인구의 81퍼센트에게 일자리를 제공해주었고 세계 경제력의 90퍼센트를 형성했으며, 전 세계 GDP의 94퍼센트를 창출했다. 그해 세계 100대 경제주체 가운데 51개가 기업이고 49개가 국가였다. 세계 161개국의 재정수입을 합

월마트 슈퍼센터

쳐도 월마트 한 곳의 수입에 미치지 못하고, 세계 10대 기업의 총 매출액을 합하면 세계에서 가장 작은 100개국의 GDP를 전부 합친 것보다 많다.

기업은 부를 창출하는 중요한 주체 가운데 하나다.
_ 베르나르 라마낭소아 Bernard Rarmanantsoa, 프랑스 공립 경영대학원(HEC) 학장

기업은 생활의 질을 향상하는 데 있어서 매우 중요한 역할을 하고 있다.
_ 존 켈치 John Quelch, 하버드대학 경영대학원(HBS) 교수

우리는 기업에 고용되어 일하면서 생활에 필요한 비용을 얻고 인생의 목표를 이루며 가족을 부양한다. 이런 돈을 모두 기업으로부터 벌어들인다.
_ 오마에 겐이치 大前研一, 일본 비즈니스브레이크스루대학 학장

기업 등록

기업 등록 또는 기업 등기란 기업을 설립 또는 변경하거나 사업을 중단할 때 기업 등기기관에서 법률적 절차를 통해 신청하는 것을 의미한다. 담당 기관은 이를 검토하고 심사한 후 법정 등기 사항을 기록한다. 기업의 설립에 대해 준칙주의(법률이 지정한 요건만 갖추면 자유롭게 기업을 설립할 수 있는 자유설립주의) 원칙을 적용하는 국가들은 대부분 공시주의(제3자의 이해관계에 영향을 미칠 수 있는 사항의 경우 제3자가 알 수 있도록 공시하는 것)도 동시에 시행하고 있다.

역사적으로 중요한 의의가 있는 혁신은 거의 모두 국가가 아닌 기업에 의해 이루어졌다.
_ 헤르만 지몬Hermann Simon, 독일 경영학자

기업은 하나의 과정이다. 모든 국가는 기업을 필요로 한다.
_ 로버트 먼델Robert Mundell, 컬럼비아대학 교수 · 1999년 노벨경제학상 수상자

세계 곳곳에서 매일 기업이 생겨나고 또 도산하며 하루하루 흥망성쇠의 이야기를 써나가고 있다. 오늘날 세계 대다수 국가에서 기업을 만드는 것은 그리 신기한 일이 아니다. 영국 법인등기소의 팀 모스Tim Morse는 "현재 영국에는 약 260만 개의 기업이 등록되어 있고 매년 35만 개 이상의 기업이 새로 문을 연다. 영국에는 기업 설립에 대한 제한이 거의 없다. 자본금이 1파운드만 되어도 누구나 기업을 설립할 수 있다"고 말했다. 미국의 미래학자 존 네이스비츠John Naisbitt는 "미국에서는 기업 등기 절차가 매우 간단하다. 별도의 비용 없이 하루

영국 법인등기소에 보관된 기업문서

미국 델라웨어 주에 있는 기업등기소

만에 기업을 세울 수 있다. 그저 기업을 만들겠다고 말하기만 하면 기업의 주인이 될 수 있다"고 말했다.

제품을 사거나 서비스를 받는 것, 직장을 구하거나 창업을 하는 것, 사장의 험담을 하거나 동료와 경쟁하는 것 모두 기업과 관련된 일이다. 미국 프로농구 리그인 NBA도 하나의 기업이다. 완벽한 농구 시합은 계약과 수입으로 전환된다. 기업은 사람뿐 아니라 두 주먹이나 발 하나까지 값을 매겨 상품화한다. 세계 3대 테너의 아름다운 목소리도 돈을 벌 수 있는 사업 아이템이 된다. 기업은 형이상학적인 예술의 가치를 값으로 계산하고, 정신적 즐거움까지도 구체적인 수치로 환산한다.

각국 원수의 해외 방문은 정치협상을 위한 것이지만 경제협력을 위한 것이기도 하다. 대통령 뒤에 있는 사람들은 군 장성이 아닌 대기업

NBA 경기, 세계 3대 테너 공연, 이라크 전쟁

총수들이다. 정치적인 권력뿐 아니라 기업의 주문서도 국제적인 판도에 큰 영향을 미친다. 이라크 전쟁은 현대전이었다. 겉으로는 매캐한 연기와 치솟는 불길밖에 보이지 않았지만, 눈에 보이지 않는 곳에서 수많은 기업들이 물류 전쟁과 정보 전쟁을 펼쳤다. 군대는 외부의 강제적인 명령을 통해 효율성을 발휘하지만 기업은 내부의 자발적인 활동을 통해 효율을 얻는다. 가장 효율적인 조직이라고 불리는 군대도 기업의 관리 방법을 배우기 시작했다. 미국의 웨스트포인트 육군사관학교는 현재 최고의 비즈니스스쿨 중 하나로 평가받고 있다.

기업의 상업 활동이 없었다면 현대사회는 존재하지 않을 것이며 수많은 상품과 서비스도 얻을 수 없었을 것이다. 공공사업과 전력공급, 정보통신, 은행 시스템 등도 여기에 포함된다.

_ 머레이 와이덴바움Murray Weidenbaum, **워싱턴대학 와이덴바움센터 명예회장**

웨스트포인트 육군사관학교 전경과 휘장

> 현대사회에서 기업은 개인의 생활과 공공 정책의 제정은 물론, 개인의 경제적 이익과 환경, 삶의 질, 그리고 사회 공익에 모두 영향을 미친다.
> _ 첸잉이錢穎一, 칭화대학 경제관리학원장

지난 수백 년 동안 기업은 번영과 침체 사이를 오가며 숱한 부침을 겪었다. 또한 기업은 생존하고 성장하면서 서서히 사회의 핏줄 속으로 파고들어가 사회 구석구석으로 퍼져나갔다. 그렇다면 기업은 대체 우리에게 어떤 조직인가? 어떻게 탄생했고 어떻게 변화해온 것일까?

인간은 타고난 장사꾼이다. 애덤 스미스는 "거래는 인간의 본성 중 하나이며 언어만큼이나 오랜 역사를 갖고 있다"고 했다. 메소포타미아 시대의 신전 은행, 고대 이집트의 노예 공장, 실크로드를 누볐던 아라비아 상단과 북유럽의 길드, 중국 명나라와 청나라 시대에 성행한 상방商

애덤 스미스의 부조 흉상

영화 〈베니스의 상인〉 중 한 장면

帮(상인 조합), 근대 유럽의 각종 상업 동맹 등 등 수천 년 동안 각양각색의 상업조직이 생겨났고, 그중 대다수 조직이 이미 역사의 매캐한 먼지 속으로 사라졌다.

하지만 기업은 세월이 지나면서 점차 온전한 형태를 갖추어갔다. 현대적인 의미의 주식회사는 16세기 후반에서 17세기 초 사이에 영국과 네덜란드에서 등장했지만, 그 원형은 고대 로마와 중세 서유럽에서 이미 나타났다는 것이 일반적인 인식이다.

1세기에 만들어진 고대 로마의 부조에는 2000년이 넘는 역사가 담겨 있다. 이른 새벽 등대의 인도를 받은 상선 한 척이 천천히 트라야누스 항구로 들어서는 모습이 새겨져 있다. 이 부조는 고증을 통해 한 로마 기업의 간판이라는 사실이 밝혀졌다. 아마도 이것이 기업과 관련된 가장 오래된 상징물일 것이다.

고대 로마의 상업조직은 개인이 자본을 출자해 동업하는 형태가 대부분이었다. 이런 방식은 법이 있으면 곧 사회가 있다는 아리스토텔레스의 관점을 발전시킨 것이다.

_ 로베르타 모렐리Roberta Morelli, **로마 제2대학 경제사학과 교수**

고대 로마의 부조

고대 로마의 상업조직은 동업자들이 공동 출자한 뒤 관리자를 선출해 경영을 하는 형태였는데 직원이 100명을 넘는 경우는 거의 없었다. 현재와 비교하면 여러 가지로 큰 차이가 있지만 중요한 것은 로마 시대에 확립한 법률 원칙이 훗날의 기업 발전에 지대한 영향을 미쳤다는 사실이다.

로마법에서 인간은 재산권을 가질 수 있으며 소송을 제기할 수 있고 소송을 제기당할 수 있는 모든 개체를 의미했다. 제소와 피소가 특별한 권리로 인식되지는 않았지만 실제로 모두 있었다.

_ 버드젤 주니어 L. E. Birdzell Jr, **미국 법률학자**

개인 간의 동업

법률적으로 개인 간의 동업에는 두 가지 의미가 있다. 하나는 동업이라는 민사 행위이고, 다른 하나는 동업인들이 인적, 물적 자원을 결합시켜 만든 실질적인 경영주체다. 로마에서 등장한 동업 회사는 자연인 두 명 이상이 공동 출자하고 공동으로 경영하는 경영주체라고 정의할 수 있다.

> 소유권의 불가침성과 안정성 또는 권리의 안정적이고도 명확한 귀속은 상업 활동은 물론 사회생활 전체에서 매우 중요한 의미를 가지고 있었다.
>
> _ 산드로 스키파니 Sandro Schipani, 로마 제1대학 법학과 교수

법률로 개인의 권리를 보호하고 소유권을 확실히 규정한 것은 자유 거래와 시장 형성의 전제였다. 바로 그 이유 때문에 학자들은 최초로 기업을 만든 것이 로마인이라고 보고 있다. 하지만 로마 제국의 몰락으로 기업이라는 배도 함께 좌초되고 말았다. 진정한 기업의 시대는 사람들이 좀 더 자유를 얻은 후에 찾아왔다.

이탈리아 제노바의 기록보관소에는 현존하는 가장 오래된 상업계약서가 보관되어 있다. 이 계약서는 제노바의 성실한 필사원의 손을 거쳐 만들어졌다. 제노바 이외에도 이탈리아의 여러 도시에 있는 기록보관소에는 이런 계약서들이 수없이 많이 보관되어 있다. 현재의 상업계약서와 비교할 수는 없지만 당시 개인 간의 관계와 재산 관계를 증명해주는 문서임은 분명하다. 계약을 체결한 양측 당사자는 자신의 재산과 노동력을 자기 마음대로 행

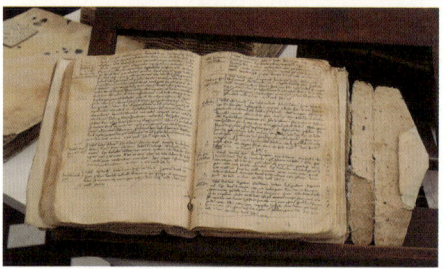

제노바 기록보관소에 보관된 계약서들과 장부

사하고 사용할 수 있는 자유를 가지고 있었다.

시장을 통한 교환은 자주적이고 자율적인 방식이다. 사람들은 자신이 가지고 있는 재산과 권리를 남들과 자유롭게 교환할 수 있었다.
_ 우징롄吳敬璉, 중국 국무원 발전연구센터 연구원

재산권이 분명하게 규정되지 않았다면 계약은 불가능했을 것이고 기업도 생겨날 수 없었을 것이다.
_ 첸잉이, 칭화대학 경제관리학원장

평등한 계약은 인간 평등을 전제로 한다. 이탈리아 르네상스 시대부터 사람의 출신, 가문, 계급은 더 이상 인간을 평가하는 기준이 되지 못했다. 존재 가치를 인정받은 사람들은 행복하게 살기 위해 더욱 노력했다. 하지만 개인의 능력에는 한계가 있었다.

개인은 새로운 아이디어를 낼 수 있지만, 그 아이디어를 상품화하고 시장성을 갖추어 사회에서 인정받을 수 있도록 하려면 기업의 힘이 절대적으로 필요하다.
_ 장웨이잉張維迎, 베이징대학 광화 경영대학원장

모든 상인들이 마치 역사적인 변화를 기다리는 듯했다. 마침내 15

콜럼버스

세기가 끝나갈 무렵 제노바 출신의 탐험가 콜럼버스가 신대륙 발견이라는 엄청난 소식을 가지고 돌아왔다. 신대륙은 새로운 땅과 인구, 자원을 의미했다. 시간이 지나면서 사람들은 신대륙이 그야말로 광활한 시장임을 깨달았다.

세계의 면모를 한발 물러나서 전체적으로 살펴보면, 이 세계는 현재 여러 개의 경제주체가 서로 융합되어 세계적인 경제주체를 향해 나아가고 있다.

_ 존 네이스비츠, 미국 미래학자

시장처럼 중요한 풍향계는 없다. 이 관점에서 보면 세계는 갑자기 완전히 새로운 곳으로 변한 셈이었다. 대항해시대로 촉발된 급격한 변화 속에서 수천 년 동안 친족이나 이웃에 의지해 유지되던 전통적인 상업 조직으로는 충분한 인력과 자금을 확보할 수 없게 되었다. 혈연과 지연, 인격과 친분을 뛰어넘는 상업적 협력이 필요해졌다.

1893년 10월 7일, 런던 웨스트엔드에서 〈유토피아주식회사〉라는 오페레타(19세기 후반 발달한 대중적인 음악 희극. 희가극 또는 경가극이라고도 한다)가 공연되었다. 모든 출연진이 합창하는 공연의 마지막 대목에서는 이런 노래 가사가 나온다. "일곱 명이 함께 회사를 만들었네. 이들은 빚을 얼마까지만 갚겠다고 공개적으로 선언했다네." 여기에는 '주식회사'에 관한 영국의 규정이 담겨 있다. 일곱 명이 함께 기업을 세우고 유한책임을 진다는 것이다. 19세기 중엽 주식회사는 마침내 제도화되어 법률로 굳어졌다.

> 기업은 세 가지 특징을 가지고 있다. 유한책임제, 투자와 권익의 자유로운 양도, 법인의 지위가 바로 그것이다. 이 세 가지는 기업을 정의하는 가장 중요한 특징이다.
> _ 첸잉이, 칭화대학 경제관리학원장

> 사람에 비유한다면 법인도 독립적인 생명을 가진 하나의 조직이라고 할 수 있다.
> _ 우징롄, 중국 국무원 발전연구센터 연구원

오페레타 〈유토피아주식회사〉

> **주식회사**
> 기업의 조직 형태로서 일정한 수 이상의 주주들이 공동으로 발기하고 조직하며, 전체 자본금을 지분으로 나누어 갖고 주주들은 그 지분의 한도 내에서 회사에 책임을 진다. 대부분의 경우 주식은 공개 발행하며 자유로운 양도가 가능하다.

주식회사의 등장을 역사적인 사건이라고 부르는 이유는 낯선 타인과의 협력이 가능해졌다는 점에 있다. 개인의 능력을 모두 모아 그 어떤 개인도 발휘할 수 없는 큰 경제력을 발휘할 수 있게 된 것이다. 기업은 사람들이 더 적극적으로 활약할 수 있는 무대를 마련해주었다.

기업은 세계 역사상 가장 위대하고 혁신적인 조직이다. 많은 철학자와 작가, 학자 들이 정당과 국가, 종교가 현대사회를 만들었다고 말하지만, 내 생각에 현대사회의 진정한 창조자는 바로 주식회사다.
_ 에이드리언 울드리지 Adrian Wooldridge, 영국 〈이코노미스트〉 경영전문 편집인

19세기 말 영국, 프랑스, 이탈리아, 벨기에 4개국 공사를 지낸 중국의 외교관 설복성薛福成은 기업의 위력에 대해 이렇게 말했다. "기업은 무슨 일이든 다 할 수 있다. 산을 옮기고 바다를 메우며 바람과 번개를 부리고 물과 불을 만들 수 있다. 서구 열강들이 바다를 누비고 있는데 아무도 막을 자가 없다."

02
근대의 가장 위대한 발명품

수요는 공급을 결정한다. 그러나 기업은 수동적으로 이 법칙을 따르기보다 직접 수요를 창출하기 시작했다. 경제학자 조지프 슘페터Joseph Schumpeter도 "그저 사람들을 만족시킬 만한 비누를 만드는 것으로는 부족하며 다들 씻고 싶은 마음이 들게 해야 한다"고 했다. 기업은 체취와 구취라는 개념을 만들어냈고, 이후 대중의 위생 관념은 물론 사고방식까지 바뀌었다. 사람들은 점점 광고를 통해 자신을 이해하기 시작했다.

현실적인 관점에서 보았을 때 기업의 본질은 사람들에게 시장을 개척할 수 있는 기회를 준다는 데 있다.
_ 베르너 플룸페Werner Plumpe, 프랑크푸르트대학 역사학과 교수

조지프 슘페터(1883-1950)

오스트리아 태생의 미국 경제학자로, 대표적인 자본주의 경제학자다. 슘페터는 '혁신 이론'을 통해 자본주의의 본질적 특징을 해석하고 자본주의의 발생과 발전, 몰락으로 향하는 과정을 설명해 서구 경제학계에 이름을 날렸다. 혁신 이론의 핵심은 생산기술의 혁신과 생산방법의 개혁이 자본주의 경제 발전에 결정적인 역할을 한다는 것이다. 하지만 그는 자본주의의 생산관계에서 자본가들이 노동자를 착취할 수 있다는 점을 간과했다.

1882년 에디슨이 미국 최초의 발전소를 세운 후 인류는 지구의 자전주기로부터 자유로워졌다. 하지만 위대한 발명이 사회를 편리하게 만드는 제품으로 모두 전환될 수 있는 것은 아니다. 세상을 밝혀준 빛도 기술과 자본이 결합된 전력회사에 의해 생산될 수 있었다. 컬럼비아대학 총장이었던 니콜라스 버틀러Nicolas Butler는 "기업은 근대의 가장 위대한 발명품이다. 기업이 없었더라면 증기기관과 전력이 이렇게 중요해질 수 없었을 것이다"라고 말했다. 기업은 자동차 시장, 컴퓨터 시장 등에서도 많은 혁신을 이루었고, 기후변화, 친환경 기술, 나노 기술, 통신 기술 등 새로운 분야에도 도전했다. 그리고 이 모든 도전은 기업의 승리로 돌아갔다.

인간은 원활한 교류와 거래를 실현하기 위해 수많은 노력을 기울였다. 그리고 기업은 그것을 재무제표라는 간단한 방식을 통해 실현시켰다. 오늘날 재무제표는 세계적으로 매우 중요한 단어가 되었다. 석 장짜리 재무제표로 기업의 비밀을 알아낼 수도 있다. 이처럼 규칙을 제정하고 관념을 전파하는 데 있어서도 그 선두에는 언제나 기업이 있었다. 가장 중요한 것은 기업이 현대사회의 근본적인 질서에 결정적인 영향을 미쳤다는 사실이다.

기업은 전통적인 관념을 깨뜨리고 평등을 실현했다. 부자나 귀족들만 누리던 생활 방식을 모든 사람들이 공유하게 된 것도 그중 한 예다.

_ 데이비드 슈미틀라인David Schmittlein, **메사추세츠공과대학 슬론 경영대학원 학장**

기업이 미국을 만들었다고 하면 조금 과장된 말이지만, 550만 개의 기업이 미국의 국력에 탄탄한 기반이 된 것은 사실이다. 200년 넘게 모험과 혁신, 개척을 주도한 '프런티어 정신'은 유럽에서 온 수많은 이민자들과 미국 대륙의 운명을 바꿔놓았다. 평범한 사람들의 에너지가 최대한 발휘된 곳마다 기업들의 극적인 이야기가 탄생했다.

역사적으로 기업가는 정치가만큼이나 매우 중요한 존재였다. 위대한 기업가들은 유럽과 미국을 강대국으로 만들었으며, 현재 중국을 강대국으로 만들고 있는 중이다.

_ 로버트 먼델, **컬럼비아대학 교수 · 1999년 노벨경제학상 수상자**

나노 기술, 통신 기술

경제가 세계화되고 상황이 점점 복잡해질수록 기업의 역할은 더 중요해지고 있다. 막강한 실력의 기업을 보유하고 있는가의 여부가 한 국가의 국력을 좌우하는 관건이 된 것이다.

_ 이토 모토시게伊藤元重, 도쿄대학 경제학과 교수

근대 이후 시장의 힘을 간과하고 기업조직의 강점을 발휘하지 못한 국가와 사회는 점차 쇠퇴했다. 기업이 시장경제의 생산력을 발전시키고 개인의 창의력을 이끌어내는 국가만이 세계 무대의 중심에 우뚝 설 수 있었다.

최근에는 신흥국가들이 새로운 역사를 써나가고 있다. 계획경제 국가였던 중국과 인도는 거의 동시에 시장을 개방했다. 인도는 1991년부터 기업 설립과 경영에 관한 허가 제도를 단계적으로 폐지했다. 그로부터 10여 년 후 700개가 넘는 소프트웨어 기업들이 인도를 세계 제2위의 소프트웨어 수출대국으로 성장시켰다. 중국은 1992년 사회주의 시장경제 체제를 정식으로 확립했고, 그 후 중국 기업들은 이른바 중국 특색의 발전 노선을 걷고 있다. 오늘날 세계 500대 기업에 선정된 대기업들은 물론 4000만 개가 넘는 중소기업들이 중국의 발전에 원동력을 제공하고 있다.

기업의 제도는 낙후되었는데 경제는 발전했다거나, 시장이 낙후되었는데 국가가 발전한 예는 지금까지 없었다. 현대사회에서 부의 창출이나 국민

상하이의 빌딩

들의 부 축적, 시장경제와 기업의 발전은 사실 일맥상통하는 것이다.

_ 장웨이잉, 베이징대학 광화 경영대학원장

국가가 경쟁을 효과적으로 이용해야만 더 많은 지식과 재능, 자본, 기업을 유치하고 공공 자원을 동원해 빠르게 발전할 수 있다.

_ 니콜라 바브레 Nicolas Baverez, 프랑스 경제사학자 겸 변호사

하지만 힘이 강해질수록 그에 따른 제약도 필요한 법이다. 기업은 세계를 완전히 뒤바꿔놓을 수도 있지만 태생적인 문제점에서 완전히 자유로울 수는 없다. 기업이 가장 영예롭고 화려하게 시대를 풍미하는 동안에도 기업은 위험한 존재라는 경고가 항상 꼬리표처럼 따라다녔다.

03
욕망이라는 이름의 전차

1970년대, 미국 제약회사 업존Upjohn의 신약 파날바Panalba가 날개 돋친 듯 팔려나갔다. 그런데 미국 식품의약국FDA에서 이 약의 부작용으로 사람이 사망할 수도 있다는 발표를 했다. 업존은 특별이사회를 열고 이 문제를 두고 논의를 벌였으나 결국 약을 계속 판매하고 법정에서 자사의 입장을 변호하기로 결정했다. 약의 회수를 최대한 지연시켜야 매달 100만 달러는 더 벌어들일 수 있기 때문이었다. 이 사실이 알려지자 미국 사회 전체가 경악했다.

펜실베이니아대학 와튼스쿨의 J. 스콧 암스트롱J. Scott Armstrong 교수는 이 사건을 두고 모의실험 연구를 실시했다. 먼저 피실험자들에게 당시 상황을 설명하고 어떻게 해야 할지 묻자, 97퍼센트가 약을 시장에

업존의 사례를 이용한 모의실험 모습

서 회수해야 한다고 답변했다. 그러나 피실험자들에게 업존의 임원 역할을 맡긴 역할 실험에서는 이와는 완전히 다른 결과가 나왔다. 업존의 임원이 된 피실험자들은 모의이사회에서 매우 흥미로운 행동을 드러냈다. 그들은 사직서를 내겠다고도 하고, 의기소침해 머리를 싸매기도 하고, 고래고래 소리를 지르며 언쟁을 벌이기도 했는데, 끝내 약을 회수하기로 결정한 실험 조는 하나도 없었다.

여러 국가에서 100차례 가까운 모의실험이 실시되었지만 결과는 이와 크게 다르지 않았다. 모의이사회에 참여한 사람들은 이것이 주주의 이익 극대화라는 기업의 본분을 구현하는 것이라고 여겼다.

이처럼 '주주의 이익 극대화'란 기업과 떼려야 뗄 수 없는 명제이다. 그러나 때로는 이것이 비극의 원인이 되기도 한다.

물론 기업은 파괴성을 가지고 있다. 기업은 때때로 우리가 추구하는 모종의 사회적 목표에 위배되는 일을 할 수도 있다. 심지어 이것은 매우 자연스러운 일이기도 하다. 기업은 투자자들에게 수익을 되돌려주어야 하기 때문

대기업의 주주총회

이다.

_ 데이비드 슈미틀라인, 메사추세츠공과대학 슬론 경영대학원 학장

지난 수 세기 동안 기업은 아메리카, 아프리카, 아시아를 약탈하고 수백만 명을 '상품'으로 전락시켰다. 또 수많은 식물과 동물, 광물, 심지어 세균과 바이러스까지도 마음대로 이동시켰다. 튤립에서 부동산, 암스테르담에서 뉴암스테르담(네덜란드 서인도회사가 1625년 7월 뉴욕의 맨해튼 남쪽 끝에 건설한 식민 도시)에 이르기까지 기업의 영향력은 막대하게 뻗어나갔다. 몸집이 커지면서 부작용도 나타났다. 1637년부터 2008년까지 증시에 거

품이 여러 차례나 나타났지만 위기의 재발을 막지 못했다. 총리의 하야, 대통령의 수감, 고위 공무원의 불명예 퇴진 등의 문제도 끊임없이 발생했다.

돈과 권력의 거래는 뿌리 뽑히지 않는 고질병과도 같았다. 인간이 기계 부품처럼 여겨지게 된 후 기업은 기계보다도 더 차갑고 비정해졌다. 기업들이 고민하는 것은, 정작 자신들에게 필요한 건 사람의 두 손뿐인데, 그 손을 이용하기 위해서는 사람을 통째로 고용하지 않으면 안 된다는 사실이다.

기업이 탄생한 순간부터 기업에 대한 비난은 사라지지 않고 있다. 탐욕이 인간의 본성인 것은 기업의 탓이 아니지만, 기업은 그 탐욕을 무한대로 확장시키고 있다.

그러나 다른 한편으로, 이익을 좇는 욕망과 이기적인 동기는 재앙과 위기의 근원인 동시에 기업에 무한한 활력을 불어넣는 원천이기도 하다. 사실 기업의 공로와 과오는 그 출발점이 같다고 할 수 있다.

교세라 그룹

욕망은 인간의 본능이다. 사람들은 더 부유하고 편리한 생활을 누리고 싶어 하며 이런 욕망이 동기가 되어 과학기술이 발전하고 새로운 발명과 발견이 나오기도 한다. 욕망이 원동력이 된 결과, 오늘날의 문명과 사회가 창조될 수 있었다.

_ 이나모리 가즈오稻盛和夫, 교세라 그룹 명예회장 · 일본항공인터내셔널 회장

미국 경제학자 브래드포드 드롱Bradford Delong의 연구 결과에 따르면, 구석기 시대부터 기원후 2000년까지 250만 년의 시간 가운데 99.4퍼센트를 차지하는 기원전 1만 5000년까지 세계 인구의 1인당 GDP는 국제 기어리-카미스Geary-Khamis 달러* 기준으로 90달러였고, 그 후 전체 시간의 0.59퍼센트인 기원후 1750년까지의 GDP는 180달러였다. 그런데 1751년부터 2000년까지, 즉 역사의 0.01퍼센트에 해당하는 시간 동안의 GDP는 6600달러로 무려 37배나 증가했다. 다시 말해 인류가 가지고 있는 부의 97퍼센트가 인류 역사의 불과 0.01퍼센트인 250년 동안 만들어진 것이다. 그 250년 동안 급속한 부의 성장을 가져온 것이 바로 시장경제였으며, 기업은 시장경제에서 없어서는 안 될 필수요소다.

1991년 노벨경제학상 수상자인 로널드 코스Ronald Coase는 1937년 '거래비용' 이론을 내놓았는데, 이는 기업이 시장의 거래비용을 줄이기 위해 존재한다는 것이었다. 그는 시장의 거래비용이 기업 내부의 관리비용보다 높을 경우 기업이 생겨난다고 주장했다.

• **국제 기어리-카미스 달러** 시장 환율이 아닌 구매력 평가 환율로 조정된 화폐 단위. 국가 간 실질 생활수준 차이를 역사적으로 비교하는 데 주로 사용된다. UN에 근무했던 통계학자 로이 기어리Roy Geary와 살렘 한나 카미스Salem Hanna Khamis에 의해 개발됐다.

중국 선전深圳의 금융가

시장경제는 우선 자유로운 거래가 가능한 곳이다. 시장경제 시스템에서 개인은 마음대로 경제활동에 투자하거나 참여할 수 있고, 다른 사람들과 함께 기업을 만들 수도 있다.

_ 피에르 시리유 오트르Pierre-Cyrille Hautcœur, 프랑스 사회과학고등연구원EHESS 총장

아직까지 기업을 대체할 수 있는 대안을 찾지 못했다. 시장지향형 경제에서 기업을 대신해 상업 활동을 할 수 있는 대체품을 찾지 못했을 뿐 아니라 시장지향형 경제를 대신할 수 있는 것도 찾지 못했다.

_ 마이클 스펜스Michael Spence, 뉴욕대학 스턴 경영대학원 교수 · 2001년 노벨경제학상 수상자

시장경제에서 대체가 불가능한 조직인 기업은 사람들의 애증 섞인 복잡한 시선 속에서 성장과 변화, 발전을 거듭해왔다. 미국 〈포브스〉가 선정한 2009년 가장 영향력 있는 인물 10명 중 5명이 기업인이었다. 재력과 영향력, 권력을 종합적으로 고려한 순위에서 그들은 국가 원수, 종교 지도자, 왕실 구성원과 나란히 이름을 올렸다.

기업은 세계의 권력 구조를 바꾸고 있다. 심지어 언젠가는 기업이 국

가를 매입할 것이라는 우려도 나오고 있다. 하지만 사람들의 희망이나 우려와는 별개로 기업은 고유의 방식대로 계속해서 존재하고 있다.

04
기업은
과거이자 미래다

영국 런던의 양복 전문점, 헨리풀

런던 새빌 로 Savile Row 거리에 헨리풀 Henry Poole이라는 양복점이 있다. 찰스 디킨스가 이곳의 고객이었고, 윈스턴 처칠의 신체 사이즈가 이곳에 보관되어 있으며, 드골 장군도 직접 이곳에 와서 양복을 맞추었다. 빅토리아 여왕의 예복도 이곳에서 제작했으며, 여왕 엘리자베스 2세의 예복은 지금도 이곳에서 만들고 있다.

그들은 가업을 계승해 200년 넘게

한 자리에서 옷을 만들고 있으며 정교한 기술과 자신들만의 고유한 신념을 고수하고 있다. 앵거스 컨디Angus Cundey 헨리풀 회장은 "우리는 소형 개인기업이며 특별한 서비스를 제공하는 데 목표를 두고 있다. 100년 후에도 우리는 이 자리에 계속 남아 있기를 바란다"고 말했다.

이 세상에는 다양한 기업들이 존재한다. 생산하는 제품도, 규모도, 목표도, 경영 방식도 다르지만 모든 기업에는 한 가지 공통점이 있다. 바로 사람들의 꿈과 희망이 담겨 있다는 점이다. 기업은 이제 하나의 생활이 되었다. 기업은 우리에게 돈을 어떻게 벌고 어떻게 쓰는지 알려주고, 우리가 무엇을 먹고 무엇을 입고 어떤 집에 살 것인지 인도하기도 한다. 심지어 가장 사적인 개인사인 연애와 결혼도 점차 기업의 도움을 받아 이루어지고 있다. 그런데 우리는 주변의 기업들에 대해 잘 알고 있는가? 기업에 대해 논할 때 우리는 무엇을 이야기해야 하는가?

이상적인 기업이란 전 직원이 기업 활동에 적극적으로 참여하고 기업의 성공을 위해 자신의 능력을 아낌없이 발휘하는 곳이다.
_ 엘렌 쿨먼Ellen Kullman, **듀폰 회장 겸 CEO**

기업과 기업가의 진정한 사명은 기업이 지속적인 수익을 내고 발전하도록 하는 것이다.
_ 장 폴 아공Jean-Paul Agon, **로레알 회장 겸 CEO**

듀폰

> 기업은 우선 강력한 가치관을 가지고 있어야 한다. 이 가치관은 변하지 않고 영원불변의 것이어야 한다.
> _ 개빈 니스Gavin Neath, 유니레버 수석 부사장

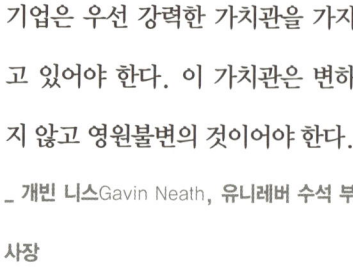
로레알

> 기업은 대중에게 더 훌륭하고 정확한 부의 개념을 전달해야 하며, 다양한 자선 사업을 통해 사회적 책임을 다해야 한다.
> _ 류촨즈柳傳志, 레노버 그룹 창업자

유니레버

> 바람직한 이념과 사상을 통해 사회에 영향을 미치고 사회를 더 훌륭하게 개선하며, 사람들에게 거래와 평등, 나눔, 투명함이 무엇인지 보여주는 기업이 있다면 존중받아야 마땅하다.
> _ 마윈馬雲, 알리바바 그룹 회장

수 세기 동안 발전해온 기업은 현재 새로운 기회와 도전에 직면해 있

다. 세계화가 진행되면서 기업은 이제 더 이상 한 국가나 지역에만 국한된 조직이 아니다. 전 세계의 자원과 시장, 국제적인 규칙 등 기업들이 꿈에 그리던 시대가 찾아오고 있다.

하지만 글로벌 시스템은 또 다른 면에서도 기업의 위력을 확대했다. 2008년 9월, 158년 역사의 리먼브라더스가 파산을 신청하자 전 세계 증시가 일제히 급락했다. 금융 위기는 세계로 확산되었고 전 세계는 깊은 수렁으로 빠져들었다. 탐욕이 부른 재앙 앞에서 기업들은 또다시 논란에 휩싸였다.

역사를 돌아보면 중대한 위기 다음에는 항상 새로운 시대가 시작됐다. 세계화가 진행되는 과정에서 발생한 이 큰 시련이 세계를 또 어떤 방향으로 인도했는가? 이 시점에서 우리 생활 구석구석에 파고들어 있는 기업에 대해 다시 생각해봐야 할 필요가 있다.

중요한 것은 우리에게 기업이 필요한가가 아니라 기업이 어떤 법률적 틀 안에서 제약을 받아야

> **리먼브라더스 사태**
>
> 리먼브라더스는 1850년에 설립된 국제적인 투자은행이다. 미국 뉴욕에 본사를 두고 런던과 도쿄에 지역 본부를, 세계 각지에 사무소를 두었다. 미국 〈포춘〉에서 세계 500대 기업으로 선정된 바 있고, 2008년까지 미국 투자은행 가운데 4위였다. 하지만 2008년 서브프라임 위기로 인해 막대한 경영 손실이 발생하자 파산 보호를 신청했다. 당시 부채가 6130억 달러에 달했다.

리먼브라더스 본사

하는지에 있다.

_ 조셉 스티글리츠Joseph Stiglitz, 컬럼비아대학 교수 · 2001년 노벨경제학상 수상자

기업은 나무의 한 부분과 같아서 그것으로 집을 지을 수도 있지만 사람을 때릴 수도 있다.

_ 데이비드 슈미틀라인, 메사추세츠공과대학 슬론 경영대학원 학장

우리들이 사는 세계는 계속 변할 것이다. 사회는 우리가 얻은 이익이 어떻게 해서 얻어진 것인지 우리에게 물어볼 것이다.

_ 벤 버바이엔Ben Verwaayen, 알카델-루슨트 CEO

어떤 기업이든 사회를 더 훌륭하게 만드는 데 목표를 두어야 한다. 그렇지 않은 기업은 존재할 필요도 없다.

_ 빌 포드Bill Ford, 포드자동차 회장

기업이 없는 사회는 상상할 수도 없다. 하지만 기업의 창조력과 파괴력이 세계화되는 시점에서 우리가 직접 만든 거대한 괴물에 우리는 어떻게 대응할 것인가?

기업이란 과연 무엇인가? 국가의 발전과 사회의 진보, 개인의 행복에 있어서 기업은 어떤 의의를 가지고 있는가? 모든 문제에 유일하고 영원불변한 정답이란 존재하지 않는다. 우리가 태어나기 전부터 기업은 존

재했고, 우리가 죽고 나서도 기업은 계속 세상에 존재할 것이다. 기업은 우리의 과거이자 미래다. 우리보다 더 오래되었지만 훨씬 더 긴 생명을 누릴 이 기업이란 명제를 결코 간과해서는 안 된다. 역사와 현실의 교차점에서 우리는 다시 한 번 기업이 걸어온 길을 돌아보아야 한다. 지난 과거를 돌아볼 수 있다면 먼 미래도 내다볼 수 있다.

월 가의 스산한 풍경

Interview inside
: 인터뷰 인사이드 :

존 켈치 하버드대학 경영대학원(HBS) 교수
마이클 스펜스 뉴욕대학 스턴 경영대학원 교수 · 2001년 노벨경제학상 수상자
오마에 겐이치 일본 비즈니스브레이크스루대학 학장
로버트 먼델 컬럼비아대학 교수 · 1999년 노벨경제학상 수상자

Q 기업이라는 사회조직을 어떻게 평가합니까? 기업은 사회 발전에 어떤 영향을 미칩니까?

A 존 켈치 기업은 사회와 경제를 발전시키는 중요한 요소입니다. 근본적으로 볼 때, 기업은 개인이 모여서 만든 단체이고 특정한 형식의 생산 활동에 시간이나 자금을 투입함으로써 그 분야에서 대중과 소비

자의 수요를 만족시킵니다. 그러므로 기업 자체는 그 기업이 처해 있는 환경 속에서 생겨난 모종의 수요에 의해 만들어지며, 그 수요는 기업을 설립하고 기업에 투자하는 사람들에 의해 충족된다고 할 수 있습니다.

그렇게 볼 때 기업은 부의 창출이든, 생활의 질 향상이든 사회의 혁신을 촉진하는 데 있어서 매우 중요한 역할을 수행해왔습니다. 물론 현재 주주나 가치 등의 개념에 집착해 당장은 사회에 어떤 영향도 미칠 수 없는 기업들이 있기는 합니다. 하지만 전체적으로 볼 때 지난 150년 동안 이루어진 기업의 발전이 사람들에게 긍정적인 변화를 가져왔음은 분명한 사실입니다.

A 마이클 스펜스 기업은 사회적 부를 창출하는 중요한 수단입니다. 기업이 등장하면서 투자를 자극했으며, 투자는 넓은 의미에서 볼 때 부를 창출하는 중요한 방식입니다. 다른 측면에서 보면 시장에서 경제활동을 할 때 기업을 대신할 수 있는 것을 아직 찾지 못했습니다. 또 시장지향형 경제 시스템을 대체할 만한 것도 찾지 못했죠. 사실 기업도 부단히 진화하고 있습니다.

Q 현재 기업과 국가는 어떤 관계를 맺고 있습니까?

A 오마에 겐이치 어떤 국가에서든 기업은 모두 부를 창출하는 조직이

고, 국가는 부를 재분배하는 조직입니다. 이는 분업과는 완전히 다른 것입니다. 부를 창출하는 기업이 없다면 국가도 쇠퇴할 수밖에 없습니다. 국가의 역할은 기업의 활동에 방해가 없도록 하고, 기업이 국제적인 기업으로 발전하도록 돕는 것입니다. 그리고 국가는 기업이 창출한 부의 일부를 세금의 형태로 거두어들여 이를 빈곤 지역이나 빈곤 계층에 재분배합니다. 물론 가장 중요한 것은 기업의 부 창출을 방해해서는 안 된다는 것입니다. 국가가 스스로 부를 창출한다고 착각한다면 불행한 결과가 돌아올 것입니다.

Q 현대사회에서 기업은 어떤 역할을 하고 있으며 얼마나 큰 힘을 가지고 있다고 생각합니까?

A 오마에 겐이치 사람들은 학교에서 공부를 하고, 졸업하면 직업을 선택해 취업을 합니다. 현재 가장 큰 사회문제는 일자리가 충분하지 않다는 것입니다. 기업이 직원을 고용해 그들이 생활하는 데 필요한 돈, 즉 임금을 지불합니다. 다시 말해 현대사회에서 기업의 역할은 일자리를 제공하고 최대한의 부가가치를 창출함으로써 직원들에게 더 많은 임금을 지불하는 것입니다.

A 로버트 먼델 기업의 힘은 곧 돈을 가진 이들의 힘입니다. 부자들이

남들보다 더 큰 힘을 발휘할 수밖에 없지요. 돈이 힘을 창조하는 것입니다. 그러므로 기업의 자산을 보유한 사람도 강해질 수밖에 없습니다. 권력을 쥔 것은 기업이 아니라 사람이죠. 세계적인 대기업에 속한 사람들은 자신이 가진 직위와 지식, 기타 다른 요소들을 통해 자동적으로 권력을 얻게 됩니다. 일종의 귀족과도 같죠. 그들은 계속해서 우리에게 필요한 리더십과 영향력을 발휘하게 될 것입니다.

Insight review
: 인사이트 리뷰 :

기 업 은 어 떻 게 탄 생 했 는 가 ?

인류의 기나긴 역사를 돌이켜보면 물자를 생산하고 교환하는 주체는 매우 다양하게 존재해왔다. 가정, 공장, 농장, 상단, 군대 등이 모두 물자의 생산과 교환에 직접 참여했다. 하지만 16세기에 '기업'이라는 새로운 경제 제도가 발명된 후 기업은 탁월한 적응력을 발휘해 세계에서 가장 기본적이고 중요한 경제조직으로 자리 잡았다.

 기업 제도의 본질적인 특징은 '유한책임'과 '법인'에 있다. 기업을 설립할 때 주주는 자신이 출자한 한도 내에서 기업에 대해 책임을 지고, 법인은 전체 자산만큼 기업의 채무에 대해 책임을 진다. 유한회사는 투자자들을 책임에서 해방시켜주었을 뿐 아니라 자본을 자유롭게 이용할 수 있는 길을 제공했다. 기업은 인간의 이기심과 동업 방식이 절묘하게 결합된 산물인 셈이다. 16세기부터 네덜란드와 영국 등이 이 기업 제도를 통해 세계 강국으로 우뚝 섰다.

그 후 인류의 역사에 더욱 중대한 사건이 나타났다. 바로 주식회사의 탄생이다. 지분이 분산된 대기업이 등장하면서 중공업이나 대형 건설 사업 등이 가능해졌다. 주식회사가 없었더라면 오늘날 세상에는 철도가 없을 것이고, 서양 국가들이 유럽 바깥세상까지 세력을 확장할 수 없었을 것이다.

주식회사는 이익 추구와 리스크 방어, 즉 인간이 경제생활을 통해 얻고자 하는 두 가지 욕구를 동시에 충족시켰다. 이익을 추구하는 과정에서 기업들의 매출이 증가하고 기업의 몸집이 불어나면 자산이 늘어나는 만큼 리스크도 커지기 마련이다. 이 리스크를 방어하는 가장 기본적인 수단이 바로 주식 공개를 통한 리스크 분산이다. 리스크를 분산시키면 기업이 순조롭게 확대될 수 있다.

시장으로 인해 생겨난 기업이 다시 시장을 부단히 확대하고 있다. 기업은 시장경제의 세포다. 기업은 사람들의 수요를 충족시키기 위해 생산하기도 하지만 생산을 통해 수요를 창출하는 경우가 더 많다. 현대사회에는 기업을 발전시키기 위한 수단으로 다양한 재산권과 증권, 자본 등 금융시장이 속속 생겨나고 주식, 채권 등의 거래상품이 등장하고 있다. 이것으로도 모자라 IPO Initial Public Offering(주식공개상장), 인수합병 등 변형된 형태의 시장 행위도 파생되어 나오고 있다. 활발한 금융 활동을 통해 자원 분배의 속도가 빨라지고 기업의 신진대사도 훨씬 빨라졌다.

그런데 시장과 마찬가지로 기업에도 속임수, 조작 등의 문제가 나타날 수 있다. 일부 기업들은 이익을 위해 소비자에게 피해를 주고 사회적 책임을 저버리기도 한다. 오늘날 시장경제 체제에서 기업을 법률로써 통제하고 정부와 사회가 함께 감시하고 관리하는 이유가 바로 여기에 있다.

기업은 왜 유럽에서 탄생했을까?

유럽 대륙은 각국이 정치적으로 대립하며 복잡하게 나뉘어 있어 완전한 통일을 이루는 것이 거의 불가능했다. 하지만 사람들은 타협과 협상, 민주적인 의사 결정이 현실적으로 실현 가능한 방법임을 깨닫게 되었다.

기원전 594년, 아테네에 일상적인 행정업무를 담당하는 최고행정기관인 400인회가 설립되었다. 400인회는 아테네의 네 개 부족에서 각 부족별로 100명씩 인원을 선출해 협상을 통해 정책을 결정하는 기관이었다. 이런 민주적인 전통이 주식회사의 탄생에 사회적 기초를 닦았다.

그 후 로마 시대에는 법률 원칙을 확립해 개인의 권리 보호를 강조하고 소유권을 명확히 구분했는데 이것이 바로 자유로운 거래와 시장의 형성에 전제가 되었다. 이런 역사적 배경 때문에 로마인들이 기업을 발명했다고 주장하는 학자들도 있다.

중세 후반 르네상스와 계몽운동이 확산되면서 미신과 노예, 특권 사상이 붕괴되었다. 계몽 사상가들은 이성이 주도하는 이상적인 국가의 청사진을 제시하면서 자유, 평등, 경쟁의 관념과 윤리 도덕을 사람들에게 주입시켰고 이를 통해 상업 문명의 탄생을 위한 걸림돌이 모두 사라졌다.

1215년에 선포된 영국대헌장 Magna Carta에는 "자유인은 동등한 신분을 가진 사람들의 적법한 판결이나 법의 정당한 절차에 의하지 않고는 체포되거나 구금되지 않으며 재산을 몰수당하거나 법률적 보호권을 박탈당하지 않고, 또 기타의 방법으로 침해되지 않는다"라고 명시되어 있다. 이런 계약과 법률에 대한 관념이 그 후 수 세기를 거치며 보편화되어 영국인들의 사상적 전통으로 굳어졌다. 이런 전통적인 관념이 없었다면 훗날 주식회사가 정상적으로 운영될 수 없었을 것이다.

16세기 말에서 17세기 초 무렵, 네덜란드와 영국 등은 낯설고 광활한 바다로 눈을 돌렸다. 그리하여 왕권 행사와 상인들의 이익이 일시적인 타협점을 찾아 주식회사라는 새로운 형태의 상업조직을 탄생시켰다. 정부 기관의 성격이 짙은 '동인도회사'가 바로 그것이다.

기업은 사회를 어떻게 변화시켰는가?

기업은 사회의 부를 창출하는 중요한 조직이다. 전 세계 인구가 보유한

부 가운데 97퍼센트가 약 250년 동안 창조되었다. 다시 말해 인류 역사의 0.01퍼센트에 불과한 시간 동안 인류가 가지고 있는 부의 97퍼센트를 만들어낸 것이다. 이렇게 막대한 부를 창조해낸 가장 큰 주역이 바로 기업이다.

기업은 사람들의 사고방식과 생활습관을 변화시켰다. 기업이 없었다면 산업혁명과 기술혁명이 그렇게 큰 파급효과를 낼 수 없었을 것이고, 또 현재 우리가 사용하고 있는 대부분의 상품과 서비스가 존재하지도 않을 것이며, 이렇게 현대화된 사회에서 살 수도 없을 것이다.

기업은 규칙과 표준도 제정한다. 각 업종에서 사용되고 있는 표준의 거의 대부분은 기업에 의해 만들어졌다. 대형 다국적기업이 정한 표준은 그 업종에서 국제통용 표준이 되곤 한다. 인간은 원활한 교류와 거래를 실현하기 위해 오랫동안 노력을 기울였고, 기업은 그것을 재무제표라는 간단한 방식을 통해 실현시켰다.

기업은 또 사회를 안정시키는 중요한 기반이기도 하다. 기업은 우리에게 국가와 정부, 민족, 종교, 가족 외에 또 하나의 새로운 신앙이자 숭배의 대상을 선사했다. 일자리가 바로 그것이다. 현대사회에서 기업은 대부분의 일자리를 제공한다. 기업과 직원은 공통의 경제적 이익을 추구하며 비교적 안정적인 계약관계로 맺어져 있다. 이런 관계는 사회의 안정을 유지하는 데 있어서 그 무엇으로도 대체할 수 없는 중요한 역할을 발휘한다. 이 점을 가장 확실하게 증명한 것이 바로 일본의 사례다. 일본의 대기업들은 대부분 종신고용제를 시행했다. 임금을 깎는 한이 있더라도 직원을 해고하지는 않는 방식이다. 그러자 직원들은 기업을 운명공동체로 인식하게 되었다.

기업과 국가의 운명은 밀접하게 연결되어 있다. 미국의 경우도 개척 초기 식민기업이 시행한 자치제도의 전통이 훗날 미국 독립 후 권력 구조와 경제 시스템 형성에 밑바탕이 되었다. 이보다 더 중요한 것은 모험을 두려워하지 않고 용감하게 혁신하고 발전을 꾀하는 프런티어 정신이 미국 개척민들에게 지대한 영향을 끼쳤다는 점이다.

경제 글로벌화가 확대될수록 사회에서 기업의 역할은 점점 더 중요해지고 있다. 강한 경쟁력을 갖춘 기업을 얼마나 많이 보유하고 있는가가 국가의 힘을 결정하는 중요한 요인이 되었다. 다국적기업들이 이 세계의 권력 구조와 부의 분배 구조를 변화시키고 있다.

기업들은 국가로부터 부여받은 특허장을 가지고
탐욕과 피로 얼룩진 약탈의 항해를 시작했다.
권력의 단맛과 쓴맛을 모두 맛본 후에야
기업은 시장 시스템 아래에서 부활했다.
특권 기업들은 왜 몰락했을까?
특권과 작별한 기업들은
어떻게 국가와 국민을 부유하게 만들었을까?

제2장

무한한 시장을 향한 대장정

17세기부터 유럽 각국은 '기업'의 이름으로 앞다투어 바다를 건넜다.
기업은 정부가 쥐어준 특권을 바탕으로 전 세계의 부를 긁어모았고
무기를 앞세워 세계 각국 시장을 공략했다.
이것은 권력과 돈이 결합된 피비린내 나는 부의 역사였다.

100여 년 후 '특권 기업'의 시대는 종말을 고했다.
1874년 1월, 274년간 이어져온 영국 동인도회사가 역사의 무대에서 퇴장한 것이다.
영국 〈더타임스〉는 "동인도회사는 인류 역사상 이전에도 없었고
앞으로도 없을 전무후무한 임무를 완수했다"고 평론했다.

산업혁명이 급속도로 진행됨에 따라 수많은 소규모 기업들이 등장했고
그들은 1000년 동안 이어지던 경제의 질서를 바꿔놓았다.
경제적 권리는 더 이상 정치와 결합한 일종의 특권이 아니었다.
기업은 세상의 찬사와 저주 사이에서 몰락과 부활의 부침을 겪으며
특권과 작별을 고하고 진정한 부의 창조자로 거듭났다.
기업은 자유로운 시장에서 나라를 부강하게 만드는 강력한 힘을 갖게 되었다.

01
특권 기업들의 무역 전쟁

1599년 가을, 런던 시장에서 후추 가격이 1파운드당 3실링에서 갑자기 8실링까지 폭등했다. 이 같은 가격 폭등의 배후에는 향료 무역을 독점한 포르투갈과 네덜란드가 있었다.

유럽인이 동양으로 가는 새 항로를 발견한 후 광활한 바다는 부를 차지하기 위한 강대국의 각축장이 되었다. 해상에서의 실력을 앞세워 포르투갈, 에스파냐, 네덜란드가 차례로 세계의 패권을 장악했다.

영국 엘리자베스 1세 여왕

 엘리자베스 1세 여왕의 오랜 노력 끝에 영국도 마침내 그 경쟁의 대열에 합류할 수 있었다. 하지만 계산에 밝은 영국 상인들은 파이의 크기가 사상 유례없이 커졌음에도 덥석 뛰어들지 못하고 주저하고 있었다. 당시 여러 선박을 모아서 동인도 제도와 인도네시아, 향료 제도Spice islands(당시 서양인들이 인도네시아의 '몰루카 제도 Moluccas'를 부르던 말), 인도, 아메리카 등지로 항해하는 것은 오늘날로 친다면 화성이나 달에 가는 것만큼이나 위험한 일이었기 때문이다. 폭풍을 만나거나 해적의 습격을

선단의 항해

받을 수도 있고, 포르투갈이나 네덜란드와 전쟁이 벌어질 수도 있었으며, 동남아시아 상인의 습격을 받을 가능성도 있었다. 별다른 사고가 없다고 해도 상선이 돌아오려면 최소한 1년이 넘게 걸렸다. 이는 상인들에게 매우 큰 모험이었다.

경쟁에 새로 뛰어든 영국 상인들은 원양 무역에 필요한 자원과 자본을 모으는 새로운 방법을 찾았다.

제2장 무한한 시장을 향한 대장정　63

일반 시민이나 부자들이 어렵게 모은 돈을 다른 사람에게 맡겨 관리하게 하는 것은 결코 쉽지 않은 일이었다. 16세기 말에서 17세기 초, 영국과 네덜란드에서 새로운 산업조직인 주식회사가 탄생했다.

_ 천즈우陳志武, **예일대학 경영학과 교수**

공동 출자 방식은 예전부터 있었지만, '유한책임'이라는 개념이 등장하면서 새로운 장이 열렸다. 돈을 빌렸으면 갚는 것은 당연한 일이다. 그런데 유한책임제는 새로운 규칙을 만들어냈다. 어떤 상황에서는 돈을 빌리고 갚지 않아도 되는 것이었다. 투자자들에게 있어서 유한책임제는 매우 강력한 보호 수단임에 틀림없었다.

기업의 가장 큰 특징은 유한책임의 개념에 있다. 이 개념은 영국에서 처음 시작되었는데, 기업을 설립할 때 이사들은 유한책임만 지도록 한 것이다. 기업은 이런 방식으로 자금을 모아 설립되며 주주들은 각기 자신이 투자한 금액만큼만 책임을 진다.

_ 하워드 데이비스Howard Davies, **파리정치대학 교수**

이는 개인의 신용이 그리 중요하지 않게 되었음을 의미한다. 전 재산을 잃을 일도 없었다. 가령 기업에 10파운드를 투자했다면 최대 손실액도 10파운드밖에 되지 않는 것이다.

투자의 위험성을 크게 낮춘 '주식회사' 덕분에 전혀 모르는 사람끼

리도 계약할 수 있게 되었다. 하지만 개인의 신용에 대한 개념이 정립되기 전이었기 때문에 계약을 하려면 국가의 신용을 담보로 해야 했다. 따라서 400여 년 전에는 누구나 주식회사를 세울 수 있는 것이 아니라 반드시 국가의 특별 허가를 받아야 했다.

1599년 9월 24일, 80여 명의 런던 상인들이 시청에 모였다. 후추 가격의 급격한 폭등으로 분노한 그들은 회사 설립을 위한 특별 허가와 동방무역의 독점권을 요구하고 나섰다. 상인들은 어떤 조건을 내걸고 여왕에게 이 권리를 신청했을까? 또 여왕은 그 신청을 어떻게 처리했을까?

엘리자베스 1세는 그들에게 특허장letters patent을 주었다. 그러면 왕실이 돈을 벌 수 있었기 때문이다. 국가는 상인들에게서 세금을 징수하기도 했지만 상인들에게 특권을 부여하고 그 대가로 돈을 받기도 했다. 이것은 일종의 거래였다. 국가가 기업에게 신용을 팔았던 셈이다.

중상주의가 성행했던 당시에는 부의 총량을 수치화했다. 영국의 유명한 사상가 존 로크John Locke는 "금과 은을 얼마나 가지고 있는가가 아니라, 그것이 다른 나라에 비해 얼마나 많은가에 따라 부유한지의 여부가 결정된다. 그러므로 무역을 장악하는 나라가 더 많

런던 시청 내부의 화려한 장식물

> **중상주의**
>
> 16~17세기에 봉건주의가 해체된 후 나타난 원시적 자본축적 시기에 서유럽에서 형성된 경제 이론 또는 경제 시스템이다. 하지만 본질적으로 말하자면 원시적 자본축적 시기에 상업 부르주아 계급의 이익이 반영된 경제 이론이자 정책 시스템이다. 금과 은을 많이 축적할수록 나라가 부강해진다고 여겼기 때문에 국가가 경제생활에 간섭하고 금은의 수출을 금지하고 수입을 늘려야 한다고 주장했다.

은 금과 은을 가질 수 있다"고 말했다.

상업 발전을 추진하고 보호하기 위해 국왕은 어떤 방법을 사용했을까? 바로 상업의 독점이었다. 즉, 큰 기업들에게 대외무역의 독점권과 특권을 부여했던 것이다.

― 첸청단錢乘旦, 베이징대학 역사학과 교수

1600년 12월 31일, 영국 왕실로부터 향후 15년 동안 동인도에서 독점으로 무역할 수 있는 특허권을 부여받은 동인도회사가 설립됐다. 이 회사에는 많은 투자자가 몰려 첫 번째 항해를 위한 자금이 무려 7만 2000파운드나 모였다. 이는 오늘날의 가치로 3500만 달러에 달하는, 당시로서는 매우 큰 금액이었다.

세상은 돌고 돈다는 이치처럼 영국 동인도회사가 기세등등하게 출범하자 '해상의 마부'라고 불리는 네덜란드는 위협을 느꼈다. 네덜란드에서는 의회 의장의 제창으로 작은 회사 6개가 모여 국가의 지원을 받는 커다란 주식회사로 재탄생했다. 영국 동인도회사는 특정인들만을 대상으로 자금을 모았지만, 네덜란드의 동인도회사는 모든 시민들에게 주식을 발행했다. 사실상 세계 최초의 상장회사였던 셈이다. 암스테르담에서만 1143명이 주식을 구입했다. 상인, 선원, 기술자, 심지어 시장의 하녀까지도 이 회사의 주주가 되었다. 이런 융자 방식을 통해 네덜란드 동인도회사는 경쟁국 영국의 동인도회사를 훨씬 앞질렀다. 투자 금액이 가장 많았을 때는 영국 동인도회사의 10배에 달하기도 했다.

> 기대한 수익을 모두 달성한 최초 투자자가 돈을 빼겠다고 하면 주식을 팔고 손을 뗄 수 있었고, 반대로 주식을 사고자 한다면 기업에 투자할 수 있었다. 현대적 기업이 정식으로 탄생한 것이었다.
>
> _ 리나 아크타르Leena Akhtar, 미국 금융박물관 문서책임자

그렇게 생겨난 증권거래소와 은행을 통해 네덜란드인들은 막대한 부를 거머쥘 수 있었다.

이런 방법은 영국해협 건너편으로 급속하게 퍼졌다. 영국 동인도회사 역시 주식을 공개 발행했다. 이로써 자본이 눈덩이처럼 불어났고 기업의 세력도 끊임없이 확장됐다. 이제 기업은 한없이 강한 힘을 가지게 되었다. 덴마크, 프랑스, 스웨덴, 러시아도 속속 이 대열에 합류했다. 욕망과 피의 그림자 속에서 그들은 각자 부를 얻기 위한 대장정을 시작했다.

버지니아 회사Virginia Companies(영국 왕으로부터 특허를 얻어 조직된 식민지 건설회사로 런던회사와 플리머스

영국 동인도회사

정식 명칭은 '동인도 무역을 위한 정부 및 런던 상인들의 회사Governor and Company of Merchants of London Trading into the East Indies'다. 이사회는 총독 1인과 이사 24인으로 구성됐다. 1689년 무렵 동인도회사는 '국가'의 특징을 가지고 인도 벵골, 첸나이, 뭄바이를 자주적으로 통치했으며 위협적인 군사력을 갖추고 있었다. 동인도회사의 상징인 휘장에는 동인도회사의 상선이 제국을 대표하는 사자의 호위를 받으며 항해하고 있는 모습이 표현되어 있다. 영국 정부와 동인도회사가 밀접한 관계에 있음을 의미하는 것이다. 당시 한 영국 정치가는 "동인도회사가 잘못되면 영국도 잘못된다"고 말하기도 했다.

영국 동인도회사의 휘장

제2장 무한한 시장을 향한 대장정

네덜란드 동인도회사와 암스테르담 항구

회사의 합자회사)는 아메리카 대륙에 최초로 영국 식민지를 설립했다. 네덜란드 서인도회사는 인디언들에게 현재 가치로 24달러 상당의 물품을 주고 맨해튼 섬을 사서 '뉴암스테르담'이라고 이름 붙였다. 이것이 바로 오늘날의 뉴욕이다. 지구는 진정한 면모를 세상 사람들에게 드러낸 지 얼마 되지 않아 상업 전쟁의 격전지로 변하고 말았다. 이 시기에 기업은 주주들에게 이익을 창출해줘야 하는 임무 외에도 국가의 영토 개척이라는 더 중요한 사명을 짊어지고 있었다.

이것은 국가와 기업에게 모두 이득이 되는 방법이었다. 정부는 직접 식민지를 관리할 필요 없이 특권 기업에 담당자 몇 사람만 배치하면 기업이 국가를 대신해 식민지를 관리했다.

_ 에이드리언 울드리지, 영국 〈이코노미스트〉 경영전문 편집인

군사 제복을 입은 로버트 클라이브

1757년, 32세의 영국 동인도회사의 직원 로버트 클라이브Robert Clive가 용병 3000명을 이끌고, 기병 2만 명, 보병 5만 명으로 구성된 인도 군대를 격파했다. 그때부터 기업 정부와 이 오래된 제국 간의 피비린내 나는 역사가 시작되었다. 양쪽 군대 모두 서양식 무기를 사용하는 것처럼 보였지만, 클라이브의 강한 전투력은 그의 배후에 있는 회사와 관련이 있었다. 상업조직으로서 기업은 총명하고 용감한 직원을 통해 얻은 풍부한 경험을 갖고 있었다. 치밀한 계획과 통일된 편제, 기계처럼 정확한 사격 실력으로 무장한 기업의 군대 앞에서 과거 남아시아와 중앙아시아를 누비던 인도 기병들은 처참하게 패배할 수밖에 없었다.

당시 기업들은 회사라기보다는 정부에 더 가까웠다. 특히 1813년 이후에는 더 이상 우리가 생각하는 기업의 모습이 아니었다. 명칭은 기업이지만 사실상 정부 그 자체였다.

_ 톰 톰린슨Tom Tomlinson, 런던대학 소아즈School of Oriental and African Studies 사학과 명예교수

기업의 해외 확장을 지원하기 위해 영국과 네덜란드는 교전권, 협상권, 사법권, 행정권 등 여러 가지 국가 권력을 자진해서 기업에게 내주었다. 영국 동인도회사가 전성기에 보유했던 병력은 30만 명이 넘었는데, 이는 당시 영국 정규군의 두 배가 넘는 수였다. 기업은 국가 권력을 바탕으로 식민지에서 참혹한 전쟁을 일으켰고, 현지의 자원을 약탈하고 점유했다. 기업은 특권의 결합을 통해 다다를 수 있는 최고의 경지에 이른 듯했다.

18세기 초, 영국 국무장관이 조찬 자리에서 상기된 어조로 말했다. "영국의 선박이 향료와 기름, 술을 가득 싣고 돌아왔습니다. 우리 집에 피라미드 형태의 도자기와 일본의 수공예품을 장식해놓았습니다. 아메리카의 약은 우리의 건강을 지켜줄 것이고, 또 우리는 인도산 천막에서 휴식을 취할 수 있지요." 예상을 초월하는 성과에 도취된 사람들은 약탈해온 재물과 향기로운 술이 나중에 얼마나 쓰디쓴 결과를 가져올지 미처 알지 못했다.

02
'황금 알을 낳는' 주식회사

역사의 전환은 한 천재적인 노름꾼에서부터 시작되었다.

존 로John Law는 스코틀랜드의 한 금세공 장인의 아들로 태어났다. 그는 젊었을 때부터 유럽의 각 대형 금융기관을 드나들었다. 여행을 통해 쌓은 해박한 지식과 천부적인 수학적 재능 덕분에 그는 곧 은행계에서 두각을 나타냈다. 그런데 대부분의 은행가들이 보수적인 데 반해 존 로의 사생활은 방

존 로

탕하기 그지없었다. 그는 젊고 아름다운 미인과 사랑에 빠졌는데, 그 여자를 사이에 두고 한 남자와 결투를 벌이다가 그 남자를 죽여 수감되었고 사형 판결을 받고 말았다. 그러나 존 로는 죽음을 기다릴 사람이 아니었다. 그는 탈옥해 네덜란드로 도망쳤다. 암스테르담 증권거래소의 열띤 분위기는 도박을 좋아하는 존 로를 흥분시켰다. 은행가인 그는 주식의 호황과 은행의 지원은 밀접한 관계를 맺고 있다는 것을 알고 있었다. 그러나 존 로의 눈에 비친 네덜란드인들은 너무 보수적이었다. 그는 남다른 직감으로 국가의 신용이 지폐의 발행을 담보한다면 경제 활동의 범위를 무한대로 빠르게 확장시킬 수 있다는 사실을 발견했다. 이는 곧 특권을 가지면 더 많은 이익을 창출할 수 있음을 의미했다. 존 로는 자신의 생각을 시험해볼 나라를 물색했다.

섭정왕 오를레앙 공 필리프 2세

1715년, 세계를 바꾸겠다는 야망을 품은 존 로는 조심스럽게 프랑스로 건너갔다. 마구잡이로 무력을 휘두르던 태양왕 루이 14세가 그해 사망했다. 그가 남긴 유일한 유산은 프랑스의 10년 치 재정수입보다도 많은 거액의 빚뿐이었다. 어린 루이 15세의 섭정왕인 오를레앙 공 필리프 2세Philippe II d'Orléans도 속수무책인 상황이었다. 그는 조급한 나머지 도박판에서 알게 된 금융의 귀재 존 로를 떠올렸다.

프랑스 정부의 지원을 받은 존 로는 미시시피 회사Mississippi Company를 사들여 북아메리카 식민지의 독점 무역권을 손에 넣었다. 하지만 그는 기업을 경영해 돈을 벌 생각이 없었다. 그의 목적은 기업을 통해 정부의 재정 위기를 해결하는 것이었다.

> **미시시피 회사**
> 18세기 프랑스가 설립한 회사로 프랑스가 점령하고 있던 미시시피 강 유역에서 무역과 지역 개발 등 상업 활동을 벌였다. 1717년 8월 존 로가 인수했고 프랑스 정부로부터 25년 동안 무역을 독점할 수 있는 경영권을 얻었다. 미시시피 회사는 막강한 재력을 앞세워 프랑스 동인도회사와 은행 등으로 사업을 확장했다.

당시 아주 재미있는 사실이 있었다. 은행이 발행한 지폐뿐만 아니라 프랑스 국채로도 주식을 구입할 수 있었다는 것이다. 다시 말해서 프랑스 국채를 가진 사람은 그것을 미시시피의 주식으로 바꿀 수 있었다. 그러자 많은 사람들이 미시시피의 주식을 사기 위해 몰려들었다. 미시시피 회사의 주식 배당금이 4퍼센트로 프랑스 국채 수익률보다 더 높았기 때문이다. 프랑스 전체가 열광의 도가니로 빠져들었다. 최소 30만 명이 미시시피 회사의 주식을 사들였고, 그 결과 미시시피 회사의 주가가 수십 배로 뛰었다.

그 후 존 로는 프랑스 국가은행을 설립해 프랑스의 세수 전체를 통제하고 재정대신으로 임명되었다. 막강한 권력을 손에 쥔 그는 거대한 도박을 시작했다.

존 로는 현재 프랑스 은행의 전신인 방크 제네랄Banque Generale을 장악했

당시 상선을 만들던 모습을 재연한 프랑스 동인도회사 박물관 전시 모형

다. 그는 지폐 발행량을 늘릴 수 있었기 때문에 주식을 사고 싶어 하는 사람들을 위해 더 많은 지폐를 찍어냈다. 중앙은행의 지폐 발행 시스템을 이

용해 미시시피 회사의 높은 주가를 계속 유지시켰던 것이다.

_ 앤서니 머피Anthony Murphy, 댈러스 연방준비은행 정책 고문 겸 선임 연구원

존 로의 조종으로 프랑스 경제는 1717년부터 3년 연속 고속 성장했다. 그리고 이렇게 인위적으로 만들어낸 '번영'은 전쟁으로 거액의 빚에 허덕이고 있던 영국 정부의 관심을 불러일으켰다.

영국은 국채를 기업 주식으로 전환하기로 하고 남해 회사South Sea Company를 낙점했다. 남해 회사는 1711년에 설립되었으며 왕실로부터 특허장을 받아 중남미의 무역을 독점하고 있었다. 이것이 이 기업 설립의 목적이었다. 1720년 초, 영국 정부로부터 인수한 국채 3000만 파운드를 기반으로 남해 회사의 새 주식이 발행되었다. 그 결과 이 회사의 주가는 불과 몇 달 만에 125파운드에서 1000파운드로 치솟았다. 그러자 사람들은 '주식회사'를 황금 알을 낳는 거위로 생각하게 되었다. 그해 한 해 동안 영국에서 202개의 주식회사가 생겨났다. 이에 따라 증시의 거품은 계속 커져만 갔다.

1720년 4월, 영국 의회는 남해 회사의 이익을 보호하기 위해 '거품법Bubble Act'을 통과시켰다. 이 법은 의회의 법안이나 특허장 없이 기업의 명의로 주식을 발행하거나 지분을 양도하는 행위를 금지했다. 표면적으로 보면 이 법안은 정부가 기업의 과열 양상을 억제하기 위한 것처럼 보인다. 하지만 이 법안을 발의한 의회 의원들 중에는 남해 회사의 이사와 주주들도 많았다. 사실 이 법안은 '남해 회사 거품'이 붕괴하

> **거품법**
>
> 거품법은 영국 기업 제도의 성장을 100년 넘게 후퇴시켰다. 거품법은 국가와 법률이 기업 제도의 형성을 촉진할 수 없고 오히려 파괴적인 힘을 가할 수 있으며, 개인의 자발적인 이익 추구 행위만이 기업 제도를 형성시키고 발전시키는 원동력이 될 수 있음을 증명했다. 거품법은 1825년에 완전히 폐지되었다.

기 전에 통과된 것이며 다른 기업의 투자자들을 남해 회사로 끌어들이는 데 그 목적이 있었다.

거품법이 제정된 뒤 많은 주식회사가 사라졌고, 그에 따라 투자자들의 신뢰도 깨졌다. 남해 회사는 의원들이 생각한 것만큼 더 많은 투자자들을 유치하지 못했으며, 오히려 주가는 기존의 10분의 1로 급락했다. 주식 때문에 파산한 수많은 영국인들 중에는 왕립 조폐국장이었던 아이작 뉴턴Isaac Newton도 있었다. 그는 주식으로 2만 파운드를 날렸는데 이는 그의 10년 치 월급과 맞먹는 것이었다. 이 위대한 과학자는 "천체의 움직임은 계산할 수 있지만 인간의 광기는 예측할 수가 없구나"라고 한탄하기도 했다. 바로 그때 남해 회사와 마찬가지로 존 로의 미시시피 회사도 붕괴하고 있었다. 프랑스 투자자들은 5억 리브르(옛날 프랑스의 화폐 단위로, 5억 리브르는 당시 프랑스 1년 국가예산보다 많다)를 잃었고, 존 로는 허겁지겁 도피 길에 올랐다.

주식 투자자들이 헛된 꿈에서 깨어난 뒤, 사람들은 처음으로 '기업은 어떻게 돈을 벌어들일 것인가'라는 기업의 생존 문제에 관심을 갖기 시작했다. 기업이 이익을 가져다줄 수 있지만 마찬가지로 재앙을 초래할 수도 있음을 깨달았던 것이다.

주식의 거품이 꺼진 후 영국과 프랑스는 가장 간단하지만 가장 바람직하다고는 할 수 없는 방법으로 사후 처리를 했다. 그 후 100여 년 동안 주식회사의 설립을 엄격히 금지했던 것이다.

> 사실 영국에서 다시 합법적으로 기업이 설립된 것은 산업혁명 이후인 19세기 중엽이었다.
> _ 닉 할리Knick Harley, 옥스퍼드대학 세인트안토니 칼리지 경제사학과 교수

존 로는 죽을 때까지 자신의 계획이 프랑스를 더욱 부강하게 만들 수 있었다고 굳게 믿었다. 바로 그 믿음 때문인지 그는 '프랑스의 가장 유명한 금융가'라는 말을 자신의 묘비에 새겨달라는 유언을 남겼다.

그러나 그가 기업을 국가의 도구로 인식했을 때부터 재앙은 피할 수 없는 것이었다. 사람들이 주식회사라는 말만 들어도 벌벌 떨 무렵, 국가의 도구로서 한때 전성기를 누리던 특권 기업들도 서서히 몰락의 길로 들어서고 있었다.

영국 런던 증권거래소

03
산업혁명
그리고 시장의 승리

1765년, 영국 정부는 적자를 메우기 위한 자구책으로 동인도회사에 벵골 지역 총독의 지위를 부여하고 토지세 징수를 허가했다. 하지만 이는 오히려 기업의 부패를 더욱 조장하는 결과를 낳고 말았다.

한 가지 유명한 일화가 있다. 인도 바라나시에서 일하는 영국인의 연봉은 약 1000파운드였지만 실제 수입은 4만 파운드에 달했다. 월급 이외의 수입은 갖가지 뇌물과 약탈로 얻어낸 것이었다.
_ 톰 톰린슨, 런던대학 소아즈 사학과 명예교수

특권 기업은 '양서류'와 같은 특징을 가지고 있었다. 공공 부문과 민간 부문 그 어디에도 속하지 않고 중간에 끼어 있었다. 특권 기업이 단기간에 급속도로 성장할 수 있었던 것은 정부의 자금과 지원 덕분이었다. 하지만 그것은 매우 위험한 방식이어서 경제 거품이 쉽게 발생할 수 있었다.
_ 에이드리언 울드리지, 영국 〈이코노미스트〉 경영전문 편집인

1770년, 불안의 그림자가 런던을 엄습했다. 영국의 식민지인 벵골에서 대기근이 발생해 전체 인구의 6분의 1이 굶어 죽었다. 가뜩이나 어려움에 처해 있던 동인도회사에는 설상가상과 같은 악재였다.

강제력을 이용해 재물을 긁어모으고 있던 기업은 결국 정부에 부담이 되었다. 적자 상태에 있는 동인도회사를 살리기 위해 1773년 영국 의회는 하는 수 없이 '차 조례 Tea Act'를 통과시켜 북미 식민지의 차 독점무역권을 동인도회사에 부여했다. 하지만 이런 '특허정책'은 기업을 구제하기는커녕 오히려 더 큰 문제를 불러왔다. 식민지 주민들이 자신들

영국 동인도회사의 옛 건물

의 생업을 지키기 위해 무력으로 식민국에 대항했던 것이다. 또한 경제적 자유를 갈망하는 것은 북미 식민지뿐만 아니라 영국 본토의 일반 국민들도 마찬가지였다.

동인도회사가 차 무역 독점권을 얻어낸 1773년, 영국 스태퍼드셔 주의 웨지우드 도자기 공장은 모험이라고 할 수도 있는 주문을 받았다. 러시아의 여제 예카테리나 2세가 흰색 식기 952점을 주문한 것이다. 1년 후 이 공장은 1244개의 그림이 그려진 완벽한 식기를 만들어 납품했고, 이 일로 이 공장의 주인 조사이어 웨지우드Josiah wedgwood는 큰 명성을 얻었다.

도공 출신인 웨지우드는 15년 전인 스물아홉 살 때 공장을 처음 세웠다. 그는 생산과정을 혁신해 원래 한 사람이 처음부터 끝까지 완성하던 도자기를 10개의 과정으로 분업해서 제조하도록 했다. 그 무렵, 수력방적기를 발명한 아크라이트Arkwright는 세계 최초로 현대적 의미의 공장을 설립했다. 당시 영국에서 20세 이상 남성의 약 40퍼센트가 상업과 제조업에 종사했는데 그들이 바로 훗날 세계를 바꿔놓은 산업혁명을 일으킨 주역들이다.

면방직 업종에서 100여 개의 소형 기업들이 산업혁명의 물결에 동참했다. 숫자로 보면 그리 많은 것은 아니지만 그들의 형태는 기본적으로 비슷했다.
_ 닉 할리, 옥스퍼드대학 세인트안토니 칼리지 경제사학과 교수

증기기관 모형

> 자본가의 역사는 곧 특권을 얻은 적 없이 자유롭게 설립된 기업들의 역사라고 할 수 있다.
>
> _ 알레산드로 스탄지아니Alessandro Stanziani, **프랑스 사회과학고등연구원**(EHESS) **교수**

1776년 3월 8일, 영국 버밍엄에서 두 동업자의 이름을 딴 볼턴앤드와트Boulton&Watt라는 회사가 고객들에게 새로 개발한 발명품 '증기기관'을 선보였다. 원시적인 형태이기는 했지만 사람 100명분의 작업을 할 수 있는 기계였다. 이 증기기관의 출현으로 수천 년 동안 사람과 자연의 힘에만 의존해왔던 생산의 역사가 바뀌었으며, 산업화의 속도가 빨라져 진정한 혁명이 시작됐다.

볼턴은 "내게 있어서 세 개의 도시만을 위해 생산하는 것은 가치가 없다. 전 세계 사람들을 위해 생산한다면 그건 분명히 가치 있는 일이 될 것이다"라고 말했다. 그러나 그는 자신의 원대한 꿈이 실현될 수 없는 것임을 곧 깨달았다. 당시 영국 정부가 기계 설비의 해외 수출을 엄격히 금지했기 때문이다. 이를 위반하면 사형에 처해질 수도 있었다.

기업의 운명을 결정하는 사람은 대체 누구일까? 당시 50세의 한 학자가 이 문제를 연구하고 있었다.

볼턴앤드와트가 증기기관을 발표한 지 나흘째 되던 날, 글래스고대학의 교수 애덤 스미스가 『국부론』을 출간했다. 이 책에서 그는 국가의 힘으로 화폐와 부를 벌어들이는 중상주의를 비판하고, 평등한 계약을 통해 경제를 발전시키는 자유무역을 제창했다.

애덤 스미스의 가장 유명한 관점은 '보이지 않는 손'이다. 그는 시장경제에서 발생하는 개인 간의 자연적인 거래가 자원을 효율적으로 분배하고 시장경제를 통해 얻을 수 있는 수입을 증가시킬 것이라고 생각했다.

_ 니콜라스 크라프츠Nicholas Crafts, 영국 워릭대학 경제학과 교수

애덤 스미스는 "사람들은 모두 자신의 상황을 개선하기 위해 열심히 노력하며, 이 노력의 과정이 자유롭고 안전할 수 있을 때 매우 강한 힘을 발휘할 수 있다"라고 말했다. 또한 다른 것은 필요치 않으며 오로지

개인의 노력만으로 사회를 번영시키고 부를 창출할 수 있다고 주장했다.

'보이지 않는 손'의 영향으로 수많은 영국 기업들이 제1차 산업혁명을 추진했다. 국가가 강제로 주도한 것이 아니었다. 방직, 기계, 제철 등 각 업종에서 국가의 특허를 받아야 설립할 수 있는 주식회사는 이제 거의 찾아볼 수 없었다. 산업혁명 시기에 활약한 기업들은 거의 모두 가족기업이라고 불리는 영세한 규모의 기업들이었다. 동업자들의 이름을 따서 만든 이 작은 기업들은 저마다 이익을 내기 위해 바쁘게 활동했고 새로운 제품을 발명해냈다. 그리고 이들의 이익추구 활동은 사회 전체의 경제력을 성장시켰다. 이런 경제적 성장은 인류 역사상 처음 있는 일이었다.

> **아주 획기적인 전환이었다. 상류층이 아닌 하류층이 경제활동을 했다는 것은 매우 중요한 변화였다.**
> _ 버드젤 주니어, 미국 법률학자

기업의 규모는 크지 않았지만 중상주의 시대와 비교하면 중요한 변화가 나타났다. 대량 생산성

국부론

애덤 스미스(1723~1790)는 산만하게 흩어져 있던 경제학 학설들을 체계적으로 정리해 철학과 구분된 학문으로 정립했다. 『국부론』은 세계 최초로 유럽의 산업 및 상업의 발전 역사를 정리한 책이다. 자본주의와 자유무역에 가장 중요한 이론적 기초를 제공했으며 후대 경제학자들에게 지대한 영향을 미쳤다.

애덤 스미스의 동상

소규모 공장과 일하는 노동자들

을 보유한 기업이 기존의 상업 무역회사들을 대신해 경제 무대의 주역으로 부상한 것이다. 19세기 초, 이 새로운 기업들은 유럽과 북미에서 생산되는 원단의 63퍼센트, 석탄의 54퍼센트, 그리고 강철의 58퍼센트를 생산해냈다.

영국이 세계에서 독보적인 산업생산력을 갖추게 되자, 새로운 형태의 상공업자들에게는 특권 기업의 해외무역 독점 체제를 타파하고 새로운 경제 질서를 수립하는 것이 가장 시급한 문제로 떠올랐다.

산업혁명으로 수많은 소규모 기업과 공장이 탄생했다. 산업혁명의 최전선에 나선 그들은 국가의 독점정책으로 인해 난감한 상황에 봉착했다. 일부 대형 상업회사들이 경제를 독점한 채 그들이 나아가려는 길을 가로막고 있었기 때문이다. 그러자 그들은 규제 완화를 요구했다.
_ 첸청단, 베이징대학 역사학과 교수

보호주의와 대외정복, 독점권을 이용하면 거액을 벌어들일 수 있다. 하지만 자유무역을 선택한다면 더 많은 돈을 벌 수 있다.
_ 폴 케네디Paul Kennedy, 예일대학 역사학과 교수

1815년, 영국의 웰링턴 공작이 워털루에서 나폴레옹을 격파했다. 유럽을 누비던 나폴레옹 황제는 자신이 '작은 가게 주인'이라고 조롱했던 영국 앞에서 힘없이 무너졌다. 국력은 단순히 군사력에만 의존하는 것이 아니다. 경제력의 우위와 선진화된 경제 제도가 국력에서 더 큰 비중을 차지한다. 영국과 프랑스의 전쟁 결과에 대해 어떤 이는 "이 전쟁의 승리는 단순히 영국군의 승리가 아니라 시장경제의 승리이기도 하다"라고 평가했다.

워털루 전투가 발발하기 2년 전인 1813년, 영국 동인도회사가 가지

증기기관차

고 있던 인도 독점 무역권은 완전히 폐지되었다. 프랑스 정부가 아직 국유기업 경영에 힘쓰고 있을 무렵, 영국 정부는 점차 그 역할을 바꾸어서 기업을 시장에 돌려주었던 것이다.

1830년 9월 23일, 간밤에 내린 비가 새벽까지도 그칠 기미가 보이지 않았다. 이런 날씨에도 불구하고 리버풀에서 맨체스터까지 48킬로미터에 달하는 철도 변에 20만 명의 인파가 운집했다. 세계 최초의 공공철도 개통을 직접 보기 위해 모여든 것이다.

기차의 등장과 함께 과거 수많은 논란의 대상이 되어 천당에서 지옥으로 추락한 '주식회사'도 새로운 부활의 기회를 맞이했다. 철도 건설을 비롯해 운하 건설 등 대규모 공사에는 막대한 자금이 필요했다. 문제는 어디에서 자금을 조달하는가 하는 것이었다. 주식회사는 투자에 대한 불안감이 적다는 점에서 사람들의 투자를 촉진하는 데 효과적이었다. 설령 투자에 실패하더라도 손실이 그리 크지 않기 때문이다.

19세기 중엽, 영국에서 거센 기세로 진행된 제1차 산업혁명이 완성되었다. 우뚝 솟은 굴뚝에서 흰 연기가 쉬지 않고 피어오르고 거대한 공장에서는 기계 돌아가는 소리가 요란하게 울려 퍼졌다. 전원생활의 조용함이나 한적함과는 점점 거리가 멀어졌다.

세계 최초로 산업화를 실현한 영국에서는 철도와 전보, 증기선, 제철, 석유 등 새로운 업종들이 속속 생겨났다. 신흥 산업은 크게 발전할 수도 있는 동시에 막대한 위험도 품고 있었다. 어떻게 해야 더 발전할 수 있을까? 사람들은 다시 대항해시대에 등장했던 주식회사를 떠올리게 되었다.

> **영국의 제1차 산업혁명**
>
> 영국은 제1차 산업혁명의 발원지다. 제1차 산업혁명은 1760년대에 시작되어 1840년대에 거의 완성되었다. 산업혁명이 영국에서 시작된 것은 우연이 아니었다. 영국은 산업혁명이 발생할 수 있는 정치적 요건과 사회 환경, 우수한 과학기술을 모두 갖추고 있었다. 산업혁명을 통해 수공 생산에서 공장 생산으로 전환되어 기계가 인간의 손을 대신하게 되었으며, 낙후된 생산방식에 의존하던 농업 계층이 사라지고 산업 부르주아 계층과 산업 프롤레타리아 계층이 형성되어 성장하기 시작했다.

산업혁명이 나타나지 않았다면 현대적 기업이 필요하지 않았을 것이다. 물론 다른 관점에서 보면, 현대적 기업이 존재하고 발전하지 않았더라면 산업혁명이 그렇게 빠른 속도로 진행될 수 없었을 것이다.

_ 천즈우, 예일대학 경영학과 교수

1862년, 영국 의회에서 지난 20년간의 관련 법안을 모은 '회사법'이 통과되었다. 영국 무역국은 "1825년 이전에 기업의 설립을 법률로 금지한 후 지금까지 기업 설립은 특권이었다. 하지만 이제 이것이 일종의

> **영국의 '1862년 회사법'**
>
> 세계 최초로 제정된 회사법 가운데 하나다. 어떤 의미에서 보면 이 법은 현대 기업의 출생 증명서라고 할 수 있다. 이 법이 제정되기 전, 수 세기 동안 기업은 국가 정책을 시행하기 위한 수단이었으며 기업 설립은 소수 특정인들의 특권이었다. 하지만 1862년의 회사법은 '기업은 영리를 목적으로 한 시장 조직일 뿐이며 기업을 설립하는 것은 모든 국민이 누리는 권리'라고 명시했다. 이 법률에는 현대 기업의 바탕에 깔린 다음의 세 가지 관념이 모두 포함돼 있다. 첫째, '법인'은 인간과 똑같이 경제활동을 할 능력이 있다. 둘째, 모든 투자자에게 거래가 가능한 주식을 발행할 수 있다. 셋째, 투자자는 유한책임만 지므로 손실이 발생하더라도 투자 원금의 한도 내에서만 손실을 입는다.

권리로 바뀌길 희망한다"고 밝혔다.

그 후 기업 설립에는 더 이상 정부의 허가가 필요하지 않게 되었다. 7명이 조직의 규정에 서명하고 영업장 소재지에서 등기를 마치면 주식회사를 설립할 수 있었다. 이 법안은 훗날 세계 각국에서 생겨난 '회사법'의 원형이 되었다. 영국 법인등기소의 팀 모스는 "회사법에는 유한책임이라는 조항이 있었는데, 그 덕분에 기업의 이사와 투자자들이 더욱 안심하고 기업에 투자할 수 있었다. 따라서 기업에 투자하는 사람들이 더 많아지고 덩달아 경제 발전도 촉진되었다"라고 말했다.

'회사법'의 의의는 사람들이 정부의 통제를 벗어나 일정한 틀 안에서 자유롭게 기업을 세울 수 있다는 점에 있다.

_ 존 케언스 John W. Cairns, **영국 에든버러대학 법학과 교수**

길고 고통스러웠던 탄생기를 거친 후 기업 설립은 마침내 '특허제'에서 자유로운 '등록제'로 바뀌고, 유한책임도 '특권'에서 평등한 '권리'로 전환됐다. 이에 따라 시장도 독점에서 경쟁으로, 폐쇄적 형태에서 개방적 형태로 바뀌었다. 주식회사가 다시 역사의 무대 위로 등장한 것이다.

영국 의회의 회의 장면

　주식회사가 대규모 산업생산을 효과적으로 수행하게 되자 사람들은 특권 기업의 부패와 윤리적 타락이 '유한책임'과 '주식제도'라는 형태가 아니라 권력과 돈의 유착에서 기인한 것이었음을 깨달았다. 시장 체제에서 다시 태어난 주식회사는 환골탈태했다. 주식회사는 더 이상 소수 상류층만의 전유물이 아니라 일반 사람들이 활동할 수 있는 기회가 되어 현실 속으로 깊이 뿌리 내렸다. 이후의 경쟁은 무한한 시장에서 어떤 기업이 더 큰 역량을 발휘하는가가 관건이 되었다.

　1851년 3월, 영국 〈이코노미스트〉에는 이런 글이 실렸다. "미국의 국민들은 우리가 가진 지식과 기술을 소유하고 있으며 드넓은 대륙을 자유롭게 지배하고 있다. 또한 영국과 유럽 각국에서 자본과 인력도 계속해서 새로 유입되고 있다. 60년 가깝게 영국과 미국, 두 나라가 발전해 온 궤적을 돌이켜보면 미국은 언젠가 영국을 앞지를 것임을 추론할 수 있다. 다음 일식이 반드시 나타나는 것처럼 말이다."

이것은 하나의 예언이었다. 이 무렵 구대륙에서 발명한 기차가 신대륙의 평원 위를 질주하고 있었다. 바야흐로 대기업의 시대가 다가오고 있었던 것이다.

Interview inside
: **인터뷰 인사이드** :

니콜라 바브레 프랑스 경제사학자 겸 변호사
에이드리언 울드리지 영국 〈이코노미스트〉 경영전문 편집인

Q 프랑스 문화의 핵심은 무엇입니까? 프랑스 문화가 기업의 경영과 발전에 어떤 영향을 미쳤습니까?

A **니콜라 바브레** 그건 매우 복잡한 문제입니다. 어떤 의미에서는 문화도 한 국가의 역사이기 때문이죠. 프랑스에는 고도의 정치 시스템이 구축되어 있습니다. 이렇게 되기까지 세 가지 중요한 시대적 사건이 큰

역할을 했습니다. 16세기 종교전쟁 시대에 프랑스는 '민족국가'의 개념을 발명해 끝날 줄 모르고 계속되던 내전(당시는 신교도와 구교도 사이에 종교전쟁이 벌어지고 있었다)에 마침표를 찍었습니다. 두 번째로, 프랑스대혁명 시대에 '국가주권'의 개념이 발명되었습니다. 세 번째 사건은 1914년부터 1918년까지 벌어진 제1차 세계대전입니다. 이 전쟁을 전후로 20세기의 가장 중요한 투쟁인 '민주'와 '국권'의 투쟁, 그리고 '민족'과 '제국'의 투쟁이 발생했기 때문이죠.

프랑스의 정치 시스템을 분석해보면 다른 나라와는 큰 차이가 있습니다. 영국의 정치 시스템은 국민이 국가의 침해를 받지 않도록 보호한다는 전제 위에 세워졌고, 이탈리아의 정치 시스템은 민간과 귀족이라는 계급 제도에 초점이 맞추어져 있습니다. 또 미국은 거대한 시장과 헌법을 기반으로 정치 시스템이 형성되었죠. 하지만 프랑스에서는 '민족'이라는 개념이 경제 분야에서 국가의 강력한 간섭이라는 형태로 나타났습니다. 현재 프랑스 국민들의 전체 지출 가운데 56퍼센트 정도가 공공지출입니다. 아주 높은 비율이죠. 공공지출은 대형 국유기업으로 다시 투입됩니다. 프랑스가 계승한 문화와 유산 중에 사치품 산업(코냑, 와인, 향수, 패션 등)이 많기 때문이죠. 이런 산업이 프랑스 경제에서 매우 중요한 비중을 차지하고 있습니다.

이 밖에도 간과해서는 안 되는 중요한 문제가 있습니다. 프랑스는 영토가 작지만, 이곳에는 수많은 다양성이 존재한다는 사실입니다. 프랑스는 지역마다 환경과 풍습이 매우 다릅니다. 그런 다양성이 정치와도 밀접하게 연관되어 있지만, 그렇다고 단결되는 것도 아닙니다. 어떤 관점에서는 이를 보수주의로 해석할 수도 있습니다. 다른 유럽 국가들을 보면, 독일은 공업이 발달했고 영국은 금융업으로 유명합니다. 그에 비하면 프랑스는 상대적으로 균형을 유지하고 있죠. 전국적으로 농업이 발달했으며 항공우주, 자동차, 사치품 등 공업의 수준도 높습니다. 비록 공공지출이 큰 비중을 차지하기는 하지만 다른 요인을 완전히 무시할 수는 없습니다. 상대적으로 균형 잡힌 경제구조도 '육각형' 영토를 가진 이 나라의 상징이며, 그건 또한 사회적 조화를 의미하는 것입니다.

Q 나폴레옹은 영국을 '작은 가게 주인'이라고 조롱했습니다. 그런데 산업혁명 이후 영국 경제가 프랑스를 제치고 빠르게 발전하는 데 있어서 '작은 가게 주인'의 등장과 성장이 어떤 역할을 했습니까?

A 니콜라 바브레 17세기 프랑스에서 제일 먼저 산업혁명이 시작됐지만, 프랑스대혁명으로 인해 프랑스 경제는 철저히 붕괴되었습니다. 그 후 나폴레옹이 권력을 쥐고 경제봉쇄 정책을 펼치자 영국이 산업혁명의 주도권을 쥐게 된 것입니다. 나폴레옹이 영국을 '작은 가게 주인'에 비유한 것은 매우 정확한 개념이었다고 생각합니다. 어쩌면 나폴레옹 시대보다는 현재의 영국에 더 잘 어울리는 개념일 것입니다. 현재 영국 경제는 서비스업에 편중된 일원적 경제입니다. 영국인들은 유럽 대륙

에서 떨어져 있는 섬나라라는 제약을 극복하고 금융업을 세계 최강으로 발전시켰습니다. 이는 대단한 성공입니다. 영국인들은 사고파는 일에 매우 예민한 감각을 갖고 있습니다. 타고난 상인이죠. 이는 섬나라 특유의 국민성과 오랜 세월 해상통제권을 장악하고 있었던 역사에서 비롯된 것입니다.

중국 상인들도 오랜 역사를 지니고 있죠. 중국의 거대한 상단이 수 세기 동안 인도양을 누비며 활발하게 무역을 펼치기는 했지만, 중국은 내수 시장에서 자급자족하는 것만으로도 국가가 충분히 생존할 수 있었습니다. 중국은 영토가 워낙 넓으니까요. 미국도 마찬가지입니다. 해외에 중요한 시장이 있다고 해도 내수 시장만으로도 경제가 원활하게 돌아갈 수 있었죠. 그에 반해 영토가 작은 영국은 자유무역이라는 경제 개념을 발명할 수밖에 없었던 것입니다.

Q 1862년 회사법이 통과되기 전, 영국에는 어떤 형태의 기업들이 있었습니까?

A 에이드리언 울드리지 1862년 회사법이 통과되기 전까지 영국에는 두 가지 기업 제도가 있었습니다. 우선 동인도회사와 같은 대형 합자주식회사가 있었죠. 이런 기업들은 국가로부터 특허를 받고 거의 독점적으로 사업을 운영했습니다. 국가는 그들이 유한책임을 지고 독점권을 행사할 수 있도록 지원해주었습니다. 따라서 이 시기에 동인도회사는

식민지 인도를 관리하는 데 있어서 영국 정부의 오른팔이 되어 막강한 권한을 행사했습니다. 이런 합자주식회사는 사실상 국가 소유의 기업이나 다름없었습니다.

또 다른 형태로는 동업기업이 있었습니다. 그러나 동업기업들은 위기에 취약하다는 약점이 있었죠. 동업기업은 무한책임을 져야 하기 때문에 적자가 발생하면 모든 자산을 잃을 수도 있었습니다. 그래서 당시 사람들은 대기업이나 규모가 작은 동업기업 중에서 투자처를 선택했습니다. 동업기업은 수는 많았지만 회사 자체가 성장하거나 주식시장에서 수익을 내기가 결코 쉽지 않았죠. 그러다가 1862년 회사법이 제정되고 나서 주식회사나 합자주식회사 등이 생겨났습니다. 기업의 설립이 간단해지고 사람들이 돈을 벌 수 있는 기회도 많아졌지만 동시에 거품과 투기가 발생할 가능성도 커졌죠.

Q 1862년 영국에서 제정된 회사법이 타국 기업들의 발전에 어떤 영향을 미쳤습니까?

A **에이드리언 울드리지** 영국에서 합자주식회사가 탄생한 후 세계 각국도 이 형태를 도입하기 시작했습니다. 미국에서도 동일한 형태의 기업이 탄생했지요. 특히 철도, 광산, 제철 등에서 규모가 큰 합자주식회사가 설립되었습니다. 이런 기업들은 대부분 록펠러, 카네기 등이 거느린

거대 기업왕국에 속해 있었습니다. 독일과 프랑스에서도 비슷한 형태의 기업이 등장했고, 얼마 후에는 일본 기업들이 급부상하기 시작했습니다. 영국 기업들은 국제적인 조직으로 빠르게 탈바꿈해 영국 정부의 식민지 개척 사업에 유력한 협조자가 되었습니다.

Insight review
: 인사이트 리뷰 :

특권 기업은 어떤 흥망성쇠의 과정을 거쳤는가?

기업이 발전하기 시작한 초기에는 '중상주의'의 영향으로 우여곡절을 숱하게 겪어야 했다. 중상주의 아래에서는 국력 강화를 위해 정부가 국가 경제를 통제해야 한다고 보았다. 17세기 네덜란드와 영국의 동인도회사가 바로 정부로부터 독점권을 부여받은 특권 기업이었다. 이는 국가와 기업의 결합이자 권력과 돈의 유착이었다. 기업은 주주에게 이익을 창출해줘야 할 임무 외에도 국가를 위한 식민지 개척의 사명까지 함께 지고 있었다.

특허 경영을 실시하면서 기업에는 정부의 성격이 짙게 나타났다. 주식회사가 왜곡되고 변형되어 이익 세력에 의해 좌지우지된 것이다. 이익 세력은 국가의 의지와 국력을 등에 업고 기업을 조종해 자신들의 목적을 달성하고자 했다. 정경유착의 최종적인 결과는 잔혹한 폭정과 부패한 기업 행태로 나타났다.

기업과 정부의 특수한 관계 덕분에 프랑스의 미시시피 회사, 영국의 남해 회사 등은 사람들이 정부 발행 국채를 주식으로 바꿀 수 있도록 허용했고, 이는 광적인 주식 열풍을 불러와 증시에 점점 거품이 끼기 시작했다. 얼마 후 주식 투자자들이 이성을 되찾고 기업의 수익 구조와 능력에 관심을 갖기 시작하자 주식회사는 줄줄이 무너졌다. 그 여파로 수많은 프랑스인과 영국인들이 가산을 탕진하고 말았다. 사람들은 그제야 기업이 부를 안겨주기도 하지만 재앙을 불러일으키기도 한다는 사실을 깨달았다. 주식 거품이 몰고 온 폭풍이 한 차례 휩쓸고 지나간 후 사람들은 기업이라는 말만 들어도 벌벌 떨게 되었고, 영국과 프랑스에서는 그 후로도 100년 넘게 새로운 주식회사의 설립이 금지되고 말았다.

1688년 일어난 영국의 명예혁명은 기업 발전의 역사에 이정표 같은 사건이다. 명예혁명을 기점으로 정부의 재정권과 경제권이 의회로 옮겨가고 경제 분야에서 정부의 권력이 서서히 퇴장했다. 이는 마침내 기업이 시장으로 돌아갔음을 의미한다. 신흥 상공업 계층이 급속히 성장하면서 정치와 경제가 결합한 중상주의도 점차 쇠퇴했다. 1862년 영국에서 '회사법'이 통과되고 기업의 설립이 '특허제'에서 '등록제'로 전환되는 혁명적인 변화가 나타났다. 1874년 1월, 274년간 위세를 떨치던 영국 동인도회사가 역사 속으로 완전히 사라지고 기업의 특권 시대도 종말을 고했다. 그때부터 기업 설립은 누구나 보편적으로 가지고 있는 권리로 자리 잡았다.

산업혁명은 어떻게 발생했는가?

동인도회사가 위세를 떨치고 있던 시기에도 영국에는 소규모 공장이나 가내수공업이 매우 흔했다. 18세기 중반 영국에서 20세 이상 남성의 약 40퍼센트가 상업과 제조업에 종사했다. 일반 노동자들로부터 시작된 기술혁명은 생산 과정의 표준화를 촉진했고, '공장화'된 새로운 생산방식이 출현해 기술과 생산, 시장으로 이어지는 새로운 관계가 생겨났으며 노동의 효율성이 크게 향상되었다. 이것이 바로 '산업혁명'이라고 불리는 중대한 역사적 전환이다.

영국의 산업혁명은 사실상 발명가와 기업가들의 공동 작품이다. 1769년 제임스 와트James Watt가 증기기관을 발명했지만 훗날 증기기관을 현실적인 생산력으로 전환시킨 것은 제임스 와트의 아들 제임스 와트 주니어였다. 와트 주니어는 자신의 아버지와 달리 기술 전문가이자 기업가였다. 그는 상인 매튜 볼턴Matthew Boulton과 공동으로 주조 공장을 설립했고, 대량생산을 통해 증기기관을 시장에 판매했다. 산업혁명이 시작된 후 시장경제 국가들마다 현대적인 공장 체제를 구축해 나갔다. 생산방식이 가내수공업에서 대규모 공장 형태로 전환되었으며 인류는 산업화 시대로 들어서게 되었다.

산업혁명 이후 영국은 생산성이 폭발적으로 향상되었고, 값싼 공산품과 식민지에서 약탈해온 풍부한 자원을 앞세워 해외에서 상품 시장 및 원료 시장을 빠르게 확장해갔다. 한편 인클로저 운동enclosure movement(19세기 유럽에서 개방경지나 공유지, 황무지에 울타리나 돌담을 둘러쳐놓고 사유지로 삼은 운동)이 활발하게 일어나 풍부한 노동력이 영국으로 몰려들었다. 풍족한 원료와 무한히 공급되는 노동력, 드넓은 국내외 시장, 그리고 거대한 기회와 리스크가 함께 잠재된 신흥 산업은 모두 새로운 상업 조직이 출현하기를 기다리고 있었다.

1776년 애덤 스미스의 『국부론』이 런던에서 출간됐다. 『국부론』을 읽은 사람들은 수많은 기업과 상인들이 시장에 뛰어들어도 아무런 문제가 없다는 확신을 얻었다. 시장에서 개인 간의 거래를 통해 고효율의 자원 분배 방식이 형성되면 사회 전체의 소득 수준이 더 높아질 것이기 때문이었다. 생산자가 돈을 벌고 싶다면 우선적으로 소비자를 만족시켜야 한다. 이것이 바로 시장의 매력이다. 누구나 자신의 이익을 추구하면서 저절로 사회의 부를 창출하고 사회를 발전시키는 것이다.

애덤 스미스는 기업이 시장으로 돌아가면 공급에 의해 가격이 결정되고 가격이 생산을 촉진한다고 주장했다. 시장에서 어떤 상품의 공급이 부족하거나, 신기술의 탄생으로 기존의 생산방식이 낙후되거나 또는 소비자의 소비행태나 성향이 바뀔 경우, 이런 모든 변화가 신속하게 상품 가격에 반영되고 가격 변동은 생산자와 소비자의 자발적인 행동 수정으로 이어진다는 것이었다. 이것이 바로 그 유명한 '보이지 않는 손'의 논리다. 『국부론』은 현대 경제학의 탄생을 의미했으며, 이와 함께 유럽에서 약 300년 동안 유행해온 중상주의도 점차 쇠퇴의 길로 들어섰다.

돈을 버는 것은 탐욕도 아니고 먹고살기 위함도 아니다.
돈을 버는 것은 곧 사명이자 인간의 본능이며,
인생을 가장 다채롭고 화려하게 만들 수 있는 방법이다.
19세기 대기업과 기업가들은 어떻게 생겨나게 되었는가?
또 부는 인류에게 어떤 새로운 문제를 던져주었는가?

제3장

부를 이룬 영웅들의 전성시대

1776년 미국이 독립되기 몇 달 전,
20페이지도 안 되는 짧은 분량의 책이 공개되자 미국 대륙이 술렁였다.
제목은 『상식』, 사상가 토머스 페인이 쓴 책이었다.
그는 폭정에 반대하는 사람들을 격려하며 미국 독립이 가져올 이익을 역설했고,
『상식』은 독립전쟁 기간 동안 『성경』 다음으로 대중들에게 큰 영향을 미쳤다.

1904년, 〈앙트러프러너〉의 발간사에 『상식』의 구절이 인용됐다.
그로부터 100년 넘게 흐른 지금, 세상은 완전히 바뀌었지만
잡지 첫 페이지의 발간사만은 옛날 그대로다.
이 글은 기업가의 신조라고 불린다.

"나는 보통 사람이 되고 싶지 않다.
능력만 있다면 특별한 사람이 될 권리가 있다.
기회를 추구하고 현실에 안주하지 않는다.
국가의 비호 아래 보장된 삶을 사는 국민이 되고 싶지는 않다.
그것은 타인에게 무시당하는 일이고 내게도 고통스러운 일이다.
나는 의미 있는 모험을 할 것이다.
내게는 꿈이 있고 나는 창조를 원한다.
나는 실패도 성공도 모두 맛보고 싶다.
나는 당당하고 자신감 넘치며 그 무엇도 두려워하지 않는다.
용감하게 이 세상과 맞서 자랑스럽게 말한다.
신의 도움으로 나는 이미 성공했다고."

01
신대륙의 급부상과 기업가의 출현

1862년, 68세의 코넬리어스 밴더빌트Cornelius Vanderbilt는 42년 동안 몸담아온 해운업과 작별하고 철도 사업에 뛰어들기로 결심했다. 68세에 업종을 바꾸는 것은 큰 모험이지만 밴더빌트에게는 무모한 모험이 아니었다. 그는 이미 2000만 달러의 자산을 보유한 미국 최대 해운업자였고 미국 6대 부호 가운데 한 사람이었다. 밴더빌트는 모험 자체를 즐기는 사람이었고 지난 50년 동안 그렇게 사업을 해왔다.

1810년, 당시 열여섯이던 밴더빌트는 어머니

코넬리어스 밴더빌트(1794~1877)

19세기 말부터 20세기 초에 이르는 이른바 도금 시대The Gilded Age에 미국을 대표하는 부호 중 한 사람이었다. 운송, 철도, 금융 분야의 거물이었으며 미국 역사상 세 번째 부자로 기록되어 있다. 당시 그가 쌓은 부는 오늘날 빌 게이츠의 그것을 훨씬 능가했다.

제3장 부를 이룬 영웅들의 전성시대　105

미국 뉴욕 그랜드센트럴 기차역

로부터 빌린 100달러로 낡은 배를 사들여 뉴욕 만灣을 오가는 운수업을 시작했다. 어머니에게 빌린 돈이었지만 그는 원금을 철저히 상환했을 뿐 아니라 10퍼센트의 이자까지 지급했다. 채무 계약에 있어서 자신은 아들이 아닌 독립적인 인격을 가지고 평등하게 계약을 체결할 수 있는 존재라고 생각했기 때문이다. 밴더빌트는 미국인들이 말하는 소위 '전진형go ahead' 젊은이였다. 고향에서 아버지나 할아버지가 하던 일과 똑같은 일을 하며 안주하는 것이 아니라 기회를 붙잡고 도전하는 사람이었다.

뉴욕에서 수로 운송이 황금기를 누리던 1824년 가을, 밴더빌트의 회사를 비롯한 여러 해운회사들에게 영업정지 조치가 내려졌다. 법원에서 뉴욕의 증기선 독점 운영권이 리빙스턴 가족에게 있다고 판결한 것이었다. 로버트 리빙스턴Robert Livingston은 뉴욕 최초의 대법관으로 조지 워싱턴 대통령의 취임식을 주재하기도 한 인물이었다.

하지만 밴더빌트는 돈을 벌 수 있는 기회를 그대로 놓치고 싶지 않았다. 젊은 밴더빌트는 교육을 많이 받지 못했기 때문에 글을 잘 쓰지 못했다. 그는 워싱턴으로 가서 다니엘 웹스터Daniel Webster를 자신의 변호사로 고용했다. 웹스터는 미국 초기의 유명한 정치가이자 변호사였다. 밴더빌트는 그를 통해 대법원에 소송을 제기했다. 이는 미국 최초로 대법원에서 재판이 진행된 상업 관련 소송이었다.

표면적으로 볼 때 이 소송은 피고와 원고의 격차가 너무나 컸다. 당시 밴더빌트는 부와 지위, 명예, 학식에 있어서 상대의 적수가 될 수 없었다. 외적 조건은 종종 소송의 승패를 좌우하는 결정적인 요인이었고, 심한 경우 일부 법원은 아예 소송을 받아주지 않기도 했다. 하지만 밴더빌트는 무려 5년 동안 포기하지 않고 매달렸다. 이 소송은 처음으로 미국의 최고 사법기관을 놀라게 했으며 어떻게 보면 미국 역사를 바꿔 놓기도 했다.

결국 대법원은 뉴욕 주가 뉴욕과 뉴저지 사이의 운송업을 독점하도록 규정할 권리가 없다고 판결했다. 이 판결로 인해 각 주 간에 상업 거래를 할 수 있는 길도 열렸다.

이 판결은 미국에 통일적인 시장을 형성시켰고, 계급사회를 무너뜨리는 데도 도움이 되었다. 그 후 밴더빌트는 증기선 운수 기업가로 변신해 뉴욕에서 각지로 향하는 항로를 개척했다.

_ T.J. 스타일스T.J. Stiles, 『최초의 거물: 밴더빌트의 장대한 삶The First Tycoon: The Epic Life of Cornelius Vanderbilt』의 저자

당시 신대륙에서는 새로운 질서가 정립되고 있었다. 미국은 유럽의 자유경제 제도를 계승했지만, 유럽처럼 견고한 귀족제의 전통은 없다. 일찍이 독립 초기부터 미국 사회에는 보통 사람의 꿈을 실현시키기 위한 비옥한 토양이 마련되어 있었던 것이다.

1780년, 벤저민 프랭클린Benjamin Franklin이 유럽에서 귀국했다. '독립선언문'의 초안 작성에 참여했던 그는 자신의 정치적 지혜와 외교 수완으로 유럽에서 높은 명망을 누리고 있었다. 그가 미국에서 처음 유명해지기 시작한 것은 『가난한 리처드의 달력Poor Richard's Almanac』이라는 책 덕분이었다.

벤저민 프랭클린(1706~1790)

18세기 미국의 과학자 겸 발명가 정치가, 외교가, 철학가, 문학가, 항해가였으며 미국 독립전쟁을 이끈 주역이다. 그의 일생은 성실과 근면, 이 두 단어로 표현할 수 있다.

프랭클린은 이 책에서 신이나 종교에 관해서는 거의 언급하지 않았다. 그는 줄곧 부와 부를 얻는 방법에 대해서만 이야기했다.

_ 리처드 테들로우Richard Tedlow, 하버드대학 경영대학원(HBS) 교수

"군자는 이익을 논하지 않는다"는 말이 있다. 하지만 프랭클린은 돈을 버는 것이 탐욕이나 단순한 생계 수단이 아니라 사명이자 정신이며, 인생을 가장 화려하게 만들고 개인의 운명을 바꾸는 최고의 수단이라고 여겼다.

이 새로운 세상에서 기존의 규칙은 더 이상 적용되지 않았다. 이제 사회는 계급이 아닌 계약으로 거래하는 '계약사회'였다.
_ 리처드 테들로우, 하버드대학 경영대학원(HBS) 교수

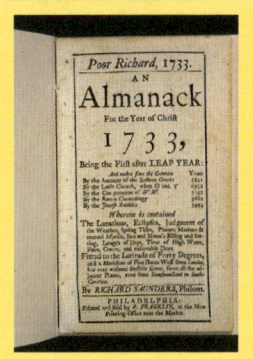

가난한 리처드의 달력

1733년에서부터 1758년까지 펜실베이니아에서 해마다 출간되었다. 이 책은 식민지 사람들 사이에서 폭발적인 인기를 끌었다. 연보의 전형적인 형태를 띠며 달력, 일기예보, 충고, 기타 유용한 지식들이 적혀 있었다. 여기에 실린 금언, 격언, 잠언 중에는 프랭클린이 직접 창작한 것도 있고 그렇지 않은 것들도 있다. 이 책을 통해 프랭클린 특유의 실용주의적이고 너그럽고 온화한 명언들이 널리 알려졌다.

『가난한 리처드의 달력』은 출간된 지 석 달 만에 1만 부가 팔려나갔다. "시간은 금이요, 신용도 금이다." 프랭클린의 이 격언은 오늘날까지도 널리 회자되고 있다.

의욕이 충만한 사람들에게 있어서 사상의 해방은 능력을 극대화시키는 지름길이었다. 그리고 그 능력을 경제적 부로 전환하기 위한 수단, 그것이 바로 기업이었다.

미국이 독립하기 전 북미 지역에서 기업을 설립하려면 식민국과 총독, 의회의 허가를 받아야 했다. 독립 이후 중앙 정부는 그 권리를 행사할 수 있었을까? 1782년 제헌의회에서는 이 문제를

놓고 대표들이 논쟁을 벌였다.

마침내 미국의 헌법은 중앙 정부가 각 주 사이의 무역을 관리하도록 규정했다. 하지만 각 주 정부는 종전과 마찬가지로 기업의 권력을 통제할 수 있었다. 중앙집권과 지방분권이 결합된 형태를 통해 미국 기업들이 발전할 수 있는 여지가 마련되었다.

미국 경제에는 다양한 법률 규정과 발전 방식이 있다. 지방분권을 실시해 각 주가 서로 경쟁하고 있고, 이는 상업의 발전에 유리하게 작용했다. 실력이 강한 주는 다른 주와의 경쟁에서 이길 수 있기 때문에 각 주는 경제 발전을 위해 많은 기업들을 자기 지역으로 유치하려고 했다. 그래야만 회사세와 등록비를 징수할 수 있기 때문이다. 기업을 유치하기 위해 각 주들은 잇따라 회사법을 개정하고 앞다투어 기업에 대한 통제를 완화해 기업의 진출 문턱을 낮췄다.

각 주들의 기업 유치 경쟁을 통해 미국 기업들은 발전을 위한 절호의 기회를 얻게 되었다. 권력 분산이 점점 확대되어 1830년대에는 특허장이 이미 쓸모없게 되었다. 주 정부가 등기소의 역할을 수행했다. 기업을 등록하는 일도 출생신고를 하듯 주 정부에 가서 쉽게 할 수 있었다.

영국에서는 수백 년간의 치열한 투쟁을 통해 얻어낸 제도가 미국에 도입된 후에는 전통의 짐을 내려놓을 수 있었고 광활한 시장도 함께 얻을 수 있었다. 마침내 기업들은 전에 없는 큰 자유를 누리며 비약적으로 성장했다.

미국 델라웨어 주에 있는 법인등기소

1830년에 약 8000개의 기업이 등록했고, 1860년에는 약 2만 5000개에서 2만 6000개의 기업이 등록했다. 미국은 기업화된 최초의 국가였다.
_ 리처드 실라Richard Sylla, **뉴욕대학 스턴 경영대학원 교수**

기업이 시장을 끊임없이 갈구하는 것은 일종의 본능이다. 미국은 시장을 얻기 위해 화약과 피를 대가로 지불했다. 1861년 남북전쟁이 발발했다. 링컨 대통령은 국가 분열의 위기 앞에서 노예제의 존폐는 중요하지 않다고 공개적으로 말했다. 그렇다면 중요한 것은 무엇인가? 바로 국가의 통일과 그에 수반되는 시장의 통일이었다.

링컨 대통령

태평양 철도

북미 대륙을 관통하는 총 거리 3000킬로미터 이상의 철도로 미국의 경제 발전에 크게 기여했다. 어떤 의미에서는 이 철도가 현대 미국을 창조했다고도 할 수 있다.

　1862년 7월 1일, 링컨 대통령은 '태평양 철도법Pacific Railroad Act'에 서명했고, 이에 따라 정부의 위탁을 받은 두 회사가 최초의 북미횡단철도를 부설했다. 이 법안은 그 유명한 '노예해방선언'보다 두 달하고도 21일 먼저 서명되었다.

　철도회사들은 막대한 부를 얻었을 뿐 아니라, 미국에 완전히 통일된 시장경제를 탄생시켰고 더 큰 부를 창출하도록 만들었다.
_ 마이클 스펜스, 뉴욕대학 스턴 경영대학원 교수 · 2001년 노벨 경제학상 수상자

　통일된 거대한 시장은 분열된 국가를 다시금 하나로 통합시켜주었다. 더욱 중요한 것은 시장이 미국인들에게 부자가 되는 꿈을 심어주어 국가에 새로운 원동력을 부여했다는 점이다.
　대통령뿐 아니라 68세의 밴더빌트도 예리한 직관으로 이 점을 간파했다. 그는 여러 개의 단거리 철도를 사들여 그것을 하나로 연결했다. 그러자 전국에 철도를 직접 건설하지 않고도 철도운송 사업에 가장 필요한 철도망을 가질 수 있게 되었다.

기업가는 기업의 미래에 대해 동경을 품고 그것을 실천에 옮기는 사람이다. 기업가의 목표는 지금까지 아무도 시도하지 않은 방식으로 자원을 새롭게 조합하는 것이다. 이것이 바로 기업가의 정의다.
_ 가스 살로너Garth Saloner, 스탠퍼드대학 경영대학원 학장

시장경제가 불확실성에 직면하면 원대한 안목으로 미래를 내다볼 줄 아는 사람이 필요하다. 이런 능력을 가진 사람이 바로 기업가다.
_ 장웨이잉, 베이징대학 광화 경영대학원장

철도망이 구축되자 밴더빌트는 운송비를 낮추어 저렴한 가격으로 많은 고객을 유치할 수 있었다. 그 후 그는 부와 명성을 동시에 거머쥐며

태평양 철도 건설 공사 현장에서 마지막 못을 박는 행사의 모습

명실상부한 철도왕이 되었다.

어디든 철도가 들어서면 곧 발전하기 시작했다. 운수업, 제조업, 백화점 등 각 업종에서 기업의 규모가 점점 커져 국가와 개인의 생활을 빠르게 변화시켰다. 대담함과 신념, 남다른 안목, 그리고 행운이 더해져 보통 사람이 백만장자가 되는 기적이 곳곳에서 탄생했다.

1864년, 스물넷의 존 록펠러John D. Rockefeller는 저축한 돈 4000달러를 밑천으로 정유공장을 차렸다. 록펠러는 이민 가정의 장남으로 어려서부터 어머니와 함께 생계를 책임졌다. 하지만 그는 자신의 불우한 운명을 원망하지 않고 묵묵히 성실하게 일했다.

중년이 된 록펠러는 아들에게 보내는 편지에 이렇게 적었다. "누가 네게 일자리를 주는 것일까? 네가 가정을 꾸릴 수 있도록 만드는 것은 누구일까? 누가 네게 성장할 수 있는 가능성을 부여하는 것일까? 바로 자기 자신의 마음가짐과 태도란다. 어떤 마음가짐과 태도를 갖느냐가 인생의 행복과 불행을 결정한단다."

존 록펠러(1839-1937)
미국의 기업가로 스탠더드오일의 창업자다. 그는 사상 유례없는 거대한 트러스트를 조직했으며, 합병과 사업 확장을 통해 미국 석유산업을 독점하고 '석유왕'이라는 별명을 얻었다.

록펠러는 매우 성실하고 절약이 몸에 밴 사람이었다. 그는 항상 금전출납부를 꼼꼼히 쓰곤 했다. 세탁 비용과 집세 등 모든 지출 내역을 금전출납부에 기록했다. 큰 부자가 된 이후에도 그는 누구에게 돈을 빌려주었고, 언제 돌려받기로 했는지를 모두 세세하게 기록했다. 금전출납부 기록은 록펠러가 평생토록 멈추지 않은 생활습관이자 사업 방식인 셈이었다. 현재 남아 있는 그의 금전출납부 중 가장 오래된 것은 그가 열여섯 살 때 쓴 것이다.

록펠러는 자신의 정유공장에서 원유 1갤런을 정유하는 비용이 얼마나 들어가는지 0.0001달러의 아주 작은 단위까지 자세하게 계산했다. 또 필요하다면 휘발유통 마개 하나가 어디에 있는지도 자세히 물어볼 정도였다. 인색함에 가까울 정도로 비용을 통제하며 그는 회사의 경쟁력을 키워나갔다. 휘발유 1갤런의 가격이 88센트에서 5센트까지 떨어졌을 때에도 록펠러의 회사는 여전히 흑자를 유지했다.

록펠러의 엄격한 사업 방식은 업종 경쟁에 대한 정확한 인식에서 나온 것이었다. 당시 석유는 가정용 연료에서 산업의 핏줄로 전환되고 있었다.

> 훌륭한 기업가인 록펠러는 신흥 산업에 대한 수요가 나타나고 있음을 간파했다. 당시에는 존재하지 않는 산업들이었으므로 정부가 그런 기업을 설립할 리도 없었다. 그러므로 그것은 기업가의 몫이었다.
> _ 아서 보니 Arthur Boni, 카네기멜론대학 테퍼 경영대학원 교수

> 개인에게 자유가 없다면 법률과 문화가 사람들의 모험과 혁신을 부추길 수 없으며, 이런 사회는 진정한 기업가를 배출해낼 수 없다.
> _ 장웨이잉, 베이징대학 광화 경영대학원장

록펠러와 그의 동업자들

록펠러는 "나는 타고난 운명에 따라 살지 않는다. 내 계획에 따라 운명이 뻗어나간다"라고 입버릇처럼 말하곤 했다. 1870년, 서른한 살의 록펠러는 정유공장 두 곳과 석유수출상사를 합병해 스탠더드오일 Standard Oil을 설립했다. 그때부터 그의 사무실 벽에는 모든 정유업체의 위치가 표시된 지도가 붙었다. 그는 1872년 2월 17일부터 3월 28일까지, 불과 39일 만에 22개의 경쟁업체를 인수했다. 48시간 동안 6개의 정유공장을 사들인 적도 있었다.

온 세상이 들뜬 분위기에 휩싸여 있던 1872년 크리스마스이브, 록펠러는 성탄절 선물로 포도주 한 병을 받았다. 록펠러를 아는 사람들은 개신교 신자인 그가 술을 입에도 대지 않는다는 것을 잘 알고 있었다. 단순히 누군가의 장난이었을까, 아니면 다른 뜻이 숨어 있었을까?

그 포도주를 보낸 사람은 미국의 '철강왕' 앤드루 카네기Andrew Carnegie였다. 그 무렵 록펠러는 철광석 산업에도 진출할 계획을 세우고 있었다. 그 소식을 듣고 카네기는 록펠러를 비웃으며 조롱했다.

스코틀랜드의 이민자 가정에서 태어난 카네기는 열두 살이 되던 해에 처음으로 미국 땅을 밟았다. 그는 가난한 가정 형편 때문에 학교도 다니지 못했다. 그의 가장 큰 소망은 서른다섯 살에 일을 그만두고 케임브리지대학에 진학하는 것이었고, 그 꿈을 실현하기 위해 필사적으로 돈을 벌었다. 고대 아테네 사람들은 가난을 인정하는 것은 부끄러운 일이 아니며 가난을 극복하기 위해 노력하지 않는 것이야말로 타락이라고 했다. 카네기는 열네 살 때부터 주급 1달러를 받고 매일 12시간씩 매주 6일을 일했다. 1년 후 전보 보내는 기술을 배운 뒤에는 주급이 두 배로 올랐다. 당시 전보는 새로운 발명품이었고 이 영리한 청년에게는 더 많은 일자리가 생겼다.

서른세 살 되던 해에 카네기는 드디어 자신의 꿈을 이룰 수 있게 되었다. 펜실베이니아 철도회사에서 관리직으로 근무하며 5만 달러의 연봉을 받고 40만 달러 상당의 철도 주식도 보유하게 되었다. 그는 직장을 그만두고 영국으로 건너갔다. 하지만 그는 케임브리지대학에 진학하지 않았다. 그동안 모은 돈을 모두 털어 최신 제철 설비를 구입하고 최고의 기술자를 영입했다. 철강이 철도 시대에 가장 중요한 제품이 될 것임을 알았기 때문이다.

앤드루 카네기(1835~1919)

스코틀랜드 출신 미국의 기업가로 20세기 초 세계적인 철강왕으로 이름을 날렸다. 자수성가로 대형 제철기업을 설립해 미국의 철강 시장을 거의 독점했다. 카네기와 록펠러, J.P. 모건이 당시 미국 경제를 이끄는 삼두마차였다. 그는 생전에 모은 재산을 거의 모두 사회에 기부했다. 기부 규모가 사후 노벨상을 제정한 스웨덴의 과학자 겸 기업가인 노벨에 뒤지지 않았다. 그 덕분에 그는 미국인들에게 자아실현과 성공의 본보기가 되었다.

완전히 새로운 분야였다. 카네기는 기업가로서 미래가 어떻게 될지, 어떤 일이 새로운 것인지 분명히 알고 있었다. 오늘날 인터넷과 IT 분야에 종사하는 사람들이 앞으로는 또 무엇을 만들어야 할지 항상 고민하는 것처럼 말이다. 19세기에는 전보에 이어 철강이 가장 중요한 제품으로 떠올랐다.

_ **스튜어트 블루민**Stuart Blumin, **코넬대학 역사학과 명예교수**

지치지 않고 진취적으로 앞으로 달려가는 사람들이 있다. 그들의 유전자에 그런 정신이 있기 때문이다.

_ 리처드 테들로우, 하버드대학 경영대학원(HBS) 교수

자유경쟁을 통해 사회에서 가장 근면하고 열정적인 사람들이 두각을 나타냈다. 특권에서 소외됐던 가난한 이들은 자유를 얻자 뛰어난 창조력을 발휘해 세상을 놀라게 했다.

카네기는 생산과정을 다시 정비했다. 철광석의 채굴에서부터 최종 제품의 출하까지를 단일한 생산라인 체제로 만들었다. 카네기의 공장은 세계에서 최초로 일관된 생산라인 방식을 확립한 기업이었다. 20년도 채 되지 않아 카네기는 철강 가격을 1톤당 100달러에서 12달러로 낮출 수 있었다.

그런데 그 무렵, 록펠러가 갑자기 끼어들었다. 록펠러 역시 철광석 광산을 대량으로 매입했다는 소식이 들려온 것이다. 뿐만 아니라 록펠러가 시카고나 클리블랜드에 제철소까지 세워 카네기와 경쟁할 계획이라

는 소문도 들려왔다. 카네기는 가만히 앉아 있을 수가 없었다.

시장은 전쟁터와 같아서 승자만이 살아남는 치열한 싸움이 불가피하다. 카네기는 자신의 적수인 록펠러를 협상 테이블로 불러내 이렇게 제안했다. "철강업에 진출하지 않는다면 당신이 보유한 모든 철광석을 사겠소."

카네기의 제안은 받아들여졌다. 록펠러는 자신이 가진 철도와 선박으로 철광석을 운송한다는 것을 교환 조건으로 내걸었다. "나보다 더 강한 상대와는 싸움이 아닌 협상을 해야 한다." 이것은 카네기가 평생 동안 지킨 신조였다. 그는 자신의 묘비에도 다음의 글을 남겨달라고 유언했다. "자신보다 유능한 사람들을 잘 활용한 사람이 여기에 잠들다."

협력은 이성을 통해 얻어낸 성과였다. 장난을 좋아하는 카네기와 기업 확장을 좋아하는 록펠러, 그들의 이성은 그들이 책임지고 있는 기업에서 비롯된 것이었다. 조직의 이성을 개인의 이성보다 높은 위치에 두었던 것이다. 미국의 경제학자 존 갤브레이스John K. Galbraith는 "협력과 자신의 이익을 결합해서 얻을 수 있는 가장 성공적인 예가 바로 기

1910년 경, 카네기 철강회사의 홈스테드 철강공장

업이다"라고 말했다.

　당시 미국에는 백만장자라는 말이 새롭게 등장했다. 무수히 많은 영세기업들이 사라지고 빈민굴에서 탄생한 백만장자들이 그 자리를 대신했다. 그들의 배후에는 한 나라와 맞먹는 부를 가진 대기업들이 있었다.

02
독일 기업의 추격

미국에서 철도왕, 석유왕, 철강왕이 탄생하고 있을 무렵, 독일에서도 기업들이 빠르게 성장하고 있었다.

1880년대와 1890년대에 독일 경제는 급속히 성장했다. 단순히 석탄, 철강, 철도 덕분에 경제가 발전한 것은 아니었다. 당시 세계적으로 제2차 산업혁명이 일어나고 있었고 화학공업과 전기 산업이 새로이 등장했다. 이 시기에 독일 기업들은 과학과 연구개발, 생산을 긴밀하게 연결시켰다.

1840년 1월 16일, 진눈깨비가 세차게 내렸다. 스물네 살의 프로이센 출신 장교 에른스트 베르너 폰 지멘스Ernst Werner von Siemens는 혹독한 추위보다 더 큰 충격에 휩싸여 있었다. 불과 반 년 사이에 부모님이

에른스트 지멘스(1816~1892)

독일의 엔지니어 겸 기업가. 전동기, 발전기, 궤도전차 등을 발명했으며 해저케이블을 개조하고 평로 제강법(OHF, open-hearth furnace)을 개발해 제강 기술을 혁신했다.

연이어 세상을 떠났고, 그에게는 어린 동생 아홉 명과 산더미 같은 빚만 남겨졌던 것이다.

형제들을 부양해야 하는 그에게 가장 시급한 것은 돈을 버는 일이었다. 하지만 가난한 출신에 아무런 밑천도 없는 젊은이가 무엇을 할 수 있을까? 그가 의지할 수 있는 것이라곤 자신의 두뇌뿐이었다.

독일이 통일되기 전 프로이센 정부는 지멘스 같은 이들에게 성공할 수 있는 기회를 마련해주었다. 그중에서도 가장 의미 있는 일은 교육 지원이었다. 산업체 학교와 직업 학교의 발전을 적극 지원해 관리자와 기술자를 양성하고 이로써 기업의 노동력 수준을 높였다. 이들 공업대학은 기계 제조와 전기 기술의 발전에 중요한 역할을 했다. 공업대학을 졸업한 이들은 대부분 기업의 생산 및 연구 분야로 진출했다.

지멘스 부부와 그의 형제들

지멘스의 가족사진

1872년 뮌헨대학의 화학연구원은 영국 모든 대학의 화학연구원을 합한 수보다 많았다. 또 베를린대학 안에도 공장을 설립하고 경영하는 방법을 가르치는 2년제 과정이 개설되어 있었다. 독일에서 과학과 연구개발, 생산이 처음으로 결합된 것이다. 베를린 포병학교를 졸업한 지멘스는 이런 재능을 완벽하게 결합시켰다.

> **지멘스가 동시대 경쟁자들을 압도적으로 제칠 수 있었던 결정적인 이유는 그가 기술자이자 발명가였으며, 사업에 천부적인 소질을 가지고 있었기 때문이다. 그는 전기 설비를 발명해 시장에 내놓았으며 계속해서 혁신을 거듭했다. 그는 또 시장 마케팅에 대해서도 잘 알고 이를 통해 이윤을 얻었다.**
> _ 프랑크 비텐도르퍼Frank Wittendorfer, 지멘스 기록보관소장

1843년 지멘스는 전기도금 기술을 발명해 이것을 영국에 파는 데 성공했다. 그 덕분에 가족 전체의 생활이 크게 나아졌다. 그 후 몇 년 동안의 노력 끝에 지멘스는 서른한 살의 나이로 여러 개의 발명 특허를 출원했다. 하지만 그는 자신의 운명을 바꾼 것에서 안주하지 않았다.

1847년 10월 12일, 지멘스는 요한 게오르그 할스케Johann G. Halske와 함께 회사를 설립했다. 그리고 20년 후, 그는 자신이 발명한 기술을 이용해 기계에너지를 전기에너지로 전환시켰다. 기업의 노력 덕분에 세상에 전기의 시대가 열리게 된 것이다.

독일에서 경제 발전에 기여한 기업가들은 높은 지위를 누렸다. 1889년 독일 황제는 지멘스에게 직접 귀족 작위를 하사했다. 여러 나라에서 귀족이 상인으로 변하고 있을 무렵, 독일에서는 상인을 귀족으로 떠받들

1879년, 지멘스가 선보인 세계 최초의 전기철도

고 있었던 것이다.

 19세기에는 산업혁명을 앞장서서 성공시킨 영국이 세계경제의 견인차 역할을 했다. 하지만 미국과 독일에서 새로운 대기업이 발전하고 새로운 경영 방식이 도입되면서 힘의 균형도 깨지기 시작했다. 1913년 미국이 만든 상품이 전 세계 산업 생산의 36퍼센트를 차지했고 독일은 16퍼센트를 차지했지만, 영국은 14퍼센트를 차지하는 데 그쳤다.

 한 영국 경제학자는 이렇게 탄식했다. "영국에서 가장 부유한 상인이 갑자기 사라졌다. 그들의 아들들은 부를 포기하고 아버지의 직업을 비웃으면서 명예로운 신사가 되려고 한다. 그리고 멍청하게도 조상이 남긴 부동산을 팔아넘기고 있다." 한때 '작은 가게 주인들의 나라'라고 불렸던 영국에서 기업가를 더러운 돈이나 만지는 사람들이라며 천대했던 것이다.

영국인들은 신사와 예술 애호가들을 숭상했지만 상인과 부자, 기업가들은 경시했다. 이런 편견이 1970년대 말까지 이어져 결국 영국에 큰 손실을 입혔다. 한때 세계 최대 산업 국가였지만, 영국의 시장점유율은 급락했고 시장에서의 지위도 추락하고 말았다.

_ 프랑크 비텐도르퍼, 지멘스 기록보관소장

03
무너진 자유경쟁의 원칙

신대륙에서는 기업가들이 동맹이나 기업 합병 등을 통해 규모를 확장하기에 바빴다. 미국 제30대 대통령 캘빈 쿨리지Calvin Coolidge는 "미국은 사업을 하는 국가다. 그러므로 사업에 협조하는 정부가 필요하다. 공장을 짓는 것은 교회를 짓는 것이나 마찬가지며 공장에서 일하는 것은 예배를 보는 것과 같다"라고 말하기도 했다.

이 모든 것이 기업가들의 야심을 실현시키고 미국을 성공시켰다. 19세기 말, 미국은 영국을 제치고 세계경제의 새로운 원동력으로 도약했다. 당시 미국은 약 50개 대기업이 제품과 서비스의 60퍼센트를 장악하며 사상 유례없는 번영을 이룩하고 있었다.

미국의 회사법이 민주화와 자유화로 향하는 역사적 과정은 19세기 말에서 20세기 초에 이르러 거의 완성되었다. 민주화를 통해 미국인들은 누구나 기업을 설립할 수 있게 되었고, 자유화는 기업들의 경제활동 범위를 크게 확장시켜주었다.

_ 한테韓鐵, 난카이대학 역사대학원 교수

그러나 부를 사냥하는 기업들의 황금기에 의문을 제기하는 목소리가 터져 나왔다.

1902년 사회비리를 파헤치는 〈맥클루어스McClure's〉라는 잡지에 '스탠더드오일의 역사'라는 제목의 기사가 실렸다. 이 기사에는 록펠러가 어떻게 경쟁사를 하나씩 패배시키고 비정하게 그들의 자산을 집어삼켰는지에 대한 이야기가 자세히 소개되었다. 피해자 중에는 록펠러의 친동생인 프랭클린도 끼어 있었다. 매각을 거부하거나 자신들의 방법으로 경영하겠다고 고집을 부리는 기업이 있으면 록펠러는 온갖 방법을 다 동원해 상대를 제거했다. 특히 석유생산업체와 정유회사들은 그를 아주 비정한 냉혈한으로 여겼다.

친동생 프랭클린은 몇 차례나 공개적으

> **맥클루어스 매거진**
> 1893년에 새뮤얼 시드니 맥클루어Samuel Sidney McClure (1857-1949)가 창간한 잡지. 당시 경제 불황으로 일자리를 잃은 사람들이 가격이 싼 잡지를 선호한다는 점에 착안해 15센트라는 저렴한 가격에 판매했다. 사건의 어두운 배후를 파헤치는 기사들이 주로 실렸다. 사건의 진실을 파헤친 유명한 기사들이 대부분 이 잡지에 실렸던 것들이다.

〈맥클루어스〉 잡지와 새뮤얼 시드니 맥클루어

스탠더드오일의 주유소

스탠더드오일의 정유공장

로 자기 형을 비난했고, 어려서 죽은 두 자식의 유골을 가족묘에서 다른 곳으로 이장까지 했다. 훗날 자신의 형인 록펠러와 절대로 같은 묘지에 묻히기 싫다는 것이 그 이유였다. 친형제가 철천지원수가 된 것이다. 록펠러는 친동생인 프랭클린에게 다른 경쟁자들과 똑같이 대했다. 혈연이나 우애 때문에 특별히 관용을 베푸는 일은 없었다.

록펠러가 안고 있던 모순은 당시 미국의 시대적 상황이 투영된 것이기도 하다. 당시 미국 경제에는 규칙이 없었고 정부의 힘이 약했다. 적자생존의 법칙이 기업계에 그대로 적용되었다. 정유 사업에 진출한 사람들은 록펠러와 경쟁하거나 퇴출되거나 둘 중 하나였다.

하지만 록펠러라고 해서 영원히 승자일 수는 없었다. 미친 듯이 사업을 확장하던 록펠러는 스탠더드오일트러스트Standard Oil Trust를 조직했다. 1898년 스탠더드오일트러스트의 생산량은 미국 전체 석유 생산량의 84퍼센트에 달했고, 석유 운송량의 약 90퍼센트를 차지했다. 록펠러는 동업자들에게 "가난한 사람들에게 값 싸고 좋은 석유를 영원히 공급하기 위해 계속 노력합시다"라고 말하곤 했다. 그러나 그는 자신의 잘못을 깨닫지 못했다. 10년 동안 석유 산업을 장악하면서 그는 석유 가격을 80퍼센트나 낮추었지만, 독점이 시장의 불평등을 야기한다는 점은 간과했다. 자유경쟁의 산물인 기업이 이제는 자유경쟁의 걸림돌이 되고 있었던 것이다.

> 스탠더드오일과 같은 대기업의 성장은 사람들에게 공포였다. 기업계에서 한 사람이 그렇게 큰 권력을 장악해서는 안 된다. 시장이 자정 능력을 발휘할 수 있어야 한다. 어떻게 한 사람이 산업 전체를 장악할 수 있겠는가.
> _ 조셉 프라트Joseph Pratt, 휴스턴대학 경제학과 교수

> 어떤 관점에서 보면 논란이 되는 것은 독점 자체가 아니다. 마이크로소프트Microsoft의 시장점유율이 그들의 노력을 통해 얻어낸 것이라는 점에는 모두 동의한다. 하지만 문제는 그들이 새로운 경쟁자의 시장 진입을 과도하게 차단하고 있다는 점이다.
> _ 마이클 스펜스, 뉴욕대학 스턴 경영대학원 교수 · 2001년 노벨경제학상 수상자

1911년 5월 11일, 미국 대법원은 스탠더드오일이 '반독점법'을 위반

> **반독점법**
> 1890년 7월 2일 미국 연방의 회가 '불법적인 제한 및 독점으로부터 거래와 상업을 보호하기 위한 법률'을 통과시켰으며 이를 셔먼 법Sherman Antitrust Act이라고 부르기도 한다. 이 법을 통해 제한적인 거래와 독점거래 행위가 금지되었다.

했다고 판결하고 기업을 34개의 회사로 분리하라고 명령했다.

대법원의 판결이 나오기 전에도 많은 미국인들은 이미 록펠러에게 유죄를 선고했을지도 모른다. 저렴한 상품보다 더 중요한 것은 모든 사람에게 평등하게 경쟁에 참가할 기회를 주는 것임을 그들은 알고 있었기 때문이다. 평등한 기회는 록펠러의 화려한 성공이 시작된 출발점이기도 했다.

기본적으로 미국이 강조한 것은 기회의 평등이지 결과의 평등이 아니었다. 소득과 부는 사람마다 다를 수 있지만 기회는 평등하게 주어져야 한다.

_ 루이스 갈람보스Louis Galambos, **존스홉킨스대학 기업역사학 교수**

자신의 노력으로 성공한 사람이 다른 사람의 성공을 방해할 권리는 없었다. 또한 사회로부터 부여받은 자유를 통해 발전한 기업이 다른 기업의 자유를 억압할 권리도 없었다. 누구든 자유를 억압한 자는 결국 자신과 타인에게 모두 상처를 입힌다.

그들의 부정적인 방식과 저열한 행동들은 오히려 미국의 각종 법률 확립과 기본적인 상업 제도의 틀 수립을 촉진하는 작용을 했다.

_ 케네스 로즈Kenneth Rose, **록펠러 기록보관소 부책임자**

대중의 칭찬과 비난은 모든 공공 여론과 공감대 속에서 형성되어 무의식중에 기업과 기업가의 행동을 유도하는 효과를 발휘한다. 인간의 성취감은 단순히 물질적인 부만으로는 충족될 수 없다.

19세기가 저물어갈 무렵부터 미국의 부자들은 대도시에 박물관과 음악공연장, 오케스트라, 대학, 병원, 도서관 등을 직접 세우거나 자금을 지원하기 시작했다.

> 현재 선진국에는 많은 제도가 있다. 그들의 문화는 200년 전과는 비교할 수 없이 달라져 있으며, 심지어 100년 전과도 완전히 다르다. 이런 사회제도와 문화혁명을 추진한 중요한 원동력은 바로 기업가다.
>
> _ 장웨이잉, 베이징대학 광화 경영대학원장

스탠더드오일의 해체

1890년, 스탠더드오일트러스트는 결성된 지 8년 만에 원유 채굴에서부터 정유, 운송, 수출, 부산물 가공에 이르는 미국의 석유 산업 전체를 거의 장악했다. 세계적으로도 당시 급성장하고 있던 러시아가 세계 석유 시장의 25~30퍼센트를 차지하고 있었을 뿐 나머지 70퍼센트가 넘는 시장을 스탠더드오일이 점유하고 있었다. 하지만 그해 미국에서 '반독점법'이 통과되었고, 1900년에는 루스벨트 대통령이 스탠더드오일을 해체시키기 위한 본격적인 행동에 착수했다. 마침내 1911년 미국 대법원은 스탠더드오일이 '반독점법'을 위반했다고 판결하고 기업을 34개의 회사로 분리할 것을 명령했다.

카네기는 한 기금모금회에서 "내가 죽은 뒤, 평생 동안 했던 일을 가지고 신 앞에서 심판을 받는다면 나는 무죄 판결을 받을 것이다. 나의 노력으로 인해 이 세상이 내가 처음 알았을 때보다 훨씬 아름다워졌기 때문이다"라고 말했다.

기업가가 없는 국가는 부유할 수 없고, 위대한 기업가를 배출해내지 못한 시대는 창조력을 가질 수 없다. 기업가의 자선 행위가 사회에 보

록펠러 광장

답하는 집단적인 행위가 될 때, 탐욕에 대한 사회적 평등이 실현될 수 있다.

　1937년 5월 23일, 98세의 록펠러는 자다가 조용히 세상을 떠났다. 그의 유품 중에는 초등학교 동창들의 단체사진이 있었다. 그러나 록펠러가 몹시 아꼈던 그 사진 속에 록펠러 자신은 없었다. 여기에는 가슴 아픈 사연이 숨겨져 있다. 어린 시절 록펠러는 사진 찍을 기회가 거의 없었다. 그래서 단체사진을 찍던 날 그는 몹시 흥분해 사진 찍을 때 어떤 미소를 지을지 연습까지 했다. 그런데 사진을 찍기 직전 그의 선생님과 사진사는 그의 옷차림이 너무 남루하다는 이유로 그를 단체사진에서 제외시켰다. 아마도 당시 사건이 록펠러에게는 가슴 아픈 기억으로 남아 있었을 것이다. 막대한 재산이 그의 상처를 달래주었을지, 아니면 그에게 새로운 고민거리를 만들어주었을지 그 답을 아는 사람은 아무도 없다. 부의 영웅들과 그들이 살았던 시대에 대한 엇갈린 평가는 아직도 오랜 논란거리로 남아 있다.

Interview inside
: 인터뷰 인사이드 :

피터 크라스 Peter Krass 『카네기 Carnegie』 저자
존 고든 Jon Gordon 미국 경제역사학자
로버트 포겔 Robert Fogel 시카고대학 교수·1993년 노벨경제학상 수상자

Q 카네기와 록펠러, 이 두 재벌은 어떻게 달랐습니까?

A **피터 크라스** 카네기와 록펠러는 매우 큰 차이가 있었습니다. 두 사람 모두 거대한 기업을 거느리고 정유업과 철강업에서 각각 자기 분야를 장악했습니다. 또 자선사업을 하나의 사업 분야로 여기고 많은 일을 했죠. 그러나 이 두 가지 공통점을 제외하면 두 사람은 근본적으로 차

이가 있었습니다. 예를 한 가지 들자면 자선사업을 시작할 때 카네기는 자신의 이름이 각지에 남기를 원해서 카네기도서관처럼 건축물의 명칭에 자기 이름을 넣었습니다. 반면 록펠러는 자신의 기부금으로 지은 건축물에 자신의 이름을 새기지 못하게 했습니다.

Q 19세기 말부터 20세기 초까지 미국 정부와 대기업의 관계는 어떻게 변화했습니까?

A 존 고든 시어도어 루스벨트Theodore Roosevelt 대통령이 집권하기 전에는 연방 정부나 주 정부가 기업들과 밀접한 관계를 맺고 있었죠. 그래서 기업이 막강한 권력을 쥐고 원하는 대로 할 수 있었습니다. 루스벨트 대통령은 기업의 힘이 너무 커져서 정부와 맞먹는 권력을 가지게 될 것을 우려했습니다. 그는 독점 정책을 개혁해 초대형 기업을 분리시키고 싶어 했습니다. 당시 J. P. 모건J. P. Morgan이 각 분야의 기업을 합병해 거대 기업을 설립하기 위해 열을 올리고 있었죠. 마침내 1901년 자본금이 14억 달러에 이르는 거대 기업 US스틸United States Steel Corporation이 탄생했습니다. 미국 최초로 자본금이 10억 달러가 넘는 기업이었죠. 그해 미국 정부의 한 해 예산이 약 5억 달러였으니까 한 기업의 자본금이 정부 예산의 약 3배에 달했던 것입니다. 이 사건은 루스벨트 대통령을 더욱 긴장시켰습니다. 당시 J. P. 모건은 카르텔이라는 또

다른 형태의 합병을 추진하고 있었습니다. 그건 트러스트의 또 다른 명칭이나 마찬가지였죠. 그러자 루스벨트 정부는 이를 저지하기 위해 법원에 소송을 제기했고 결과는 루스벨트의 승리였습니다. 카르텔 형성은 실현되지 못했고, 그때부터 미국 연방 정부는 기업의 규모를 과도하게 확대하거나 특정 업종에서 시장을 장악하지 못하도록 엄격히 금지했습니다.

Q 독점이 사회에 어떤 악영향을 미칩니까? '반독점법'은 기업의 발전에 어떤 영향을 미쳤습니까?

A 로버트 포겔 독점이 항상 피해를 입히기만 하는 것은 아닙니다. 상품의 가격을 낮추는 순기능도 있습니다. 이것은 독점이 탄생한 원인이기도 합니다. 어떤 기업도 설립 초기에는 독점기업이라고 불리지 않습니다. 규모가 점점 커져 시장점유율이 50퍼센트를 넘게 되면 독점기업이라고 부르고 언론에서도 집중적으로 다루지요. 마이크로소프트가 대표적인 예입니다. 주택가의 차고에서 시작한 마이크로소프트가 우수한 제품을 앞세워 시장에서 빠르게 성장하더니 지금은 명실상부한 글로벌 대기업이 되었습니다. 그 후, 마이크로소프트를 상대로 여러 건의 소송이 제기되기도 했습니다. 대부분 마이크로소프트가 불공정한 경쟁을 했다거나 부당한 행위를 했다는 것이죠. 그런데 마이크로소프트가 성

장할 수 있었던 근본적인 원인은 뛰어난 혁신과 우수한 제품에 있습니다. 반독점법은 영향력이 크지 않다고 생각합니다. 기업의 발전에 도움이 되기도 하지만 때로는 아무 쓸모도 없습니다. 소송으로 인해 발생하는 법률 비용이 결국에는 소비자들에게 전가되니까요. 그러므로 정부는 다른 기업이 경쟁에 뛰어드는 것을 대기업이 방해하지 못하도록 통제해야 합니다. 이건 매우 효과적인 방법입니다. 하지만 정부의 통제가 과도해서도 안 되죠. 과도한 통제는 업계의 전체적인 발전에 악영향을 미칩니다. 부당한 기업은 퇴출시키고 훌륭한 기업은 살려두어야 합니다.

Insight review
: 인사이트 리뷰 :

부의 신화는 어떻게 만들어졌는가?

산업혁명은 영국에서 시작되었지만, 19세기 말 세계경제의 중심은 미국과 독일로 옮겨졌다. 미국과 독일은 화려하게 부의 기적을 창조해냈다. 철도왕 밴더빌트, 철강왕 카네기, 석유왕 록펠러, 제약왕 바이엘, 전기왕 지멘스 등. 그들은 비범한 사업적 두뇌로 한 나라에 버금가는 거대한 기업을 탄생시키며 새로운 부의 시대를 열었다.

시장이 확대되면 기업도 성장한다. 1865년 미국이 남북통일을 이루자 거대한 시장이 탄생했다. 밴더빌트의 철도망이 미국 시장을 통일시켰고 사회분업이 확산되었으며 돈을 벌 수 있는 기회도 봇물 터지듯 증가했다. 카네기의 제철소는 20년 동안 철강 가격을 1톤당 100달러에서 12달러로 낮추었고, 록펠러의 정유공장은 10년 동안 유가를 80퍼센트나 떨어뜨렸다. 대기업은 규모의 장점을 이용해 원가를 낮추었고 거대한 시장의 자유경쟁 역시 가격을 떨어뜨렸다. 각 업종마다 대기업들에 의해 새로운 표준이 생겨났다.

상품은 평등을 원칙으로 하고 시장은 자유를 추구한다. 자주적인 선택과 거래는 시장경제의 영원한 원칙이다. 미국에서 기업이 처음 탄생했을 때는 유럽과 마찬가지로 정부로부터 경영을 허가받았다. 명문가문이 세운 특권 기업들이 특정 업종에서 무역이나 생산을 독점했다. 하지만 미국 건국 이후 100년 동안 정부는 별로 힘이 없었다. 연방 정부의 권위가 강하지 않고 각 주들이 기업들을 유치하기 위해 경쟁적으로 기업에 대한 통제를 완화했다.

미국 기업들은 정부의 간섭과 통제를 받지 않는 자유로운 환경 속에서 빠르게 성장할 수 있었다. 1860년 무렵 미국은 계급사회를 벗어나 거의 계약사회로 전환되었으며 기업화된 국가라고 불리기에 충분했다. 중국에서도 개혁개방이 실시된 후 30년 동안 지역 간 경쟁이 계속되었다. 한마디로 중앙집권 체제 속의 지방분권이자, 통제 밖의 자유라고 할 수 있다. 중국 개혁개방 시기의 모습이 19세기 말~20세기 초 미국의 모습과 매우 흡사하다.

하지만 기업의 몸집이 어느 정도까지 불어나면, 그들은 과도한 권력을 쥐기 시작한다. 대기업이 시장을 농단해 새로 창업하는 이들이 성공할 가능성은 점점 줄어들게 된다. 평등한 기회라는 것은 더 이상 찾아볼 수 없다. 독거미가 제 어미의 몸을 갉아먹고 자라듯 시장에서 탄생한 기업이 시장을 잠식한다. 자유경쟁은 법률로써 보호하고 규범을 통해 질서가 유지되어야 한다. 이런 필요에 의해 등장한 것이 바로 '반독점법'이다. 미국에서 록펠러의 스탠더드오일이 법원 판결에 의해 34개 기업으로 분리되었다. 이로써 '왕'의 시대는 종말을 고했다. 그러나 변하는 것은 기업일 뿐, 시장경제의 자유경쟁 원칙은 영원히 변하지 않았다.

기업가 정신은 어떻게 탄생하는가?

거대 기업의 기적을 탄생시킨 힘은 무엇이었을까? 기업의 기적을 창조한 것은 사람, 바로 기업가였다. 기업가란 어떤 사람들일까? 그들에게는 공통점이 있다. 바로 '기업가 정신'을 갖고 있다는 것이다. 밴더빌트, 카네기, 록펠러, 바이엘, 지멘스 등은 모두 학교도 제대로 다니지 못할 만큼 가난한 어린 시절을 보냈다. 하지만 그들에게는 자기 힘으로 운명을 바꾸겠다는 강한 의지가 있었고, 돈을 벌 수 있는 기회를 발견하는 남다른 안목과 사업 수완이 있었다. 이 두 가지 공통점이 동시에 발휘될 때 탄생하는 것이 바로 기업가 정신이다.

슘페터는 기업가를 '창조적 파괴'를 하는 사람들이라고 말하며 기업가들이 이익을 위해 태어난 자본의 화신이라고 생각했다. 기업가는 시장으로 인해 탄생하고 시장에서 성장한다. 그들은 자원을 적절히 배치하고 생산과정에서 자원을 재조합해 기존의 균형을 깨뜨린다.

밴더빌트는 모든 철도를 다 건설하지 않고 단거리 철도를 사들여 서로 연결하는 것만으로 전국적인 철도망을 탄생시켰다. 각기 다른 주인이 운영하고 있는 철도를 서로 연결하고 열차시간표와 운임을 통일했다는 점에서 밴더빌트의 놀라운 창의력이 드러난다. 철도망을 갖추자 당시에 수익률이 가장 낮았던 철도 업종에서 천문학적인 수익이 창출되었다.

기업가는 예리한 안목과 모험을 두려워하지 않는 용기, 그리고 자신의 꿈을 실현할 수 있는 능력을 가진 사람들이다. 그들은 최대한의 이익을 추구하지만 한편으로는 문화적, 정신적 힘에 의해 지배된다. 19세기 당시 미국에는 이런 정신적인 힘이 있었다. 막스 베버Max Weber가 말한 프로테스탄티즘의 윤리가 바로 그것이다. 청교도들은 돈을 버는 것이 탐욕도, 생계를 위한 것도 아니라 일종의 사명이자 정신이라고 생각했다. 게다가 돈을 버는 것은 인생을 가장 다채롭게 만들고 개인의 운명을 바꿀 수 있는 가장 좋은 방법이라고 여겼다. 미국에서 거대 기업가들이 탄생한 것은 우연이 아니라 사상해방 운동이 이루어낸 결실이었다.

기업가의 역할은 어디까지인가?

다른 기업가들이 자신이 이룩한 부를 세상에 한껏 과시하고 있을 때, 록펠러는 자신이 그저 하나님을 대신해 돈을 보관하는 사람이며 자신이 번 돈을 공공사업에 기부해야 한다고 생각했다. 카네기도 부자로 죽는 것은 부끄러운 일이라는 생각을 신조로 삼고 적극적으로 실천했다. 그들이 벌인 자선사업에 대한 평가는 엇갈린다. 자선사업이 비정한 냉혈한이라는 그들의 이미지를 바꿔놓기에는 역부족이었지만, 100여 년이 흐른 지금 사람들이 카네기와 록펠러를 기억하는 것은 그들의 기업 때문이 아니라 아직도 그들의 이름을 사용하고 있는 도서관이나 대학, 재단 때문이다.

돈이 있다는 것과 자본이 있다는 것은 다르다. 자본이 있다는 것은 돈이 돈을 벌어들이는 능력을 갖고 있다는 것이다. 부와 사회적 가치도 동등하게 비교할 수 없다. 거대한 부는 그 부 자체를 넘어서는 의미를 가진다. 기업은 경제의 세포다. 하지만 기업은 '경제적 동물'일 뿐 아니라 '사회적 동물'이기도 하다. 기업은 수수와 직원들을 위해 부를 창출하는 동시에 사회를 위해 가치를 창조하고 사회의 진보에 기여한다. 사회에서 기업이 가지는 윤리와 책임은 사회 구성원 개인의 윤리와 책임이 그러하듯 결코 가볍지 않다.

기업은 경제를 급속도로 발전시켰다.
하지만 기업이 사회적 통제가 불가능한 권력조직으로 발전하면서
사회에 심각한 모순과 갈등이 발생했다.
개인의 권력과 기업의 이익 사이에서 발생하는 충돌을
어떻게 해결해야 할까?
자본의 확장과 사회적 공정성 사이에서
어떻게 해야 균형을 유지할 수 있을까?

제4장

성장 이면의
모순과 갈등

기업의 역사에서 1886년은 매우 중요한 해였다.
그해 미국 대법원은 기업이 헌법의 보호를 받는 자연인이며
'권리장전'에 의해 전면적 보호를 받는다고 선포했다.
스티븐 필드 판사는 판결문에서 이렇게 밝혔다.
"대규모 자본을 동원해야 하는 기업은 대부분 회사의 형태로 조직되었다.
……
국민들에게 먹을 것과 입을 것을 제공하고,
주택을 아름답게 꾸며주고, 질병에 대한 고통을 줄여주고,
가난한 이들을 구제하여 부유하고 고상한 생활을 누리도록 해주는 것,
그것이 바로 기업이다."

하지만 1886년 그해, 미국 시카고의 헤이마켓에서
폭발음과 총성이 울렸다.
5월 1일 수십만 명의 노동자들이 동시에 파업을 벌였다.
그들의 목적은 8시간 노동제를 관철시키는 것이었다.
그해 미국에서 1500차례가 넘는 파업이 일어났다.

기업은 한때 최고의 승리자였다.
사람들은 마치 신을 숭배하듯 기업에 열광했다.
산업화가 빠르게 진행되면서 19세기 100년 동안 세계에 나타난 변화는
과거 3000년 동안의 변화를 훨씬 능가했다.
하지만 그로 인해 세계는 급격한 진보에 수반되는 갈등과 충돌,
심지어 재난과 마주할 수밖에 없었다.

01
'영혼 없는 리바이어던'이 된 기업

1885년 철골 구조로 된 빌딩이 세계 최초로 건설된 후 도시화의 중요한 상징인 마천루가 인류의 역사에 등장하기 시작했다.

시카고는 당시 세계에서 인구증가율이 가장 높은 곳이었으며 진정한 도시로 불렸다. 시카고에서는 누구나 활력과 자신감, 힘을 느낄 수 있었다. 사람들은 시카고를 '매일 열리는 공구상자', '시간을 알려주는 대형 자명종', '출퇴근 기록기' 또는 '작업복'에 비유하곤 했다.

1893년, 시카고에서 신대륙 발견 400주년 기념 박람회가 열렸다. 이 박람회의 홍보 책자에는 시카고 교외에 조성된 미국 최초의 계획산업지구, 풀먼 단지에 대한 소개가 담겨 있었다. 풀먼 단지는 풀먼 객차회사Pullman Palace Car Company가 직원들을 위해 조성한 주거 및 산업 단

조지 풀먼

지로, 살기 좋고 매력적인 주거지였다. 쾌적하고 아름다운 정원과 복지시설이 곳곳에 꾸며져 있었고, 공장 외에도 놀이공원, 운동장, 극장 같은 여가시설도 갖추고 있었다. 당시 객차를 생산하는 업체가 여러 곳이었기 때문에 풀먼은 우수 인재를 유치하기 위해 다른 회사들과 경쟁을 벌였다.

회사의 창업자인 조지 풀먼George Pullman은 기차의 침대칸을 고안한 발명가였다. 그는 직원들에게 좋은 환경을 제공함으로써 더욱 안정적인 노동력을 얻고자 했다. 당시 홍보 책자에는 "풀먼 단지에는 추악함과 분쟁, 사악함이 없고 모든 것을 충분히 제공한다. 사람들은 이곳에서 자존감을 느낄 수 있다. 이곳은 깨끗하고 도덕적인 마을이다"라고 적혀 있었다. 그러나 노동자

현재 국가지정 사적지이자 유적으로 등록돼 있는 풀먼 단지

들은 이 단지에서의 생활이 그리 행복하지 않은 듯했다. 풀먼 단지에서는 몇 년 동안 충돌이 끊이지 않았고, 급기야 폭력사태까지 발생했다.

1894년 7월 4일, 미국 독립기념일에 시카고에서는 경축행사가 열리지 않았다. 철도 노동자 12만 5000명이 파업을 벌이고 있었고, 기관총을 소지한 연방 군대가 파견됐다. 군대와 노동자의 충돌로 노동자 13명이 사망했다. 노스웨스턴 철도회사의 변호사 클라렌스 대로우Clarence Darrow는 이 광경을 직접 목격하고 큰 충격을 받았다. 그곳은 파업 현장이 아니라 선혈이 낭자한 학살 현장이었다. 대로우는 심각한 회의를 느꼈다. '자유와 평등은 그저 종이 위에 쓴 원칙에 불과한 것인가? 기업이 어떤 특권을 가지고 있단 말인가?' 그는 체포된 노조위원장의 변호를 맡기로 결정하고, 이를 위해 모두가 부러워하는 철도회사의 변호사직을 그만두었다.

클라렌스 대로우(1857~1938)

미국 역사상 가장 위대한 변호사로 불린다. 그는 복잡한 사건들을 여러 번 맡아 변호했는데, 미국 사회의 노조 지도자, 무정부주의자, 유색인종, 진화론 전파자, 미성년자 등 각계각층의 다양한 피고인을 대변해 법정에서 훌륭한 변론을 펼친 바 있다. 남다른 지혜와 용기, 의지력으로 법조인이 갖추어야 할 정신을 행동으로 실천한 인물이다. 그는 "약자와 강자의 위대한 싸움에서 내 목숨이 붙어 있는 한 영원히 약자의 편에 설 것이다"라고 말하며 이를 삶의 의미로 삼았다. 그는 법조인들에게 도덕적 기준을 제시한 법률의 영웅이었다.

대로우의 행동은 당시로서는 흔치 않은 것이었다. 탄탄한 회사를 그만두고 분쟁의 상대방인 노동자들의 편에 서기로 했다는 생각 자체만으로도 대단히 의미 있는 일이었다.

_ 제프리 코원Geoffrey Cowan, **서던캘리포니아대학 법학과 교수**

대로우의 상대는 조지 풀먼이었다. 대규모 파업이 풀먼의 회사에서부터 시작되었기 때문이다.
　평범한 노동자에서 시작해 백만장자가 된 풀먼은 아메리칸드림의 전형적인 주인공이었다. 그는 스무 살이 되던 해에 열악한 환경의 침대열차를 탄 뒤 밤새도록 멋지고 편안한 신형 침대열차를 구상했다. 또 철도회사를 설득해 자신의 특허를 사용하도록 만들어 미국의 철도 수송 시스템을 점차 바꿔놓았다.
　19세기 후반에 풀먼식 기차는 미국 산업 발전의 성과를 대표하는 단어였다. 비행기가 등장하기 전이었기 때문에 대부분의 사람들은 먼 거리를 기차로 이동했는데, 침대칸에 타는 것은 매우 호화로운 여행이었다. 그 객차를 만드는 노동자들에게 침대칸이란 꿈도 꿀 수 없는 곳이었다. 노동자와 그 가족들에 대한 회사의 대우는 매우 열악했고 수입도 적게 지급했다.

증기기관차

경제 불황이 진행되고 있던 1893년, 풀먼은 회사의 이익을 위해 임금을 빈곤선 이하로 삭감했다. 하지만 풀먼 단지에 위치한 사택의 집세는 내리지 않았다. 노조는 협상을 시도했지만 풀먼은 단칼에 거절했다. 양측의 갈등이 확대되어 결국 독립기념일에 유혈사태가 벌어지고 만 것이다.

대로우의 활약으로 철도 노조위원장에게 징역 6개월의 가벼운 처벌이 내려졌다. 풀먼은 법정에 출두하지 않

풀먼식 기차의 내부 모습

았고 "나의 직책은 회사와 주주를 책임지는 것이다"라고 말했다. 〈시카고트리뷴Chicago Tribune〉은 "이는 이상한 일이 아니다. 대기업 회장에게 부하직원은 많지만 상사는 없으므로 명령만 내리고 문제에 대답하지 않는 것이 습관이 되어 있다"라고 논평했다.

상사가 없다는 것은 구속이 없음을 의미한다. 기업은 물질적인 면에서 강자일 뿐 아니라 제도적인 면에서도 강자였다. 역사상 어떤 경제조직도 갖지 못했던 경제력을 미국의 기업들은 갖고 있었다. 그들은 점차 사회의 통제를 초월하는 힘도 갖게 되었고, 더 나아가 사회의 지배자가 되어 인류의 전통적인 정서에서 나날이 멀어져갔다. 사람들은 기업이 '영혼 없는 리바이어던Leviathan'으로 변해간다고 생각하게 되었다. 리

기업의 법률적 권리

미국 헌법 제14조 개정안은 원래 자유를 얻은 흑인 노예들의 기본권을 보호하기 위해 제정된 것이었다. 하지만 대법원은 그 후 판결을 통해 이 법률을 '명실상부하게 상업에 충성한 대헌장'으로 둔갑시켜버렸다. 1886년 기업의 주권을 지지하던 이들이 마침내 중요한 승리를 거두었다. 서던퍼시픽레일로드Southern Pacific Railroad의 피소 사건에서 미국 대법원 판사는 판결문을 통해 "개인기업은 미국 헌법의 보호를 받는 자연인이다"라고 선포했다. 그 후 법원은 이를 "기업이 '권리장전'에 의해 완전히 보호받을 권리가 있다"는 의미로 해석했다.

바이어던은 『성경』에 나오는 괴물로 냉정하고 비인간적이며 도덕성을 상실한 존재를 뜻했다.

그 무렵, 미국과 영국, 독일의 많은 대기업들도 풀먼 단지와 유사한 기업 단지를 건설하기 시작했다. 기업주들은 이것이 산업화로 인해 나타난 도시의 각종 병폐를 치료하고 사기 진작과 윤리 보호를 위한 일이라고 말했다.

그러나 그것이 사실이라면 기업주들은 왜 노동자들의 가난한 현실은 전혀 동정하지 않았을까? 이러한 물음에 대해 풀먼은 "노동자들에게 돈을 얼마나 주는가는 순전히 기업이 결정할 일이다. 노동자들에게는 관여할 권리가 없다"고 말했다.

이것은 풀먼 한 사람만의 생각이 아니었다. 당시 기업과 개인의 권리에 대한 보편적인 인식이 그러했다.

'노동력도 상품이므로 시장에 의해 가격이 결정된다. 작업환경이 열악하고 임금이 너무 적다면 노동자가 일을 안 하면 그만이다'라는 것이다. 이것이 바로 19세기 중후반 많은 기업주들의 논리였다.

그렇다면 생존을 위한 노동자들의 요구는 잘못된 것일까? 노사 갈등의 원인은 어디에 있을까?

산업화를 추진하려면 노동력이 필수적이다. 산업화에 필요한 노동력은 일반적으로 생산성이 높아진 농업경제에서 얻어진다. 농업에 필요한 노동력이 줄어들면서 잉여 노동력이 도시로 이동하는 것이다. 사람들은 일자리를 찾기 위해서 열악한 조건도 받아들일 수밖에 없다.

_ 장 에르베 로렌지Jean-Herve Lorenzi, **프랑스 경제학자협회장**

02
공평과 효율의 게임

세계 최초의 산업국가인 영국은 경제적, 사회적 전환에 따른 진통을 가장 먼저 겪었다. 많은 농민들이 농촌을 떠나 도시로 몰려들었지만 그들이 맞닥뜨린 것은 노동력 공급 과잉의 시장이었다. 산업화 초기에 도시는 충분한 일자리를 제공할 수 없었다.

엥겔스는 "노동자들은 살아 있는 도구가 되었다. 가난은 개인적인 일에 불과하며, 심지어 실업이 경제 발전에 이롭다고 인식되었다. 임금을 최저수준으로 낮추면 생산원가도 낮아지기 때문이다"라고 말했다. 마르크스는 자본의 탐욕스런 본

영국 노동자계급의 상태

『영국 노동자계급의 상태』는 엥겔스가 1844년 9월부터 1845년 3월까지 저술한 책이다. 엥겔스는 이 책에서 약 60년 동안의 영국 산업발전사를 되돌아보고 프롤레타리아와 부르주아 간의 계급투쟁이 형성되고 발전한 과정을 연구했다. 그는 또 영국 노동자계급의 빈곤과 저항 상황을 묘사하고 폭력혁명이야말로 프롤레타리아 계급이 승리할 수 있는 유일한 길이라고 역설했다.

성에 대해 다음과 같이 날카롭게 지적했다. "이윤이 10퍼센트라면 자본은 여러 곳에서 쓰이게 되고, 이윤이 20퍼센트라면 자본은 적극적이 된다. 50퍼센트의 이윤이 보장되면 자본은 모험을 마다하지 않는다. 100퍼센트의 이윤이 있으면 자본은 인간의 모든 법률을 무시하며, 300퍼센트의 이윤이 있으면 어떠한 범죄도 서슴지 않는다."

유럽과 영국의 노동자 계층이 가장 고통스럽고, 심지어 극도로 비참했던 시기는 1800년대부터 1870~1880년대까지 계속되었다.

> 19세기에 영국은 세계의 패권을 쥐고 있었다. 산업혁명을 통해서 확실한 세계 패권을 잡은 것이었다. 하지만 다른 한편으로는 산업혁명이 매우 심각한 사회문제를 발생시켰다. 그중 하나가 노동자들이 처한 현실의 문제였다. 노동자들은 너무 큰 고통을 겪었다. 당시 영국의 많은 지식인들이 이 문제를 매우 중요하게 인식하고 있었다.
> _ 첸청단, 베이징대학 역사학과 교수

1854년, 영국 작가 찰스 디킨스Charles Dickens가 『어려운 시절Hard Times』이라는 소설을 발표했다. 주인공 그래드그라인드는 항상 주머니에 줄자와 저울접시, 곱셈표를 넣고 다니며 인간 본성의 어떤 부분이라도 잴 수 있다고 말했다. 디킨스는 친구에

찰스 디킨스

파업 현장의 무력 충돌을 묘사한 그림

게 보내는 편지에 이렇게 썼다. "내가 풍자하려는 것은 숫자와 사실 외에는 아무것도 보지 못하는 사람들이라네. 그들은 가장 비열하고 무서운 대표적인 악인이지."

디킨스가 말한 그들이란 이윤에 눈이 먼 기업주를 지칭했다. 한때 기업계의 영웅이자 사회의 모범이었던 그들은 이제 벼랑 끝 상황에 처해 있었다. 18세기 말 영국에서부터 각종 노동운동이 일어났고 이후에는 유럽 각국으로 확산되었다. 1831년 프랑스 리옹 노동자 봉기, 1842년 영국 차티스트운동, 1844년 독일 슐레지엔 직조공 폭동…….

무언가가 변하게 되면 낡은 질서는 깨지고, 수혜자와 피해자가 생겨나며, 사회갈등도 터져 나오기 마련이다. 이런 현상은 19세기에 크게 늘어났고 경제 전환 속도가 빨라짐에 따라 갈등도 점점 커졌다.

유럽이 산업화에 따른 사회적 병폐를 인식하고 회복해가고 있던 19세기 중후반, 미국 기업들은 거대한 괴물로 변해갔다. 그 괴물은 쉬지 않고 신대륙의 토지와 식량을 긁어모으고 물질과 제도, 권력을 먹어치웠다. 1896년에 실시된 조사에 따르면, 당시 미국 인구의 12퍼센트가 전체 부의 약 90퍼센트를 갖고 있었다. 19세기 산업화 과정에서, 특히 미국 남북전쟁 이후 수십 년 동안 빈부 격차는 급속히 확대되었다. 미국에서 수많은 사회문제와 정치문제가 발생했다. 이런 사회문제가 발생한 원인 중에는 앞에서 언급한 노사갈등의 격화와 함께 도시의 급격

스탠더드오일의 막강한 권력을 풍자한 만화

한 팽창도 있었다.

1865년 흑인 노예를 해방시킨 링컨 대통령은 기업의 권리 확장에 대해 깊은 우려를 나타냈다. 그는 임종 때 이런 유언을 남기기도 했다. "기업은 이미 최고로 추앙받고 있다. 조만간 고위층이 부패를 저지를 것이고 돈과 권력을 가진 집단이 국민의 의식에 영향을 미쳐 자신들의 통치를 연장하려 할 것이다. 부가 소수에게 집중된다면 미국은 멸망의 길로 갈 것이다."

1869년 저명한 역사학자 찰스 애덤스Charles Adams 역시 기업의 위험성을 지적하며 "사회는 인위적 생명을 창조했지만 그 생명은 반대로 자신의 창조자를 지배할 수도 있다"고 말했다. 영국의 여류작가가 쓴 소설 『프랑켄슈타인』에서도 과학자는 자신이 만들어낸 괴물 때문에 죽게 된다. 그렇다면 이런 문제를 어떻게 해결해야 할까? 사람들은 그때까지 이런 문제를 겪어본 적이 없는 듯했다.

미국에는 한 가지 기본 관념이 있다. 재산을 소유하거나 획득할 수 있는 독립적인 국민은 자신을 스스로 관리할 능력이 있으며 투표를 하거나 정부를 수립할 능력이 있다는 것이다. 그러나 때로 사회가 심각한 고통에 직면하면 정치적 관념도 딜레마에 빠진다.

_ 스벤 베커트Sven Beckert, 하버드대학 역사학과 교수

정부가 간섭하기 시작하면 시장이 왜곡될 수 있다. 하지만 시장에만 맡겨두어도 여러 가지 불공평한 일이 생길 수 있다. 본질적으로 시장은 사회적 화합에는 별로 관심이 없다.

_ 게일 포슬러Gail Fosler, 컨퍼런스보드 위원장

미국에서도 기계화에 따른 대량 생산과 거대한 산업 노동자 계층의 출현으로 유럽의 산업 국가들이 경험한 사회적 갈등이 커져갔다. 통계에 따르면, 1888년에서 1908년까지 미국에서 산업 관련 사고로 사망한 노동자가 70만 명이 넘었다. 매일 약 100명씩 사망한 셈이다. 1901년 한 해에만 철도 노동자 26명 중 한 명은 부상당했고, 399명 중 한 명은 작업 중 사망했다.

당시에는 노동자에 대한 보호조치가 전혀 없었다. 노동자가 근무 중

에 다쳐도 고용주가 치료비를 지원하지 않았기 때문에 노동자 자신이 위험부담을 모두 떠안아야 했다. 노동자의 노후와 의료비를 책임지려는 기업은 없었고, 법원도 작업 중에 입은 재해는 노동자의 책임이며 임금과 근로시간을 규정한 법률은 위헌이라고 판결했다.

빈곤층 아이들의 비참한 생활

미국 노동자들은 기업의 강력한 권력 앞에서 할 수 있는 게 없었다. 어떤 이들은 이렇게 말했다. "우리가 투표를 통해 그들을 쓰러뜨릴 수 있다고 하지만 투표함은 그들이 점유하고 있다. 또 우리가 법원에서 정의를 찾을 수도 있지만 법원도 역시 그들이 세운 것이다."

미국의 기업은 상당 기간 동안 성장을 거듭해왔다. 우리는 그것을 제2차 산업혁명이라고 부른다. 미국 기업들의 시장 규모는 지방에서 전국으로 확대되었고 대기업은 매우 큰 권력을 가지고 있었다. 그에 비해 미국 노동자들의 힘은 미약했고 임금 수준은 수요와 공급에 따라 결정되었기 때문에 그들의 생활은 몹시 불안정했다. 각종 충돌과 노동자들의 시위 및 폭력 사건이 끊이지 않아 아주 혼란스러운 시대였다.

_ 게일 포슬러, 컨퍼런스보드 위원장

제4장 성장 이면의 모순과 갈등 **159**

대공업시대를 묘사한 디에고 리베라Diego Rivera의 벽화 작품

세계는 이런 상황에서 한 치 앞을 알 수 없는 20세기를 맞이했다. 세기가 바뀌는 길목에서 사람들에게 깊은 인상을 남긴 것은 찬란한 물질적 성과가 아니라 당혹감과 혼란이었다. 문제를 해결하고 나면 또 그만큼 많은 문제가 새로 나타났고, 분쟁이 잠잠해지고 나면 또 그만큼의 분쟁이 시작되었다.

아무런 준비도 없이 새 시대가 찾아왔어도 역사는 나룻배와 역마차가 다니던 시대로 퇴보할 수 없다. 그리고 중대한 변화는 거의 대부분 심각한 위기로부터 시작되는 법이다.

03
'밀림의 법칙'을 버리다

1902년 5월, 미국 펜실베이니아 서부의 무연탄 광산에서 광부 15만 명이 임금 인상과 노조의 합법적 지위 인정을 요구하며 파업을 벌였다. 이 파업은 미국 역사상 가장 심각한 산업 위기를 촉발했고 노사 양측의 대립은 그해 10월까지 계속 이어졌다.

전국의 이목이 집중된 대규모 파업 사태를 해결하기 위해 취임한 지 1년 남짓한 시어도어 루스벨트 대통령은 중재위원회를 구성했다. 노동자들의 변호로 유명해진 변호사 클라렌스 대로우도 위원으로 포함되어 있었다.

성난 미국 노동자를 묘사한 만화

파업에 참여한 출판인들의 단체사진

    대로우는 해당 기업이 법정에서 회계감사를 받아야 한다고 주장했다. 지금까지 아무런 제약도 받지 않았던 미국 기업이 최초로 여론의 감독을 받게 된 것이었다. 대로우는 많은 사람들의 생활에서 가난이 어떤 의미를 갖는지 절실히 깨닫고 있었다. 그는 차마 믿기 힘들 만큼 비참한 광부들의 생활을 묘사하며 강한 어조로 자신의 주장을 펼쳤다. 그는 또 고통받고 있는 소년의 이야기인 『광산의 소년』이라는 단편소설을 쓰기도 했다. 대로우는 중재위원 7명 앞에서 격앙된 어조로 연설했고 그 연설에 마음이 움직인 위원들이 광부들을 지지하기 시작했다.

    1903년 2월, 대로우는 이렇게 변론했다. "미국의 문명이 광부와 노동자들의 굶주림으로 이루어지고 겨우 열두서너 살 된 아이가 먼지 날리는 무연탄 광산에서 석탄을 주워 생활을 유지해야 한다면 우리는 하루라도 빨리 이 문명을 종식시키고 새로운 문명을 시작해야 할 것이다. 그것이 인류에게도 좋은 일이다." 또한 대로우는 어떻게 새로운 문명을 시작할 것인지에

TV영화 〈대로우〉 속 변론 장면

대해 이야기하면서 이렇게 말했다. "나는 이 길로 들어서면서 노사 양측이 다시는 예전처럼 서로 원수로 지내지 않도록 하기 위해 최선을 다하기로 결심했다."

20세기 초, 사람들은 사회경제의 새로운 질서 구축에 대해 고민하기 시작했다. 상류층의 탐욕과 빈곤층의 폭력이 양날의 칼이 되어 각각 다른 방향에서 국가를 위협하고 있었기 때문이다.

> 누구나 행복과 평등, 자유를 누릴 권리가 있다. 이런 기본적인 신념과 자유에 대한 기본적인 보장은 절대 흔들릴 수 없다. 기업의 권리가 인권보다 크거나 인권과 기업이 효과적인 평등을 이루지 못한다면 문명의 발전은 지장을 받게 된다.
>
> _ 허하이런賀海仁, 중국사회과학원 법학연구소 부연구원

대로우의 변론

대로우의 변론을 두고 "곧 막을 내리는 19세기에 대한 추모사"라고 말하는 이들도 있었다. 대로우는 인권이 재산권보다 우월하다고 호소함으로써 미국 사회에 새로운 삶의 질서가 수립될 수 있도록 촉진했다. 그의 변론에 마음이 움직인 배심원들은 파업을 주도한 이들에 대해 무죄 판결을 내렸다. 대로우의 예언처럼 이 판결은 세계 역사에서 이정표와 같은 사건이 되었다.

시어도어 루스벨트 대통령은 미국의 사회문제

> **시어도어 루스벨트(1858-1919)**
>
> 미국의 군사가, 정치가, 제26대 대통령. 재임 시절 대내적으로는 삼림, 광산, 석유 등의 자원 보호, 공평한 거래 제도 확립, 노사갈등 해결 등에 힘썼으며, 대외적으로는 먼로주의(미국의 제5대 대통령 먼로가 제창한 외교방침으로 일종의 중립정책)를 신봉하고 확장정책을 펼쳤다.

에 관해 이렇게 말했다. "재산을 가진 부유층의 막을 길 없는 공격을 끝내고야 말 것이다. 성실한 국민들이, 타락하고 부패한 부자들이 끝없는 오만함으로 국가의 운명을 좌우하도록 내버려둔다면 앞으로 더 큰 갈등은 피하기 어려울 것이다."

1903년 3월 21일, 판결문이 발표되었다. "노동자들의 하루 노동 시간을 9시간으로 단축하고 임금은 10퍼센트 인상한다." 이로써 163일 동안 계속된 파업이 끝났다. 회사는 중재안을 수용했다. 이는 미국 역사상 처음 있는 일이었다. 대화를 통한 협상을 성사시킨 것은 기업도, 개인도 아닌 제3자인 정부였다.

대립은 항상 있어왔다. 대립의 본질은 평등과 효율 간의 갈등이었다. 시장은 언제나 효율만을 추구하고, 그 효율이 노동자와 소비자들에게 안겨주는 것은 불평등한 이익이다. 이는 시장이 불평등을 만들어내는 것과 같은 것이다.

각종 사회운동이 발생함에 따라 다양한 사회적 체제가 탄생했다. 특히 사회적인 대화의 메커니즘이 등장했다. 국가가 고용주와 피고용주 사이의 대립에 관여해 빈곤층을 돕고 그들의 생활을 보장하는 체제를 만들었다. 19세기 말의 노동시간 단축이나 아동노동 금지 등이 대표적인 예다.

유럽 국가 가운데 제2차 산업혁명을 통해 급속한 산업화를 이룬 독일에서도 가장 격렬한 사회적 갈등이 나타났으며, 그에 따라 새로운 메커니즘에 대한 탐색이 시작됐다. 1883년에서 1889년까지, 독일 의회는 비스마르크 총리의 주도 아래 질병, 재해, 노령 및 장애 보험 등 세 가지의 사회보험법을 통과시켰다.

그 당시로서는 획기적인 일이었다. 당시 세계의 어떤 국가도 정부가 직접 나서서 대규모 사회보험을 만든 전례가 없었다. 그 후 일부 유럽 국가들도 독일을 본받아 노동자를 위한 사회보험 기관을 설립했다.

_ 헤르만 셰를Hermann Scherl, **프리드리히알렉산더대학 경제학과 전 교수**

사회보장제도 수립

독일 법률에는 근로자가 손실을 입었을 때 고용주가 배상하고 고용주와 근로자가 건강보험 비용을 분담해야 하며, 정부가 노령 및 장애 연금을 지원해야 한다고 규정되어 있다. 독일의 사회보험정책은 세계 최초로 정부가 통일적으로 보험을 실시했다는 점에서 사회보험법의 효시라고 할 수 있다. 독일에 이어 덴마크도 1893년에 전국적인 노령연금제도를 수립해 서방국가의 사회보험제도 수립의 서막을 열었다.

독일 정부가 사회보장 계획을 수립한 것은 한 기업의 영향을 받은 것이었다. 1836년 독일의 기업가인 알프레드 크루프Alfred Krupp는 회사 직원과 그 가족이 질병에 걸리거나 사망했을 때 보험금을 지급했다.

원대한 안목을 지닌 기업들은 이미 변화를 모색하고 있었다. 1815년에 발생한 화약 폭발 사고 이후 듀폰은 사망 근로자의 가족에게 노령연금을 지급했다. 듀폰은 미국 기업으로는 최초로 근로자들에게 시간외 수당과 야근 수당을 지급했으며, 처음으로 직원들을 위한 저축계좌를 개설했다. 직원이 100달러를 예금하면 연말에 기업이 6퍼센트의 이자를 지급하는 방식이었다. 이런 것들은 모두 직원들을 위한 일이었다. 듀

듀폰의 화약제조공장 옛 터

듀폰의 친환경 발전 설비

폰은 미국에서 최초로 근무 중에 다친 직원들을 치료하기 위해 외과 의사를 고용한 기업이기도 하다.

    100년 넘게 산업화를 추구하는 동안 시장 메커니즘은 기업계에 소리 없는 변화를 일으켰다. 그러나 기업의 자발적 행위를 초월하는 제도의 힘이 있어야만 비로소 진정한 제약이 가능했다. 오늘날 우리에게 익숙한 유럽과 미국의 관련 제도는 역사적으로 수없이 많은 산고를 겪은 후에 탄생한 것이다.

1906년 2월 『정글』이라는 소설이 발표되자 미국 전역은 충격에 휩싸였다. 작가 업튼 싱클레어Upton Sinclair는 소설 속에서 시카고의 육류공장을 리얼하게 묘사했다. 병들어 죽은 동물을 육류 제품의 가공 원료로 사용하고 약을 먹고 죽은 쥐도 고기와 섞어 소시지로 만들었으며 썩은 냄새가 진동하는 고기를 원료로 제품을 만들기도 했다. 발을 헛디뎌 고온의 고기 통 안으로 떨어진 노동자가 있었는데 뼈만 남은 채 몸 전체가 흔적 없이 녹아버렸다. 그렇게 만들어진 제품이 고급 돼지기름으로 둔갑해 소비자들에게 공급되었다.

소설 『정글』의 표지

싱클레어는 실제 사실을 바탕으로 이 내용을 썼고, 몇 페이지에 해당하는 이 내용 때문에 다섯 개 출판사로부터 퇴짜를 맞기도 했다. 문제가 되는 몇 페이지만 삭제하면 출간해주겠다는 제안도 있었지만 그는 단호하게 거절했다.

그의 소설은 출간되자마자 커다란 반향을 일으켰다. 초판 2만 5000부가 45일 만에 다 팔렸고 백악관에서도 책을 구입했다. 당시 시어도어 루스벨트 대통령은 아

업튼 싱클레어

침식사 시간에 『정글』을 읽었는데 때마침 소설 속에서는 죽은 쥐를 고기와 혼합해 소시지를 만드는 장면이 등장했다. 그는 "내가 독을 먹었군!"이라고 소리치며 반쯤 먹은 소시지를 창밖으로 내던졌고, 그 후 채식주의자가 되었다는 일화도 있다.

소설 속 내용을 믿을 수 없었던 대통령은 노동부장관을 공장으로 보내 불시에 실태조사를 하도록 했다. 조사 결과 노동부장관이 직접 목격한 장면은 소설 속에서 묘사된 것보다도 더 끔찍했다.

산업화와 도시화가 진행되면서 시장은 확대되었고, 미국인들은 전처럼 이웃이나 가까운 곳에 사는 아는 사람에게 먹을 것을 구입하는 것이 아니라 누가 생산했는지 모르는 음식을 사 먹어야 했다. 미국의 대기업들은 얼마든지 사람들을 속여서 이익을 꾀할 수 있었다.

시장경제 체제에서 기업은 부를 창출해야 할 이유가 있다. 하지만 기업은 때때로 이익을 위해 사람들을 착취하고 환경을 파괴하는 일도 서슴지 않는다. 그러므로 기업들이 타인의 이익을 희생시키는 대가로 부를 창출하도록 내버려두어서는 안 된다.
_ 조셉 스티글리츠, 컬럼비아대학 교수 · 2001년 노벨경제학상 수상자

일부 미국 기업은 약육강식과 적자생존이라는 정글의 법칙을 시장경쟁의 유일한 수단으로 여기고 있었다. 그러나 소설 『정글』이 발표되자 서구 사회는 분노로 들끓었다.

훗날 영국 총리 윈스턴 처칠은 이렇게 말했다. "그 무서운 소설은 가장 단단한 머리와 가장 질긴 마음을 꿰뚫고 들어갔다. 지식인들은 기업의 극단적인 이익 추구로 인해 국가가 멸망할 것을 걱정했고, 광폭한 야수처럼 날뛰는 기업의 고삐를 단단히 죄어야 한다고 생각했다."

자유는 기업의 생명이지만 아무런 제약도 없는 자유는 위험하다. 자유는 단순히 관념이 아닌 법률과 제도로 확립돼야만 존중받고 굳게 지켜질 가치가 있다.

19세기 말에서 20세기 초, 세계 역사에 최초로 대중매체가 등장했고 신문은 대다수 사람들의 보편적인 읽을거리가 되었다. 신문은 우리 주변의 사회문제들을 보도했다. 도살장 등의 열악한 위생 상태도 그런 방식으로 세상에 알려졌다. 그 기사에 부담을 느낀 정부는 어쩔 수 없이 도살업의 질서를 정리하는 등 관련 산업의 규범을 제정해야 했다.

탐욕은 두려움을 통해 균형을 이루어야 한다. 서양의 공업 국가들이 한 세기 넘게 쌓아온 병폐들을 치료하기 위해서는 사회의 감독과 법제의 개선이 필요했다. 또 그에 못지않게 중요한 것은 욕망에 사로잡혔던 마음을 되돌려 회복시키는 것이었다.

1911년 3월 25일, 미국 뉴욕 시 트라이앵글 셔트웨이스트Triangle Shirtwaist 공장에서 대규모 화재가 발생했다. 토요일 오후 네 시경의 일이었다. 9층에서 사상자가 가장 많이 났는데 당혹스러웠던 것은 계단으로 통하는 두 개의 문 중 하나가 잠겨 있었다는 사실이다. 근로자들이 물건을 훔쳐가는 것을 막기 위해 잠가놓은 것이었는데 그 때문에 공

미국 뉴욕 시 트라이앵글 셔츠웨이스트 공장의 대화재

장 전체가 화재로 아수라장이 되었다.

그 비정한 화재로 146명이 목숨을 잃었고 삭막한 도시도 그 사건으로 술렁였다. 연일 비가 내리던 4월 5일, 뉴욕 워싱턴 광장에 빈 관이 놓이고 수만 명의 노동자와 시민들이 침묵 시위를 벌였다. 구호도 외침도 없이 그저 눈물만 흘렸다. 침묵과 함께 애끓는 슬픔이 맨해튼을 휩쓸었다. 사람들은 돈보다 더 중요한 가치가 있음을 다시금 깨달았다. 그 날의 화재는 미국을 바꿔놓은 세기의 대화재로 불리기도 한다. 화재 이후 여러 가지 노동자 보호법이 제정되었고 사람들은 거의 잊고 있던 오래전 일을 떠올렸다.

기업을 설립해 돈을 벌려던 원래 목적은 무엇이었는가? 진정한 진보란 도대체 무엇일까?

현대사회의 중요한 쟁점 중 하나는 기업의 합법적이고 중요한 목적이 무엇인가 하는 것이다. 기업은 경제조직이자 사회조직이다. 이런 논쟁을 일으킨 원인은 시장 체제가 모든 문제를 해결할 수 없다는 데에 있다. 시장 체제로는 분배뿐 아니라 차별의 문제도 해결하지 못하며 또한 여러 환경문제도 해결할 수 없다.

_ 마이클 스펜스, 뉴욕대학 스턴 경영대학원 교수 · 2001년 노벨경제학상 수상자

20세기로 들어서자 사람들은 시장과 기업에 대한 인식을 새롭게 바꾸기 시작했다. 이 새로운 과제 앞에서 정부와 사회, 법률은 모두 제 위치를 찾고 있으며 권력의 경계선을 분명하게 긋고 있다. 그렇다면 기업은 어떻게 자신의 역할을 정립하고 미래를 향한 새로운 길을 모색해야 할까?

1914년 1월 6일, 미국 미시건 주 하이랜드 파크 Highland Park 공장에 새벽 3시부터 일자리를 얻으려는 사람들이 모여들기 시작했다. 한겨울 추위를 무릅쓰고 나온 사람들이 하나둘 모여들더니 7시 반이 되자 1만 명이 넘는 사람들이 줄을 섰다.

그 하루 전날, 포드자동차는 근로자의 노동시간을 8시간으로 줄이고 매일 5달러의 임금을 지급할 것이라는 발표를 했다. 5달러는 기존 임금인 하루 2.34달러의 2배가 넘는 액수였다. 사람들은 이해할 수 없다는 반응이었다. 그렇게 하려면 매년 직원들을 위해 1000만 달러를 추가로 지급해야 하는데 당시 포드자동차의 한 해 수익도 1000만 달러를 갓 넘긴 상황이었기 때문이다. 한 경제학자는 "포드가 『성경』의 정신을 기업에 가져다 붙이고 박애주의라는 깃발을 흔들며 사람들의 마음을 사

로잡으려 하고 있다"며 비난하기도 했다.

미국은 물론 전 세계가 헨리 포드에게 주목했다. 노조의 파업이나 폭력사건이 발생하지도 않았는데 기업가가 자진해서 근로자의 임금을 두 배로 올리겠다고 선언한 것은 말 그대로 파격이었다. 하지만 헨리 포드는 임금 인상이 생산성을 높이기 위한 것이지 자선 행위가 아님을 여러 번 강조했다. 또한 뿌린 대로 거두는 것이기 때문에 근로자들이 자신에게 감사할 필요가 없다고 말했다.

임금 인상으로 노동자들의 생활이 나아지면 생산성이 향상된다. 그러므로 이 시기에 노사관계는 어느 정도 안정될 수 있었다. 게다가 노동자들은 기업이 대규모로 생산한 제품을 구매하는 소비자가 되기도 했다.

_ 윌리엄 라조닉William Lazonick, 메사추세츠대학 로웰캠퍼스 경제학과 교수

헨리 포드(1863~1947)

미국의 자동차 엔지니어 겸 기업가, 포드자동차 창업자. 세계 최초로 일관화된 생산라인 방식을 자동차 생산에 도입했다. 이 새로운 생산방식을 통해 자동차가 대중화되고 현대 사회 및 문화에 커다란 영향을 미쳤다. 일부 사회학자들은 포드식 생산방식의 영향을 받은 경제적, 사회적 시스템을 '포드주의'라고 부르기도 한다.

실제로 그해 연말 포드자동차의 수익은 3000만 달러로 급증했다. 지금의 관점에서는 포드의 논리를 이해할 수 있지만 당시만 해도 그것은 전통 관념을 완전히 뒤집는 발상이었다.

헨리 포드는 소비경제를 굳게 믿었다. 그는 미국의

헨리 포드의 옛 저택

미래와 보통 사람들의 복지, 소비자의 풍족한 생활이 서로 밀접한 연관 관계를 맺고 있다고 생각했다. 그는 자동차, 특히 모델 T를 평범한 사람들에게 보급하고 싶어 했다. 모델 T를 만드는 사람들이 모두 그 차를 살 수 있기를 바란다는 유명한 말도 했다. 소비시장은 생산력보다 구매력에 제일 먼저 의존한다고 생각했다는 점에서 헨리 포드의 천재성이 드러난다.

_ 스티븐 왓츠Steven Watts, 『국민의 거물: 헨리 포드와 미국의 세기』The People's Tycoon: Henry Ford and the American Century』 저자

생산자가 소비자로 바뀌면서 거대한 소비시장이 출현하고 이를 통해

기업의 미래도 크게 바뀌었다. 각자의 권리를 보호하기 위해 수없이 충돌한 후에야 기업들은 마침내 자발적으로 8시간 근로제를 선택하기에 이르렀다. 착취와 속임수, 독점의 성장 방식을 거친 뒤 기업은 임금 5달러부터 시작해 이익을 추구하는 새로운 법칙에 대해 배우고 수정해나갔다.

이익은 이해당사자들이 공동으로 결정한다. 이것은 기업이 질풍노도의 시기를 거치면서 얻은 중요한 교훈이다. 장기적으로 보았을 때 우리 모두는 함께 발전하지 않으면 함께 침몰하기 때문이다.

당시 그 모든 것은 아직 시작 단계였으며 오늘날까지도 끝나지 않았다. 산업화가 시작되고 100년 동안은 기쁨과 슬픔이 공존했다. 사람들은 앞으로 나아가다가 뒤를 돌아보기를 끊임없이 반복했다. 기업화된 세계는 지금도 끊임없이 앞을 향해 달려가고 있으며 여기에는 희열과 고통이 모두 뒤따른다.

100년 전 디킨스가 한 말을 다시 되새겨볼 필요가 있다. "이 시대는 최고의 시대이면서 최악의 시대이기도 하다. 희망으로 가득 찬 봄날인 동시에 절망적인 겨울이기도 하다. 우리 앞에는 무엇이든 다 있지만 또한 아무것도 없기도 하다."

Interview inside
: 인터뷰 인사이드 :

스벤 베커트 하버드대학 역사학과 교수
버드젤 주니어 미국 법률학자
루이스 갈람보스 존스홉킨스대학 기업역사학 교수

Q 19세기 말부터 20세기 초, 농업 위주의 사회에서 공업 위주의 사회로 전환하는 과정에서 유럽과 미국에서는 수많은 노사분규와 노동자들의 시위가 발생했습니다. 이것이 발전 과정에서 불가피한 단계였다고 생각합니까?

A **스벤 베커트** 노사분규는 19세기 초반부터 시작된 미국 산업화의 일부분입니다. 진정한 의미에서 대규모 노조가 등장한 것은 1880년대

였죠. 당시 수백만 명의 노동자가 노조에 가입해 조직적인 투쟁을 벌였습니다. 그들이 요구하는 것은 8시간 근로제 실현, 임금 인상, 근로조건 개선, 집회의 권리 인정 등이었죠. 미국의 노조도 유럽 국가들과 비슷한 과정을 거치며 발전했습니다. 미국에는 프랑스, 독일, 영국에 있는 모든 노조를 모두 합친 것만큼 많은 수의 노조가 있었습니다. 산업화가 진행되면서 노동자들이 노조를 조직하거나 단체행동을 하지 않은 나라는 지금껏 없었습니다. 그건 전혀 이상한 일이 아닙니다. 산업화 과정에서 노동자들은 상대적으로 취약한 위치에 있게 되고 개인적으로 근무 조건 개선이나 임금 인상을 요구하는 것은 결코 쉬운 일이 아닙니다. 그래서 목적을 달성하기 위한 방법으로 노동자들이 연합하는 겁니다. 노조가 바로 그것이죠. 노조를 결성하면 단체행동을 할 수 있습니다. 파업이 가장 대표적입니다. 1870년대부터 1890년대까지 미국에서 파업이 수천 회나 일어났는데 대부분이 폭력 시위였습니다. 하지만 그중에서 성공한 것은 소수에 불과합니다. 대부분은 실패로 돌아갔죠. 노동자들을 지지한 주 정부도 있기는 했지만, 대부분의 경우 기업은 노동자들을 심하게 처벌했고 주 정부도 기업의 편에 서서 노동자들의 항의와 파업을 진압했습니다.

Q 사회의 부와 경제라는 관점에서 볼 때 기업으로 인해 빈곤이 줄어들었다고 봅니까?

A 버드젤 주니어 상업조직이 서방국가의 경제 발전 과정에서 매우 중요한 역할을 했음은 부인할 수 없는 사실입니다. 규모가 큰 기업은 낮은 리스크를 앞세워 거액의 투자를 유치할 수 있죠. 장기적인 수익 창출 약속을 주주들의 단기 리스크로 전환시키는 것입니다. 이는 대기업의 발전을 촉진하고 사회경제의 발전을 자극하게 됩니다. 그리고 그 결과는 기술혁신과 규모의 경제로 나타나게 됩니다.

오늘날 서방 선진국에서는 더 이상 노동자를 빈곤층으로 인식하지 않습니다. 물론 19세기 초반에는 노동자들이 정말로 가난했죠. 하루 평균 임금이 약 1달러밖에 되지 않았으니까요. 하지만 19세기 말부터 시작해 20세기, 특히 제2차 세계대전 이후 노동자들의 임금이 현저히 상승하면서 그들의 구매력 또한 상승했습니다. 현재 선진국 노동자들의 구매력과 생활 방식은 19세기 초에 살던 사람들은 상상도 할 수 없었던 수준입니다.

Q 19세기 말부터 20세기 초까지 미국에서 발생한 사회운동은 주로 어떤 것들이 었습니까?

A 루이스 갈람보스 미국 정치는 수없이 많은 풍랑을 헤치며 발전해왔습니다. 1895년부터 제1차 세계대전이 끝날 때까지 미국은 정치적으로 새로운 시도를 했습니다. 정부의 역할과 권위를 강화했으며, 또 상업

조직이나 기타 조직의 부당한 행위를 금지하고 시장이 건전하게 발전하도록 유도했습니다. 독점기업들을 겨냥해 독점금지법을 제정하는 등 일련의 법규를 수립하기도 했습니다. 이런 법규들은 모두 주 정부 단독으로, 또는 주 정부와 연방 정부가 공동으로 제정한 것입니다. 사회운동이 가장 활발하게 일어나던 시대에 가장 중요한 과제는 개혁을 어떻게 시도할 것인가 하는 것이었습니다. 예를 들어 부단한 시도를 통해 각각의 시도들이 어떤 역할을 발휘하는지 관찰한 다음에 법률 시스템을 수립했습니다. 때로는 정치와 별개로 법률을 제정하기도 합니다. 정치가 법률에 영향을 미칠 것을 막기 위함이죠. 또 때로는 법률이 정치보다 대중에게 더 관심을 기울이도록 하기도 합니다. 수많은 시도를 통해 주 정부와 연방 정부의 권위와 권력이 점점 강화되고 국유 부문이 발전했고, 이렇게 해서 우리가 원하는 결과를 얻게 되었죠.

Insight review
: 인사이트 리뷰 :

'혁신주의 운동'은
왜 일어나게 되었는가?

산업혁명 이후 100년 동안 점차 거대한 시장이 형성되고 대기업들이 급속하게 성장하면서 유럽 각국과 미국에서 산업화와 도시화가 사상 초유의 진전을 이루었다. 하지만 이와 함께 사회 갈등 또한 나날이 첨예하게 나타났다. 기업의 이익이 개인의 권리를 침해하고 자본의 확장이 사회의 공평함을 깨뜨렸으며, 기업이 사회의 통제를 넘어서는 권력을 가지게 되었다. 이런 상황에서 노동자의 항의, 언론의 비판, 학계의 반성이 이어지자 정부도 '보이는 손'을 뻗을 수밖에 없었다. 시장경제 국가에서도 스스로를 보호하고 불행한 현실을 타개하기 위한 개혁운동이 나타났던 것이다. 역사에서는 이를 '혁신주의 운동Progressive Movement'이라고 부른다.

기업의 규모가 무한하게 확대되면서 부가 점차 집중되기 시작했다. 1890년 미국 인구의 1퍼센트를 차지하는 부유층의 소득이 빈곤층 인구 절반의 소득을 모두 합친 것과 맞먹었다. 미국 사회에서 빈부 격차는 점점 위험한 수준에 다다르게 되었다. 나날이 몸집이 불어나고 있는 기업조직에서 '자유로운 노동자'들은 실제로 자신들에게는 자유가 없으며 임금의 노예로 전락했다는 사실을 깨달았다. 노동자들의 근로환경은 열악했고 근로시간은 너무 길었으며 최소한의 안전도 보장받을 수 없었다. 작업 중 부상을 입은 노동자들이 속출했지만 어느 누구도 보상이나 보장은 받지 못했다. 도시 안에서 소수의 생활은 쾌적해졌지만 다수의 생활은 점점 비참해져갔다. 1900년 미국의 도시화율이 39.7퍼센트까지 상승했다. 많은 농민들이 도시로 몰려들었지만 도시는 아직 그들을 받아들일 준비가 되어 있지 않았다. 번화한 도시의 뒷골목마다 더럽고 음습한 빈민굴이 넘쳐났다.

산업화와 도시화가 확대될수록 식품의 생산과 소비도 분리되었다. 감시와 감독이 이루어지지 않았기 때문에 비열한 생산업자와 판매업자들은 결핵에 걸린 젖소에서 짠 우유를 팔기도 하고, 심지어 우유에 물과 소금을 섞어 판매하기도 했다. 『정글』 같은 소설들이 식품회사의 저열한 행위를 폭로해 사람들을 놀라게 했다.

기업은 이익을 최고의 목적으로 하고 자본의 힘은 끝이 없다. "나는 상사가 없다", "나는 회사와 주주에게만 책임을 진다", "직원의 임금은 내가 결정하며 그들이 죽든 살든 나와는 무관한 일이다"라고 여기는 기업가들은 모든 것을 게걸스럽게 먹어치우는 냉혈동물로 여겨졌으며 기업은 사람들이 스스로 만들어낸 '악의 꽃'이 되었다.

기업의 과도한 권력을 어떻게 억제할 것인가?

변화하는 사회와 경제, 그리고 그 변화가 불러온 여러 가지 문제점 앞에서 미국 학자들은 개혁을 주장했다. 시어도어 루스벨트 대통령을 비롯한 개혁파 인사들은 장기간 미국의 가치관을 지배해왔고 제도 수립과 정책 결정에 영향을 미쳐온 '소극적인 자유'의 이념을 포기하고 '적극적인 자유'의 이념으로 전환했다. 물론 가장 중요한 것은 사회주의 사상이 신속하게 전파되면서 노동자 운동이 우후죽순으로 발생했다는 것이다. 노동자의 권익을 대표하는 노조나 농민의 권익을 대표하는 농장주협회, 교육수준이 비교적 높은 중산층 여성들이 주축이 된 단체 등 다양한 민간단체가 결성되기 시작했다. 이런 사회조직의 탄생과 성장은 19세기 후반 혁신주의 운동의 중요한 원동력이 되었다.

시어도어 루스벨트 대통령 재임 기간부터 미국은 '보이는 손'을 내밀어 대기업의 '과도한 권력'을 통제하기 시작했다. 연방 정부가 경제와 사회를 통제하는 권력과 능력을 강화하기 시작했다. 특히 철도, 식품, 약품, 금융 분야의 기업을 엄격하게 통제했다. 연방 정부는 독점행위에 대한 기소 능력과 기업들의 행위에 대한 조사 능력을 강화해 대형 트러스트들을 상대로 소송을 제기했다. 연방 정부는 우선적으로 노던시큐리티Northern Securities, 스탠더드오일, 미국담배회사American Tobacco Company 등을 상대로 소송을 제기해 해체시켰다. 이 밖에도 미국 의회는 매우 중요한 법률 두 가지를 일사천리로 통과시켰다. '순정식약품법 The Pure Foods and Drugs Act'과 '식육검사법The Federal Meat Inspection Act'이 그것이다. 또한 정경유착의 고리를 끊고 공공의 이익을 보호하기 위해 식품 및 의약품의 안전을 전문적으로 감독하는 식품의약국을 설립했으며, 루스벨트 대통령의 강력한 지지에 힘입어 노사 모두의 권력을 보호하는 법률들이 의회에서 통과됐다. 작업 중에 발생한 사고에 대해 고용주가 법적 책임을 지도록 하는 법률, 아동을 고용하지 못하도록 금지하는 법률도 제정됐다.

독일에서는 사회주의 운동이 대대적으로 발생했고, 1883년부터 1889년까지 비스마르크 총리의 주도로 서방 시장경제 국가들 가운데서는 처음으로 국가 차원의 질병, 사고, 노후 및 장애 등을 보장하는 사회보험제도를 수립했다.

사회적인 압력이 거세지자 일부 대기업들도 자발적으로 변화하기 시작했다. 1914년 1월, 포드자동차는 직원들의 근로시간을 하루 8시간으로 단축하고 임금을 하루 2.34달러에서 5달러로 인상했다. 이 소식이 알려지자 사회적으로 큰 반향이 일어났다. 그 결과 포드자동차의 결근율은 10퍼센트에서 0.5퍼센트로 크게 하락했다. 헨리 포드는 줄곧 자동차 가격을 낮춰 보급률을 높이고자 노력했지만 오히려 노동자의 임금 인상이 새로운 소비혁명을 불러일으켜 시장점유율을 높이고 수익을 증가시켰다. 듀폰 또한 대기업으로는 최초로 사망한 근로자의 유족들에게 연금을 지급했고, 직원들을 위한 의료보험도 최초로 만들었다.

금융 시장의 비호 아래 무한한 자유를 누리며
끝없이 팽창하던 기업들이 마침내
번영의 역사에 종지부를 찍고 몰락하기 시작했다.
기업의 몰락은 시장경제에 대한 사람들의 인식을 변화시켰다.
기업은 왜 재앙을 몰고 왔을까?
누가 시장을 구할 수 있을까?

제5장

번영 뒤에 찾아온 재앙

1929년 10월 23일, 뉴욕 42번가에 크라이슬러 빌딩이 세워졌다.
이 건물은 당시 세계에서 가장 높은 건물이었다.
자동차의 휠 캡과 라디에이터 캡, 독수리 장식 등
자동차 산업을 표현하는 다양한 상징물이
높이 319미터의 거대한 건물을 장식했다.

크라이슬러 빌딩은 어떤 의미에서 보면 기업이 창조한 거대한 생산력을 통해
미국의 부와 권력이 새로운 단계로 도약했음을 상징하는 지표였다.
1929년 미국의 생산능력은
영국, 프랑스, 독일 3개국의 생산능력을 모두 합친 것보다 더 많았다.

허버트 후버 제31대 미국 대통령은 다음과 같이 선언했다.
"미국은 빈곤과의 전쟁에서 승리를 눈앞에 두고 있다.
머지않아 미국에서 빈민굴이 사라질 것이다!"
하지만 이 말이 끝나기가 무섭게 다시 위기가 찾아왔다.

01
전 세계를 휩쓴 악몽

 1929년 9월 초, 내각에서 사퇴한 지 얼마 되지 않은 처칠이 뉴욕을 방문했다. 주식을 사본 적이 없었던 처칠은 처음으로 주식에 투자해보기로 했다. 그가 주식을 매수한 후 며칠 동안은 주가가 올라 돈이 불어났다. 그런데 기쁨도 잠시, 재앙 같은 악몽이 들이닥쳤다.
 10월 24일, 단 하루 만에 처칠은 무려 10만 달러를 손해보고 말았다. 결코 적은 금액은 아니었지만, 생명에 비하면 금전적인 손실은 감내할 수 있는 것이었다. 당시 처칠이 쓴 일기에는 이렇게 적혀 있다. "내 방 창문 아래에 15층에서 몸을 던진 사람이 온몸이 으스러진 채 죽었다."
 바로 그날 그 좁디좁은 거리에서 열 명이 낙엽처럼 떨어져 죽었다. 그들은 생전에 모두 동일한 직업을 가지고 있었다. 바로 주식 거래인이었다.

1929년 10월 24일, 뉴욕 증권거래소의 개장을 울리는 벨소리와 동시에 매도 주문이 쏟아져 들어왔다. 정오까지 시가총액 중 95억 달러가 사라졌다. 1928년 미국 GDP의 8분의 1에 해당하는 액수였다.

이것은 자본주의 세계의 첫 번째 위기도 마지막 위기도 아니었다. 당시만 해도 이것이 도미노식 붕괴가 되리라 예측한 사람은 아무도 없었다. 금융시장의 지원 아래 무한한 자유를 만끽하며 몸집을 불렸던 기업들은 상상을 초월하는 성과를 이룩한 동시에 지금껏 경험하지 못한 최악의 재앙으로 인류를 몰아넣었다.

기업은 재앙을 일으킨 근원이자 동시에 피해자였다. 이 경제 위기는 기업의 미래를 바꿔놓았고 시장경제에 대한 사람들의 인식까지 완전히 변화시켰다. "자신을 구하려면 먼저 시장부터 구하라." 위기의 해법을 찾기 위해 모인 뉴욕 5대 은행 대표들은 이 같은 결론을 내렸다. 1929년 10월 24일 오전, 월 가 23번지에 있는 모건은행 본사에서였다.

그들이 가진 자산을 모두 합치면 60억 달러에 달했다. 당시 세계 최대 규모의 '자본협력체'였다. 몇 시간 후 구제금융 2000만 달러가 투입되었다. 은행 관계자들은 22년 전의 기적이 재연되기를 염원했다. 눈앞의 위기 상황이 1907년 10월의 상황과 놀라울 만큼 흡사했기 때문이다.

1907년 금융 위기

1907년 10월, 미국에서 금융 위기가 터졌다. 뉴욕에 있는 은행 가운데 절반가량이 고수익을 앞세운 신탁투자회사의 유혹에 넘어가 리스크가 높은 주식시장과 채권에 투자했고, 금융시장 전체에 심각한 투기 과열이 나타났다. 그 후 상황이 악화되자 은행마다 사람들이 몰려들어 대규모 예금 인출 사태가 빚어졌다. 신탁투자회사들은 줄줄이 문을 닫고 은행들은 도산했으며 월 가 전체가 아수라장이 되었다.

1907년, 당시 빠르게 성장하던 미국 경제가 갑자기 곤두박질쳤다. 증시가 출렁이고 예금 인출자가 속출했다. 그때 나타난 구원자가 JP모건의 창업자인 존 피어폰트 모건John Pierpont Morgan이었다. 존 피어폰트 모건은 뉴욕의 주요 은행장들을 메디슨 가와 36번 가가 교차하는 곳에 위치한 자신의 도서관으로 불러 모았다. 그들은 필요한 유동자금을 모을 수 있는 여러 가지 방법들을 모색했다.

막대한 자산을 가진 JP모건과 은행장들은 결국 1907년의 경제 위기에서 미국을 구해냈다. 기적을 창조한 존 피어폰트 모건은 미국의 산업을 현대화한 인물로 평가받는다. 산업계의 다른 기업가들과 달리 그는 월 가의 은행과 증권 시

존 피어폰트 모건

장을 이용해서 거대한 산업을 창조해냈다. 모건은 1901년 카네기의 철강왕국을 인수한 후 US스틸을 설립했다. 당시 이 회사의 시가총액이 14억 달러였는데 그해 미국 연방 정부의 재정수입이 5억 8600만 달러였다.

미국의 한 역사학자는 "월 가의 은행가들이 미국을 산업화했다면 뉴욕 증권거래소는 이 새로운 산업이 성장하기 위해 필수적인 혈액을 공급했다"고 말했다.

JP모건체이스 빌딩

뉴욕 증권거래소는 경제에 유동성을 공급했다. 개인과 기업은 증권거래소를 통해 새로운 투자와 사업 확장에 필요한 자금을 융통할 수 있었다.

_ 로버트 포겔, 시카고대학 교수
1993년 노벨경제학상 수상자

금융은 하나의 메커니즘이다. 돈이 필요한 사람은 투자를 원하는 이들에게 자금을 얻을 수 있다. 은행과 주식시장은 이 메커니즘의 일부이며 월 가는 그 엔진이다.

_ 리나 아크타르, 미국 금융박물관 문서책임자

월 가가 부상하면서 금융자본과 산업자본이 밀접하게 결합되고 자본 창출의 새로운 모델이 탄생했다.

1893년 미국의 산업 생산액은 세계 1위였지만 이렇게 크고 강력한 경제를 관리하기에는 정부의 힘이 너무 약했다. 미국 연방 정부는 경제 분

> **모건 그룹**
>
> 모건 그룹은 미국의 10대 재벌 중 한 곳으로, 한때 미국 경제의 거의 모든 자본을 독점했다. 모건 그룹은 금융업 분야에서 탄탄한 기반을 가지고 있으며 JP모건이 그 중심에 있다. JP모건은 세계 최대 다국적 은행 중 하나로 주식 대량 매매와 거액의 신탁자금 운영 등을 통해 수익을 낸다. 모건 그룹은 세계 각국 37개 시중은행, 개발은행, 투자회사 및 기타 기업들의 지분을 보유하고 있는데 이 중에는 IBM, GE(제너럴일렉트릭), ITT 인더스트리스, US스틸, GM, AT&T 등이 포함되어 있다.

야에 대해 줄곧 자유방임적 태도를 취했고, 심지어 70년 넘게 중앙은행도 설립하지 않았다. 따라서 1907년의 위기를 겪고 난 후 존 피어폰트 모건을 비롯한 민영기업들이 최종 대부자의 역할을 맡기 시작했다.

JP모건은 실질적으로 중앙은행의 역할을 성공적으로 수행했다. 신탁회사의 대표를 한데 모으고 이 통로를 통해 금융 시스템 안으로 자금이 투입되도록 했다. 무엇보다 중요한 것은 JP모건이 금융에 대한 사람들의 신뢰를 유지시켰다는 점이다.

_ 리나 아크타르, 미국 금융박물관 문서책임자

아주 흥미로운 것은 과거 미국 경제가 위기에 봉착한 것처럼 보였을 때, 민영기업이 자발적으로 나서서 효과적인 조치를 취하고 그 위기를 극복했다는 사실이다.

_ 하비 피트Harvey Pitt, **국제 비즈니스 컨설팅사 칼로라마 파트너즈**Kalorama Partners **CEO**

> **월 가**
>
> 월 가는 뉴욕 시 맨해튼 남부 브로드웨이에서 이스트 리버에 이르는 거리로 총 길이 500미터, 폭 11미터밖에 되지 않는 곳이다. 1792년 5월 17일 브로커 24명이 한 카페 입구에 있는 버튼우드 나무 아래에 모여 버튼우드협정Buttonwood Agreement을 맺은 것이 뉴욕 증권거래소의 시작이다. 월 가는 '미국의 금융 중심지'로 세계적으로 널리 알려져 있으며, JP모건, 록펠러, 듀폰 등 대형 기업들이 설립한 은행, 보험, 해운, 철도 회사의 거래소도 모두 이곳에 모여 있다.

경제 위기 상황에서 기업은 자신뿐 아니라 시장까지 구할 수 있었다. 이 때문에 평소 "대기업은 민주주의를 위협하는 존재이며 부자들은 거

대공황 당시 월 가의 모습

물급 강도"라고 했던 시어도어 루스벨트 대통령도 존 피어폰트 모건과 은행가들을 "질서와 공공의식을 갖춘, 돈과 권세를 모두 가진 상인"이라고 칭할 수밖에 없었다.

그래서 1929년 10월 24일 뉴욕 증시가 폭락했을 때에도 사람들은 당시 JP모건이 했던 방식대로 한다면 분명히 위기를 극복할 수 있을 것이라고 믿었다. 이번에 그들이 구세주로 여기는 사람은 존 피어폰트 모건의 아들 잭 모건이었다.

잭 모건은 증권거래소를 한 바퀴 돌아보고는 주식시장에 유동자금을 투입하기로 결정했다. 그는 주가 폭락과 투자자들의 주식 투매 현상이 정상 수준을 회복하기를 기대했다. 그와 뉴욕의 몇몇 은행가들은 주식 급락과 광적인 투매 현상을 막기 위해 2000만 달러 상당의 주식을 사들이기로 약속했다.

역사는 진정 반복되는 것일까. 그날 오후 주가가 크게 반등했다. 하지만 반나절짜리 기적에 불과했다. 다음날 주식 개장과 동시에 주가는 다시 곤두박질쳤다. 한 달 사이 1800억 달러가 공중으로 사라졌다. 1930년까지 미국에서 총 1352개의 은행이 파산하고 2만 6355개의 기업이 도산했다.

1930년 7월 4일, 미국의 독립기념일인 이날 〈뉴욕타임즈〉에 실린 기사에 따르면, 그해 원자재 가격이 1913년 수준으로 떨어지고 노동력 과잉과 임금 하락으로 인해 실업자는 400만 명에 달했다.

3년 사이 미국의 GDP가 3분의 1이나 줄고 투자는 87퍼센트가 감소했으며 실업률은 25퍼센트 상승했다. 농업, 부동산, 금융업 등 미국의 산업 전체가 깊은 수렁에 빠졌다.

_ 제프리 존스Geoffrey G. Jones, **하버드대학 경영대학원**(HBS) **교수**

1929년 경제 위기가 발생한 원인은 무엇일까? 확실한 결론을 내릴 수 없다 해도, 많은 원인 중 하나가 기업인 것만은 분명하다. 어떤 관점에서 보면 기업이 자신과 사회 전체를 수렁으로 몰아넣은 것이다. 그 전까지 미국은 신흥 자동차 산업의 발전에 힘입어 10년 동안 고속 성장을 구가했다.

1914년 미국의 자동차 등록 대수는 총 126만 대였다. 그런데 1929년에는 GM과 포드자동차, 크라이슬러 등 자동차 생산업체들의 자동차 생산 대수가 540만 대에 달했으며, 이로 인해 연료, 도로 건설, 자동차

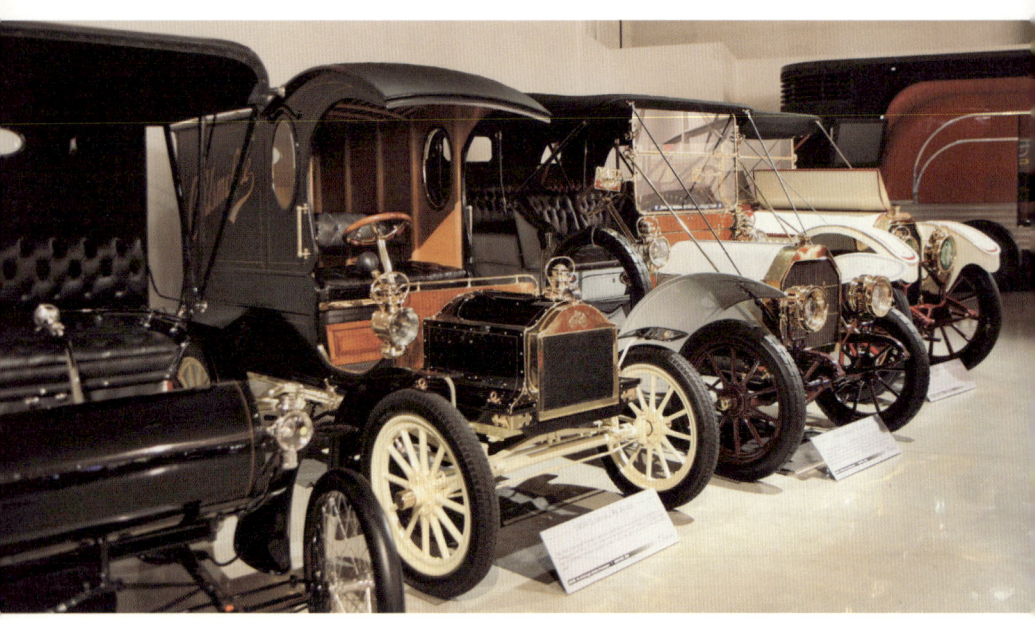
GM자동차박물관에 전시된 클래식 자동차

수리, 유리, 철강, 고무 등 관련 산업도 급속히 발전했다. 하지만 고속성장의 이면에는 불균형이 날로 가속화되고 있었다. 근로자들의 임금 상승률은 경제성장률을 훨씬 밑돌았다. 1920년에서 1929년까지 미국의 노동생산성은 55퍼센트 증가했지만 근로자의 임금은 단 2퍼센트 오르는 데 그쳤다.

기업의 궁극적인 목적은 돈을 버는 것이다. 아마도 이것은 기업의 원죄일 것이다. 사람들이 사업을 하는 것은 최대한 많은 이윤을 얻기 위함이다.

_ 이매뉴얼 월러스틴Immanuel Wallerstein, 예일대학 사회학과 교수

미국에서 일반 근로자나 시민들이 물건을 살 돈이 없다면 미국 경제도 정상적으로 돌아갈 수 없다.

_ 한톄, 난카이대학 역사대학원 교수

산업화를 통한 대량생산의 시대에 제품의 생산자는 곧 그 제품의 소비자이기도 하다. 수많은 일반 근로자의 소비 능력과 소비 수요가 기업의 생사를 결정하는 것이다. 기업은 부의 효과적인 창조자이기는 하지만 훌륭한 분배자는 아니다. 따라서 사회는 매번 공급 과잉과 수요 부족이라는 위기를 겪게 된다.

1929년의 재앙 역시 과거의 번영 속에서 배태된 것이다. 하지만 더 큰 문제는 생산과 소비의 격차가 큰 상황에서 금융시장에 아무런 규제도 이루어지지 않았다는 점이다.

02
전염병처럼 번진 '대공황'

제1차 세계대전이 유럽 대륙을 휩쓸고 있는 동안 미국은 돈을 벌 수 있는 절호의 기회를 얻었다. 많은 기업들이 부를 낚을 수 있는 황금어장으로 월 가를 인식하게 되었다.

1929년 여름, 철강회사인 베슬리헴스틸Bethlehem Steel이 증시에 1억 5000만 달러의 자금을 투입했고, 크라이슬러도 6000만 달러를 투자했다. 하지만 자금이 대거 유입되면서 금융자본과 실물경제 사이에 점차 커다란 틈이 벌어지고 말았다. 다우존스 지수는 10년 사이 400퍼센트 가까이 올랐지만 같은 기간 미국의 GDP는 약 50퍼센트 증가하는 데 그쳤다.

> 은행가와 일반인 모두 자산의 거품을 좋아했다. 금융 투자를 통해 돈을 벌 수 있었으므로 좋아할 수밖에 없었다.
> _ 피터 놀란Peter Nolan, 케임브리지대학 교수

> 물론 이것을 탐욕이라고 부를 수도 있지만 어떤 의미에서 탐욕은 모든 경제활동의 기반이다.
> _ 하워드 데이비스, 파리정치대학 교수

위기에 빠진 월 가

사람들이 번영에 환호하고 있을 때 대서양 너머에서는 탐욕에서 시작된 파멸의 거센 풍랑이 일어나고 있었다.

실크 판매로 성공한 영국 기업 클라렌스 헤이트리Clarence Hatry는 창업 후 불과 몇 년 만에 산업 및 금융의 제국을 이룩했다. 그 위세가 월 가마저도 좌지우지할 정도였다. 그런데 한 시대를 풍미하던 이 회사가 1929년 9월 주식거래증명서를 위조해 거액의 손실을 숨겨왔다는 사실이 드러나면서 런던과 뉴욕 증시가 공황에 빠졌다.

첫 번째 도미노가 쓰러지듯 연쇄적인 위기가 발생했다. JP모건도 속수무책인 상황에서 누가

> **월 가의 전형적인 주식 투기**
>
> 1927년 미국의 비행 영웅 찰스 린드버그Charles Lindbergh가 단독 비행으로 대서양 횡단에 성공하자 사람들은 항공 산업의 무한한 가능성에 주목했다. 하지만 당시 항공회사들은 대부분 항로를 단 하나도 개통하지 못한 곳이었다. 바로 그때 주식 시장에서 씨보드에어라인Seaboard Air Line이라는 회사의 주가가 급등했다. 하지만 그 회사는 항공회사가 아니라 철도회사였다. 회사의 명칭 외에는 항공 업계와 아무런 관련도 없었다.

제5장 번영 뒤에 찾아온 재앙 **199**

> **미국 연방준비제도이사회**
>
> 미국 연방준비제도이사회는 일곱 명의 이사진(의장과 부의장 각 1명, 이사 5명)으로 구성되어 있고, 이사진은 대통령이 임명하고 의회 상원의 동의를 거쳐 결정된다. 연방준비제도이사회의 기능은 다음과 같다. ①세 가지 주요 수단(공개시장 활동, 은행의 지급준비율 결정, 각 연방준비은행이 요구한 재할인율 비준)을 통한 통화정책 이행 ②각 연방준비은행의 활동에 대한 감독 및 지도 ③미국 본토에 있는 은행 및 회원은행의 해외 활동, 외국 은행의 미국 내 활동에 대한 관리 및 감독 ④각 연방준비은행의 예산 및 지출에 대한 비준 ⑤국가 지불 시스템으로서의 권력 행사 ⑥소비자 금융과 관련된 법률의 이행 보장.

시장을 구원할 수 있을까?

1907년의 위기를 겪은 후 능력 부족을 느낀 미국 정부는 연방준비제도이사회Federal Reserve Board, FRB를 설립한 바 있었다. 하지만 연방준비제도이사회는 1929년 월 가의 위기 앞에서 아무것도 하지 않았다. 미국인 대다수가 시장의 '보이지 않는 손'에 의해 저절로 균형을 되찾을 것이라고 믿었기 때문이다.

당시 정부가 거액의 자금을 투입했더라면 상황은 아주 달라졌을 것이다. 아마도 미국은 대공황에서 벗어날 수 있었을 것이다.

_ 테레즈 플래허티Therese Flaherty, 펜실베이니아대학 와튼 경영대학원 교수

정부의 연이은 실책과 은행의 연쇄도산, 금융 산업의 위기, 자산가치의 폭락은 결국 실물경제에 막대한 충격을 안겼다.

_ 마이클 스펜스, 뉴욕대학 스턴 경영대학원 교수 · 2001년 노벨경제학상 수상자

미국 정부는 간섭해야 할 것은 간섭하지 않고, 되레 간섭하지 말아야 할 것을 간섭하기 시작했다.

1930년 6월, 미국 의회는 유사 이래 가장 강력한 보호무역 법안을

통과시키고 1125개 제품의 관세율을 조정했다. 그중 관세를 올린 제품이 890종에 달했다. 미국 기업을 보호한다는 것이 그들이 내세운 명분이었다. 이것이 바로 '스무트-홀리 관세법Smoot-Hawley Tariff Act'이다.

> 실업자는 많고 기업은 적자였으며 경쟁 환경이 악화되자 사람들은 보호를 받아야 한다고 생각하게 되었다. 사실 보호를 받는 유일한 방법은 경쟁력을 높이는 것이었다. 하지만 불행하게도 우리는 지금도 가끔 그들과 같은 오류를 범하기도 한다.
> _ 제닉 레이돈Jenik Radon, **컬럼비아대학 국제공공정책대학원(SIPA) 교수**

보호대상이 된 기업이 모두 정부의 위기대처법에 찬성한 것은 아니었다. 15개국에 나가 있는 GM의 해외지사 대표 49명은 워싱턴으로 106통의 전보를 보내 이 법안에 반대했다. 이 관세법이 미국 경제를 고립시키고 유사 이래 가장 심각한 경제 불황을 초래할 것이라고 주장했다. 1000명의 미국 경제학자도 집단 서명을 통해 대통령에게 어리석은 조치를 중단하라는 서한을 보냈다. 훗날 JP모건의 수석파트너인 토머스 라몬트Thomas Lamont는 백악관에서 대통령을 설득하던 당시를 회고하며 "나는 대통령에게 거의 무릎을 꿇었었다"고 말했다. 하지만 '스무트-홀리 관세법'은 결국 통과되었다.

놀라울 만큼 큰 폭의 관세 인상률이었다. 과거 100년간 전례 없던 최대 인상폭이었다. 미국에서 이 법안이 통과되자 다른 국가들도 그 보복으로 무역 장벽을 쌓기 시작했다. 결국 자유무역은 붕괴되었고 인플레이션과 맞물려 경제 대공황이 더욱 심각해지고 말았다.

_ 로버트 먼델, 컬럼비아대학 교수 · 1999년 노벨경제학상 수상자

보복 조치가 이어졌다. 캐나다는 미국산 제품 16종에 대한 관세율을 30퍼센트 올렸고, 이탈리아는 미국산 자동차에 대한 관세율을 100퍼센트까지 올렸다. 영국은 자국 상품을 차별하는 모든 국가의 제품에 100퍼센트의 보복관세를 부과했다. 1년 사이 약 60개국이 보호무역법안을 내놓았다. 눈에는 눈, 이에는 이 전략으로 제정된 각종 법률들로 인해 유럽의 무역액은 3분의 1이나 감소했고, 미국 제품의 수출도 82퍼센트나 감소했다. 크라이슬러도 유럽에 대한 자동차 수출이 절반으로 급감했다.

위기는 전염병처럼 번졌다. 전 세계 무역액이 60퍼센트 줄어들고 기업은 경제 위기 속에서 벌벌 떨었다. 봄이 언제쯤 올 지 아는 사람은 아무도 없었다. 단순히 쇠퇴라는 말로는 당시 미국의 경제 상황을 다 표현할 수 없었다. 그래서 사람들은 '대공황'이라는 신조어를 탄생시켰다. 시장만능주의를 신봉해오던 미국은 극도의 시장붕괴라는 사상 초유의 사태 앞에서 새로운 선택을 할 수밖에 없었다.

그때 대기업들은 경제 위기가 실물경제에 악영향을 미칠 것임을 이미 알고

있었다. 정부는 위기가 재난으로 번지는 것을 철저히 차단하기 위해 시장에 개입할 수밖에 없었다. 게다가 상황이 아주 심각했다.

_ 마이클 스펜스, 뉴욕대학 스턴 경영대학원 교수 · 2001년 노벨경제학상 수상자

월 가에 있는 황소 동상

03
정부의 '보이는 손'

프랭클린 루스벨트(1882~1945)

미국 제32대 대통령. 미국 역사상 유일한 4선 대통령이다. 경제 대공황과 제2차 세계대전에서 중요한 역할을 수행해 학자들이 선정한 미국의 가장 위대한 대통령 3인 중에 포함되었다.

1933년 3월, 미국 신임 대통령 프랭클린 루스벨트Franklin Roosevelt는 취임 연설에서 역대 대통령 중 아무도 한 적이 없는 발언을 했다.

"미국인은 속수무책이 아니다. 이 긴박한 시기에 미국인들은 자신들이 원하는 직접적이고 강력한 행동을 취할 권한을 정부에 위임했다. 국민들은 지도자가 규율과 방향을 제시할 것을 원하고 있으며 자신들의 소망을 실현시켜줄 인물로 나를 선택했다."

프랭클린 루스벨트 대통령은 과거 미국 정부가

가지고 있던 한계를 깨고 여러 가지 제도를 내놓았다. 국가가 자발적으로 실업자를 고용하고 농산물의 생산원가를 통제했으며 일부 경제활동을 직접 창출하고 관리했다. 이 밖에도 정부가 직접 젊은 실업자들을 고용해 도로와 국립공원 건설 등에 투입했다.

잭 모건과 미국 경제계의 거물들

정부의 이런 조치 덕분에 경제 회생의 희망이 나타나기 시작했다. 미국의 기업과 정부는 새로운 '밀월기'에 들어갔다. 자유시장을 신봉하던 모건 그룹의 잭 모건마저 "모든 국민이 루스벨트 대통령의 정책에 감탄하고 있다. 그는 우리가 지금까지 경험해보지 못한 일들을 하고 있다"고 지지를 보냈다. 하지만 언제나 그래왔듯 밀월기는 오래가지 않았다.

1933년 봄, 모건 그룹에 소환장이 도착했다. 의회 청문회에 출석하라는 것이었다. 이는 서막에 불과했다. 루스벨트 대통령의 독족 속에서 의회 상원의 은행위원회는 은행들의 비리 및 그로 인한 폐해 조사에 나섰다. 이는 월 가에 대한 전면 조사를 의미했다. 그때까지 월 가는 미국, 더 나아가 전 세계에서 가장 중요한 금융의 중심이

> **의회와 청문회**
>
> 미국 의회에는 외교위원회, 사법위원회 등 각종 상설위원회가 설치되어 있다. 국내외에서 중대한 사건이 발생했을 때 의회의 관련 상설위원회가 당사자를 조사할 수 있고 조사 과정에서 청문회를 실시할 수 있다. 의회로부터 소환 통보를 받은 사람은 반드시 청문회에 출석해 질의에 답변해야 하며 출석을 거부하면 사법 처리를 받는다. 청문회를 통해 의회는 사건의 진상을 파악하고, 정부는 관련 정책을 결정하기 위해 필요한 정보를 얻는다.

미국 의회

었지만, 본질적으로는 백만장자와 금융 브로커들의 사적인 클럽이었던 만큼 누구도 통제할 수 없었다.

  5월 23일, 그동안 깊숙이 숨어 있던 잭 모건이 마침내 대중 앞에 모습을 드러냈다. 잭 모건이 부당 행위를 지휘한 적은 없었다. 청문회는 조사나 정보 수집을 위한 것으로 월 가가 어떻게 돌아가고 있으며 어떻게 개혁해야 할 것인지 알아보기 위한 차원이었다.

  사람들은 기업이 잘한 일은 기억하지 못하지만 잘못을 하면 정치 시스템을 휘저어놓는 악당으로 여기곤 한다.
  _ 조셉 프라트, 휴스턴대학 경제학과 교수

당시 잭 모건은 그저 희생양이었을지도 모르지만, 그는 금융업이 감시와 관리에서 자유로웠던 시대와 작별하는 것을 직접 목도해야 했다. 미국 정부는 이 일을 계기로 자본시장에 새로운 질서를 수립하기 시작했다.

1933년 5월 27일, 루스벨트 대통령은 '연방증권법'에 서명했다. 미국 역사상 최초로 증권시장을 규제하는 법률이었다. 6월 16일 의회는 '1933년 은행법'을 통과시켰다. 이 법안에 따라 거대한 모건 그룹이 둘로 나뉘었다.

> **미국 증권거래위원회**
> 미국 의회가 설립한 정부위원회로 증권 시장에 대한 감독과 투자자 보호, 기업 합병에 대한 감독 등을 수행한다. 5명의 위원으로 구성되며 정보의 투명한 공개를 유도하고 투자자들이 증권 시장의 속임수나 조작으로 인해 피해를 입지 않도록 보호한다. 일반적으로 미국에서 발행된 주식은 모두 미국 증권거래위원회에 등록되어 있다.

연방증권법은 자본시장을 형성하는 데 아주 중요한 역할을 했다. 새로운 법률을 통해 기업을 규제할 수 있었기 때문이다. 예를 들어 기업에 거래정보 공개를 요구할 수 있었다. 이는 예전에는 상상도 할 수 없는 일이었다.

당시 기업들은 정부의 이런 조치들에 반대했다. 그저 정부의 간섭이 심해지는 것뿐이라고 생각했다. 하지만 이 법은 기업의 장기적인 발전에 도움이 되었다. 기업이 채권을 발행하거나 자금을 조달할 때 공개하는 재무보고서에 대한 대중의 신뢰도를 높일 수 있었으므로 월 가와 미국 시장에 더 많은 투자자를 모을 수 있었다.

_ 제프리 존스, 하버드대학 경영대학원(HBS) 교수

증권거래위원회가 설립됨에 따라 월 가를 쥐락펴락하던 금융계 거물과 온갖 비리를 저질렀던 상장기업들도 감시망을 피할 수 없었다. 1930년대의 경제 위기를 경험하면서부터 사람들은 시장이 모든 문제를 해결할 수 없다는 것을 점차 깨달았고, 이것은 자본 성장 과정에서 획기적인 전환점이 되었다. 그 후 각국 경제에서 감독과 관리라는 말이 새롭게 등장했다. 정부는 경제 체제와 관련해 자유방임주의를 버리고 그 대신 혼합경제 모델을 채택했다. 이는 시장경제 제도에 대한 중대한 수정이었다.

현대 경제는 대부분 혼합형 경제다. 단순히 시장지향형 경제나 기업주도형 경제가 아니다. 주요 시장 가운데 정부의 관리와 통제가 이루어지지 않는 시장은 없다.

_ 리처드 실라, 뉴욕대학 스턴 경영대학원 교수

혼합경제

혼합경제mixed economy란 기본적인 경제 제도가 확립된 상황에서 부족한 자원의 합리적인 배치를 촉진하기 위해 상호 견제의 관계에 있는 메커니즘, 제도, 조직 등을 혼합시킨 경제 체제를 의미한다. 여러 종류의 소유제 구조와 경제주체, 자원배치 방식, 시장구조, 분배 방식이 함께 결합된 형태다. 어떤 형태든 완전히 단일한 경제 형태로는 자원을 합리적으로 배치하고 경제의 효율성을 높일 수 없다는 사실이 이미 경험을 통해 증명되었다.

중요한 것은 모든 시장이 일정한 법적 테두리 안에서 돌아가고 있다는 점이다. 무엇이든 마음대로 할 수 있는 자유로운 시장이 존재한다는 생각은 잘못된 것이다.

_ 하워드 데이비스, 파리정치대학 교수

이때 고전경제학의 고향인 영국에서 케임브리

지대학 교수 존 케인스John Keynes가 전통적인 사상을 완전히 뒤엎는 이론을 발표했다. 케인스는 1936년에 출간한 책『고용·이자 및 화폐에 관한 일반 이론』에서 국가의 간섭을 핵심으로 하고 경제 위기와 실업 극복을 목표로 하는 이론체계를 구축했다.

케인스는 경제 위기 상황에서도 정부가 투자를 해야 하며 성장하려면 인플레이션도 필요하다고 했다. 그는 영국의 경제학자로서 영국인들에게 경제가 어떻게 제어되는지 알려주었으며, 그의 이론은 훗날 미국에도 영향을 미쳤다.

_ 하워드 데이비스, 파리정치대학 교수

존 케인스(1883~1946)

현대 경제학에서 가장 영향력 있는 경제학자 중 한 명. 그가 확립한 거시경제학은 프로이드가 확립한 정신분석, 아인슈타인이 발견한 상대성이론과 함께 20세기 학계의 3대 혁명으로 불린다. 1929년 경제 위기가 발생한 후 케인스는 기존 경제이론이 현실에 부합하지 않는다는 사실을 깨닫고 새로운 경제이론을 확립하기 위해 연구에 몰두했으며, 1933년 마침내 자신의 연구 성과를 모은『고용·이자 및 화폐에 관한 일반 이론』을 출간해 경제학 분야에 커다란 진전을 가져왔다.

케인스의 이론은 경제학의 혁명이었다. 그는 천문학의 코페르니쿠스, 물리학의 아인슈타인에 비견될 만큼 경제학 분야에서 대단한 인물이다. 그의 이론은 당시 100년 넘게 뿌리 내리고 있던 인식, 즉 오로지 시장만이 경제를 조절한다는 인식을 바꾸었다. 이때부터 정부는 경제생활에 필수적인 작용에 대해 다시금 생각하게 되었다.

자유시장에는 사람의 뜻대로 되지 않는 것이 매우 많다. 자유라는 말을 사용한 것부터 문제가 있다. 자유라는 말이 듣기에는 좋지만 자유시장이 반드시 좋은 시장을 의미하는 것은 아니다.

_ 제임스 멀리스James Mirrless, 케임브리지대학 교수 · 1996년 노벨경제학상 수상자

루스벨트가 시행한 뉴딜정책의 핵심 내용 중 하나는 정부가 시장과 경제의 규칙에 더 많이 개입하고 더 많은 규제를 두는 것이다.

_ 천즈우, 예일대학 경영학과 교수

위기의 해법을 모색하던 각국 정부에 있어서 케인스의 이론은 중요한 이론적 기초가 되어주었다. 미국 정부는 투자를 확대하고 일자리를 제공하는 한편, 시장질서와 사회의 공정함을 유지할 수 있는 일련의 법률을 제정했다. 몇 년 동안의 조정을 거친 뒤, 근로자들은 오랫동안 받지 못하고 있던 임금을 받게 되었고, 실업 상황에서는 하루 세 끼를 굶지 않을 수 있는 보조금을 받았으며, 집이 없는 노숙자들도 비바람을 피할 수 있는 피난처를 얻게 되었다. 정부의 이런 보살핌은 미국인들이 그때까지 느껴보지 못한 충격이었다.

1933년 5월, 디즈니의 애니메이션 〈아기돼지 삼형제〉가 개봉됐다. 이 영화의 주제곡인 '누가 크고 나쁜 늑대를 무서워하지?Who's Afraid of Big Bad Wolf'도 전국적으로 큰 인기를 끌었다. 어떤 이들은 이 노래가 루스벨트의 뉴딜정책보다 더 미국인의 사기를 진작시키는 효과가 크다

고 평하기도 했다.

대다수 기업들이 곤경에 빠져 있을 때 할리우드는 10년간의 황금기를 맞이했다. 방대한 미국 영화 산업이 형성되기 시작했고, 매년 500편에 달하는 영화가 제작돼 사람들에게 기쁨과 위안을 주었다. 1935년 미국 인구는 1억 명에 불과했지만 영화관의 좌석 수는 1100만 개가 넘었다.

월트 디즈니

미국 시장은 점차 안정을 되찾아갔지만 불황의 늪에 빠졌던 독일 정부는 위기 극복 과정에서 오히려 극단으로 치달았다.

독일 철강 산업의 거물 기업가 알프레드 크루프는 사무실에서 가장 눈에 띄는 자리에 히틀러의 초상화를 걸어놓았다. 그리고 그 아래에는 "원수와 함께 승리를 향해!"라는 글귀도 적혀 있었다. 독일의 기업과 대다수 국민들은 독일 경제 부흥의 희망을 히틀러에게 걸고 있었다. 처음에는 이것이 분명히 가능한 듯 보였다.

할리우드

세계 최대 영화 및 오락 산업의 중심지이자 관광지. 미국 캘리포니아 주 로스앤젤레스 서북부에 위치해 있다. 오늘날에는 '할리우드'라는 지명이 미국 캘리포니아 남부의 영화 산업을 의미하는 말로 사용되기도 한다. 세계의 유행이 시작되는 곳이자 전 세계 음악 및 영화 산업의 중심지로서 세계 최고 오락 산업과 고급 브랜드를 보유하고 있다.

독일은 거액의 융자를 통해 고속도로 등 대규모 인프라 건설 계획을 세우고 무기도 대량 제작했다. 일련의 조치들에 힘입어 1933년 이후 독일 경제

독일 철강 산업을 이끈 기업가, 알프레드 크루프

는 큰 성과를 거두었고 세계에서 가장 성공적으로 경제 위기에서 벗어난 국가가 되었다.

_ 한스 피터 뮐러Hans-Peter Muller, 훔볼트대학 사회학과 교수

국가주의와 이윤지상주의에 물든 독일 기업들의 성적은 화려했다. 1939년 기업들은 국가를 위해 2년치 식량, 돼지기름, 베이컨, 버터 27만 톤을 비축했으며, 각종 전함 170척, 신형 탱크 3350대, 전투기 8295대를 제작하고 병사 140만 명을 동원했다. 정부의 주문에 힘입어 크루프 그룹의 순이익은 6년 동안 무려 18배나 증가했다.

기업가들은 정부가 어떤 목표를 세우는 것을 매우 좋아한다. 정부로부터 끊임없이 주문을 받아 생산할 수 있기 때문이다. 아무것도 문제될 것이 없으니 시장에서 다른 기업들과 경쟁하는 것보다 훨씬 낫다. 이런 상황에서 국가는 시장보다 훨씬 낫고 아무도 문제를

> **나치독일**
>
> 제3제국이라고도 불리며 일반적으로 아돌프 히틀러Adolf Hitler의 강력한 파시즘 통치가 실시된 1933~1945년 시기의 독일을 지칭한다. 파시즘 fascism은 나치즘Nazism이라고도 한다. '나치Nazi'는 독일어로 '국가사회주의자National Sozialist'의 줄임말이며, 본래 독일의 국가사회주의 노동당 당원과 옹호자들을 뜻하는 말이었다. 현재 유럽(특히 독일)에서는 극우파시스트를 가리키는 말로 쓰이고 있다.

제기하지 않는다. 그런 관점에서 보면, 1933년부터 1939년까지 독일 나치 정권은 자본주의와 독재의 완벽한 결합을 보여주었다.

_ 한스 피터 뮐러, 훔볼트대학 사회학과 교수

04
새롭게 재편된 시장경제

정부의 힘만으로 경제적 번영을 재연할 수 있을까? 미국의 수많은 기업들은 그런 방식을 원치 않는 듯했다.

1933년 전국산업부흥법National Industrial Recovery Act이 제정된 후 기업들은 시장경제를 고수할 것임을 명확히 밝혔다. 이 법안의 내용 중에는 근로자의 주당 최대 근로시간과 최저임금에 대한 규정이 포함되어 있었다.

헨리 포드를 포함한 당시 미국의 많은 대기업 총수들은 이 조치에 적극 반대했다. 그들은 임금이 시장에서 결정돼야 마땅하다고 생각했다. 정부가 임금 기준을 설정한다면 미국 기업들의 경쟁력이 약화된다는 것이 그들의 주장이었다.

헨리 포드는 이에 대해 "기업이 이 조치를 감당할 수는 있다. 하지만 그것은 집안의 가구를 땔감으로 쓰는 것과 마찬가지다. 얼마 지나지 않아 땔감을 다 태우고 나면 집도 사라질 것이다"라고 말했다. 포드는 과거 솔선해서 직원들의 하루 근로시간을 8시간으로 줄이고 일당을 5달러로 올린 바 있었다. 하지만 그것은 기업의 이윤을 위한 선택이었다. 경기 침체로 대다수 기업이 낮은 수익률로 어려움을 겪고 있는 상황에서 정부가 최저임금을 규정하면 기업의 비용이 증가하게 된다. 그러면 기업은 원가 상승분을 소비자에게 전가하거나 감원할 수밖에 없다. 그러지 않으면 다시 도산할 수밖에 없었다.

전국산업부흥법에 대한 논란은 2년 동안 계속

전국산업부흥법

1933년 6월 16일, 미국 의회가 '전국산업부흥법'을 통과시켰다. 이 법률에 따라 미국 정부는 전국부흥국(NRA)을 설치하고 노사 양측이 각 산업별 '공정경쟁규약'을 제정하도록 유도했으며 정부가 생산 규모, 제품 가격, 시장 분배, 근로자들의 임금 및 근로시간 기준 등을 규정함으로써 고용주와 근로자, 소비자가 공동으로 생산을 감독하도록 했다. 기업이 법규를 위반할 경우 대통령은 경영 허가를 취소할 수 있다. 국가가 직접적으로 경제에 관여해 산업 생산을 통제하고 조절하는 것이 이 법률의 가장 큰 특징이다. 이는 생산관계에 대한 국지적인 조정을 의미했다. 루스벨트는 이 법률을 "미국 의회가 제정한 가장 중요하고 의미 있는 법률"이라고 평가했다.

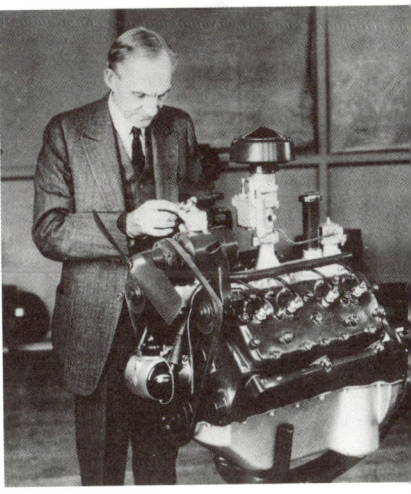

전국산업부흥법에 반대한 헨리 포드

되었고, 1935년 미국 대법원에서 8대 1로 위헌 판결을 받아 결국 폐지되었다. 그해 대법원은 새로 제정된 11개의 법률을 모조리 폐지했다.

경제 위기가 발생한 뒤 몇 년 동안 정부는 실업자 구제와 고용 안정을 위해 30억 달러를 쏟아부었다. 상반기 정부 예산과 맞먹는 돈이었다. 대규모 국책사업이 실시되고 비영리 국가기관이 설립되자 불과 몇 년 사이에 국채가 4배 가까이 늘어났다. 이를 해결하기 위해 정부는 세금을 인상할 수밖에 없었다.

정부의 세금 인상 정책은 헨리 포드와 많은 기업인들의 반대에 부딪혔다. 그들은 정부가 매우 좋지 않은 방식으로 시장에 간섭하는 것이라고 여겼으며, 이것이 경쟁을 방해하고 기업 간의 경쟁력을 약화시킬 것이라고 우려했다.

프랭클린 루스벨트 흉상

정부는 세금을 올리는 한편 공공지출도 대규모 삭감했다. 루스벨트 대통령은 미국 경제가 바닥에서 빠져나왔으므로 정부가 시장에서 손을 떼도 된다고 생각했다. 하지만 예상은 빗나갔다. 세금이 인상되자 많은 기업들이 부득이하게 직원 수를 감축해야 했고 공공지출 삭감으로 많은 사람들이 밥그릇을 잃었다. 실업은 경제 위기 때마다 직면하게 되는 난제이지만 일자리는 시장이 회복돼야만 공급될 수 있는 법이다.

경제 대공황 당시의 풍경

1939년 미국의 실업률은 또다시 17퍼센트를 넘어섰다. 막 회복 조짐을 보이던 경제는 또다시 바닥으로 떨어졌다. 어떤 이들은 이를 두고 '루스벨트의 위기'라고 불렀다. 한 영국의 경제학자는 "루스벨트는 자신이 제기한 여러 문제에 대해 잘못된 답안을 내놓은 것 같다. 그러나 그는 현대 미국에서 처음으로 문제를 정확하게 제기한 대통령이다"라고 평가했다.

시장경제에서 정부의 위치는 어디일까? 위기가 닥쳤을 때 정부는 무엇을 할 수 있고 무엇을 해야 하는가? 이는 지금까지도 중요한 문제다.

어떤 의미에서 기업의 재앙은 사회를 재편하기도 한다. 1930년대의 경제 위기는 절대적인 자유에 대한 사람들의 인식을 바꿔놓았다. 프랭클린 루스벨트 대통령의 말처럼 "정부는 빈곤을 퇴치하고 국민들이 빈곤에서 벗어나도록 도와줄 책임이 있다. 시장은 강자를 선별해낼 수는 있지만 약자를 보호할 수는 없다. 따라서 사회의 안전을 수호하고 공정거래를 보장할 사명은 바로 정부에 있다."

시장이 만능이 아니듯 정부도 모든 것을 해결할 수는 없다. 지금까지 전지전능한 구세주는 나타나지 않았다. 기업의 미래는 구세주가 열어주는 것이 아니다.

불황에 빠져 있던 이때 훗날 경제의 물결을 주도할 새로운 산업에서 점차 활력이 나타나기 시작했다.

1935년 미국은 사회보장법을 통과시켰다. 이는 정부가 기업에 고용된 미

국 국민들의 정보를 모두 저장해야 한다는 것을 의미했다. 이에 따라 새로운 데이터를 처리할 수 있는 기계의 수요가 대거 창출되었다.

_ 제프리 존스, 하버드대학 경영대학원(HBS) 교수

IBM은 이러한 수요에 부응할 준비를 마친 상태였다. 1929년의 대공황은 신생기업인 IBM에게 재앙과도 같았다. IBM의 주력 제품은 근퇴 기록기였다. 그런데 불황으로 기업마다 감원을 하고 있는 와중에 누가 근퇴 기록기를 새로 사겠는가?

IBM의 창업자 토머스 왓슨Thomas Watson은 환갑에 가까운 나이에도 자신만만했다. 그는 "우리는 앉아서 일이 일어나기를 기다리지 않고 직접 일을 일으킬 것이다"라고 호언장담했다. 왓슨은 생산규모를 축소하기는커녕 오히려 생산을 늘리고 팔리지 않은 제품들은 비축해두었다. 1930년에서 1933년 사이 IBM의 생산력은 30퍼센트 증가했고 1933년에는 세계적인 최첨단 연구소를 설립하기도 했다.

기술 연구개발의 역사를 돌이켜보면 경제 위기가 연구개발에는 오히려 긍정적인 역할을 했다는 것을 알 수 있다. 경제 위기가 발생하면 시장이 통합된다. 다시 말해, 경쟁력이 약

토머스 왓슨

> **IBM**
>
> 1911년 미국에서 설립된 세계 최대 IT 기술 및 솔루션 업체. 직원 40만 명과 자산 1천억 달러를 보유한 대기업으로 2008년 매출액이 1000억 달러를 돌파하고 순이익이 120억 달러를 넘었다. 과거 90여 년 동안 세계에서 가장 우수한 기술과 훌륭한 경영 시스템, 우수한 제품으로 세계 IT 업계의 발전을 이끌었으며 거의 모든 산업의 정보처리 수요를 만족시켰다.

한 기업은 사라지지만 강한 기업은 생산과 경영을 합리적으로 배치하기 위해 고민할 수밖에 없다.

_볼프강 쾨니히Wolfgang Koënig, 베를린공과대학 교수

1935년 미국 정부는 근로자 2600만 명의 자료를 가지고 데이터베이스를 구축하기로 했다. 그런데 이 작업을 수행할 수 있는 유일한 기업이 바로 IBM이었다. IBM이 개발한 천공카드시스템과 전동타자기가 즉시 현장에 투입되었다. 이듬해 IBM은 총 2500만 달러의 매출을 올리고 직원 수가 9142명까지 늘어났다. 그 후 수십 년 동안 IBM은 컴퓨터의 대명사가 되었다.

피터 드러커는 "우리가 변화를 관리할 수는 없다. 다만 변화에 앞서 나갈 수 있을 뿐이다"라고 했다. 경제 위기는 시장이 재편되는 과정이다. 풍부한 창의력을 가진 기업은 위기 속에서 기회를 찾을 수 있다.

1930년대 듀폰이 발명한 폴리클로로프렌polychloroprene이라는 합성고무는 기존의 자동차 타이어를 대체했고, 크라이슬러의 신차는 자동차가 낼 수 있는 최고 속도를 경신해 명실상부한 고속도로의 시대를 열었다. P&G는 일일 연속극에

뉴욕 증권거래소 회장과 이야기를 나누고 있는 토머스 왓슨

크라이슬러 빌딩

비누 광고를 내보내 일일 홈드라마를 뜻하는 '소프 오페라soap opera'라는 단어를 탄생시키며 자사의 이름을 널리 알렸다.

  신흥 실물경제, 규범화된 금융업, 개선된 시장 체제는 세계경제가 다시금 번영으로 나아가기 위한 발판이 되었다. 하지만 기업들이 세계경제의 새로운 번영기가 왔음을 증명하기까지는 아직 십수 년을 더 기다려야 했다.

Interview inside
: 인터뷰 인사이드 :

마이클 스펜스 뉴욕대학 스턴 경영대학원 교수 · 2001년 노벨경제학상 수상자
헤르만 에버하트 프랭클린 루스벨트 도서관장

Q 대공황 이전에 월 가 금융시장에 대한 관리감독은 어떠했습니까? 경제 위기의 발생이 관리감독의 부재와 어떤 연관성이 있습니까?

A **마이클 스펜스** 대공황이 발생하기 전 미국에는 주식 거래와 관련된 규칙들이 있었고 은행감독위원회도 있었습니다. 관리감독이 약하고 효과도 미미하기는 했지만 그래도 나름대로 역할을 발휘했다고 생각합

니다. 역사적인 관점에서 보면 위기가 발생한 후 1930년대에 관리감독 시스템에 커다란 변화가 생겼습니다. 현재의 증권거래위원회가 바로 당시에 설립되어 증권거래의 질서를 바로잡기 시작했죠.

경제 위기는 여러 가지 요인이 복합적으로 작용한 결과입니다. 속임수, 거품, 과대평가된 자산 가치, 미흡한 관리감독 등 금융업에는 지금도 여전히 문제점이 존재합니다. 하지만 금융 분야에서 자산가치가 붕괴되면 실물경제까지 타격을 입고 침체되면서 위기를 더욱 확대시킵니다. 1929년 경제 대공황이 발생했을 당시 미국 정부는 두 가지 잘못된 판단을 내렸습니다. 하나는 정부와 중앙은행이 시중 은행들의 도산을 방임했다는 것입니다. 이것은 매우 큰 잘못입니다. 이로 인해 실물경제가 훨씬 큰 타격을 입었고 사람들은 은행에 맡겨둔 돈이 무사히 지켜질지 불안에 떨었습니다. 또 다른 잘못은 위기가 계속되고 있을 때 미국 연방준비제도이사회가 금리를 인상한 것입니다. 이것은 예상과 완전히 상반된 결과를 초래했습니다. 이 두 가지 잘못된 판단이 서로 맞물리면서 심각한 경제 위기가 나타났던 것입니다.

Q 루스벨트 대통령의 뉴딜정책에는 어떤 내용이 있었습니까? 또한 그것은 어떤 영향을 미쳤습니까?

A **헤르만 에버하트** 뉴딜정책은 실로 광범위한 분야에 영향을 미쳤습

니다. 1933년 프랭클린 루스벨트 대통령이 취임했을 때 미국은 경제 대공황의 수렁에 빠져 있었습니다. 루스벨트 대통령은 취임 직후부터 위기를 해소하기 위한 다양한 조치들을 시행했죠. 그는 은행과 관련된 중요한 법률을 제정해 금융시장과 주식시장을 개혁하고, 구제 계획을 통해 주택 소유자들과 토지를 저당 잡혀 어려움에 처해 있는 농민들을 지원했습니다. 또한 실업 구제 계획을 수립해 실업자들에게 일자리를 제공하는 한편, 공산품과 농산품의 가격을 안정시키기 위해 노력했습니다. 한마디로 그는 이 시기에 커다란 국책 사업을 포함해 수많은 일을 추진했습니다.

경제 대공황이 시작된 후 처음 몇 년 동안은 상황이 매우 심각했습니다. 거대한 공포감이 미국 전체를 휘감았죠. 사람들은 누군가 나타나 이 상황을 해결해주기를 간절히 바랐습니다. 그래서 뉴딜정책에 반기를 든 사람들의 목소리는 상대적으로 약할 수밖에 없었습니다.

하지만 1930년대 후반으로 들어서면서 경제 위기가 다소 진정되자 일부 지역에서 반대의 목소리가 점점 커졌습니다. 루스벨트가 추진한 일들이 미국 역대 대통령 가운데 그 누구도 하지 않았던 것들이기 때문입니다. 연방 정부가 직접 나서서 경제를 철저히 통제하고 관리하는 것은 미국인들에게 매우 낯선 일이었습니다. 루스벨트가 기업에 부과하는 세금을 늘린 것은 사실이지만 실제 세금 증가율은 그가 당초에 발표했던 것만큼 높지 않았습니다. 또 그가 부자들에게 무거운 세금을 물리겠다고 입버릇처럼 말하기는 했지만 실제로 세금 부담이 늘어난 것은 상류층의 극소수 사람들뿐이었죠. 마찬가지로 기업에 대해 부과되는 세금도 당시 정부가 선전했던 것만큼 많이 늘어나지 않았지만 기업들의 저항은 만만치 않았습니다.

Insight review
: 인사이트 리뷰 :

시장경제의 발전 과정에서 경제 위기는 필연적인 것인가?

1930년대의 '경제 대공황'에서부터 1970년대의 '스태그플레이션'에 이르기까지, 또 1997년의 '아시아 금융 위기'에서부터 2008년의 '글로벌 금융 쓰나미'에 이르기까지, 세계경제는 끊임없이 부침을 겪었다. 경제 위기가 발생할 때마다 주가가 수직 하락하고 인플레이션으로 인해 재산이 하루아침에 휴지조각으로 변했다. 직장을 잃은 이들은 절망에 빠지고 기업들도 도산의 위기에서 힘겨운 나날을 보내야 했다. 돌이켜 보면 경제 위기는 부에 대한 인간의 욕망으로 인해 발생해 번번이 사람들을 고통 속으로 밀어 넣었다.

사실 경제 위기는 시장경제가 발전하는 과정에서 필연적으로 나타나는 것이다. 시장이 자원 배치에 관여하고 자본이 이익을 광적으로 추구하는 한, 또 부에 대한 인류의 끝없는 갈망이 존재하는 한, 경제 위기는 그림자처럼 영원히 우리를 따라다닐 것이다. 생산과 소비에 격차가 발생하고 금융경제와 실물경제가 괴리되면 번영의 거품이 순식간에 터지고 경제 위기의 악몽이 나타나게 된다.

'기업'은 시장경제의 기초이며, 경제 위기의 창조자인 동시에 최대 피해자다. 경제 위기가 발생하면 자산이 축소되어 기업은 가변비용을 감축해야 하고, 이것이 노동자들의 임금 감소와 사회적인 대량 실업 사태로 이어지게 된다.

하지만 다른 한편으로는 위기 극복을 위한 구조조정과 근로자들의 가처분소득 감소로 인해 기업들의 매출이 줄어들게 된다. 어떤 의미에서 보면 기업의 흥망성쇠는 경제 변동 주기와 발걸음을 나란히 하고, 경제 변동 주기는 인류 사회의 경제 발전과 궤적을 함께한다. 번영이 지나가면 위기가 닥치는 것은 어쩌면 인류의 피할 수 없는 숙명일 것이다.

우리는 경제 위기에 어떻게 대응해야 하는가?

경제 위기가 닥치면 자유주의자들은 늘 정부가 언제 어디서든, 또 어떤 상황에서든 경제 활동에 개입할 필요가 없다고 강조한다. 모든 경제지표가 바닥까지 추락하고 나면 저절로 바닥을 치고 반등하게 되고, 정부의 간섭은 이런 자연적인 과정을 오히려 늦출 뿐이라는 것이 그들의 주장이다. '대공황' 이후 주목받기 시작한 케인스학파는 정반대의 견해를 가지고 있다. 그들은 정부가 재정확대 정책을 통해 경제 위기에 대응해야 한다고 주장한다. 재정을 확대해 유효수요를 자극하면 경제성장이 촉진되어 경제 위기를 극복할 수 있다는 논리다.

경제 위기는 시장경제에 대한 사람들의 인식을 바꿔놓았다. '대공황' 이후 사람들은 시장이 모든 문제를 해결해줄 수 없으며 절대적인 자유는 반드시 통제되어야 한다는 점을 깨닫게 되었다. 또한 정부가 경제 분야에 있어서 과도하게 '자유방임적' 태도를 취해서도 안 되며, 정부와 사회가 자본을 적절히 감시하고 감독해야 한다는 공감대가 전반적으로 형성되었다.

경제 위기 속에서 일부 기업들은 관리를 강화하고 경영을 개선했으며, 신흥 기업들은 대부분 위기를 기회로 삼아 발전했다. 미국 할리우드가 '대공황'을 발판으로 급속하게 성장한 것이 대표적인 예다. 대공황을 배경으로 성장하기 시작한 디즈니와 콜롬비아영화사가 그 후 100년에 가까운 전성기를 누렸다.

한편 소니Sony와 후지Fuji로 대표되는 일본의 소위 '가족문화' 기업들은 고위 임원들의 연봉 삭감과 하급 직원들의 고용 유지라는 '공생' 전략을 통해 위기를 극복했다. 대세에 순응해 정부의 지원을 받는 기업들도 있었다. 2009년 6월 GM이 미국 뉴욕연방파산법원에 파산보호를 신청하고 구조조정에 들어갔다. 특히 자유주의 경제학자들을 실망시킨 것은 구조조정을 실시한 후 뉴GM의 지분 60퍼센트가 정부 소유로 전환되었다는 것이다.

원대한 안목으로 자주적인 혁신을 이룬 기업들도 있었다. 경제 위기가 기술혁신, 인재확보, 설비개선, 구조조정 등에는 오히려 좋은 기회이기 때문이다. 대공황 시기에 IBM은 오히려 생산규모를 확대하고 세계적인 수준의 연구소를 설립했으며, 듀폰이 개발한 자동차 타이어와 크라이슬러의 신형 자동차, P&G의 새로운 브랜드 등이 절망 속에서 희망을 찾고 번영을 이룩하기 위한 발판이 되었다.

위기의 해법은
어떻게 모색해야 하는가?

'경제 위기'와 '기업'의 관계를 논함에 있어서 '국유기업'은 영원히 피해갈 수 없는 화제일 것이다. 오래전부터 '공유제'와 '국유기업'은 경제 위기에 대응하고 민영기업들의 단점을 보완할 수 있는 이상적인 형태로 인식돼 왔다. 자본주의 국가에서 루스벨트 대통령의 뉴딜정책이 등장하면서부터 '국유기업'과 민영기업의 '국유화'가 경제 위기에 대한 대처방법 가운데 하나로 인식되기 시작했다. 더욱이 제2차 세계대전 이후 불어 닥친 '국유화 물결'은 유럽과 미국에 20년간의 경제 번영을 선사했다. 2008년 글로벌 금융 위기에서도 미국, 영국, 독일 등 주요 국가들이 금융기관에 자금을 투입해 금융기관의 지분을 획득했다.

1997년에 발생한 '아시아 금융 위기'와 2008년 세계적인 금융 쓰나미 이후 중국 정부가 내놓은 대처 방법은 위기의 해법을 모색하는 데 참고할 만한 소중한 경험이 될 수 있을 것이다. 개혁개방을 실시한 후 30여 년 동안 중국 기업들은 국유기업 개혁, 기업 법률 제도 확립 등 일련의 제도 변화를 겪었으며 경제 '과열'과 '냉각', 그리고 그로 인해 추진된 일곱 차례의 거시적인 조정을 경험했다. 대형 국유기업들은 경제 위기를 극복하는 과정에서 든든한 기둥이 된다. 국가가 거시적인 경제 조정을 실시하고 국제적인 금융 위기에 대처하는 데 있어서 대형 국유기업들이 중요한 역할을 할 수 있기 때문이다. 물론 많은 민영기업들도 경제 위기 극복을 위해 함께 힘을 합쳐야 한다.

국유기업이든 민영기업이든 기업 제도의 개선만으로 모든 경제 위기가 해결될 것이라고 생각해서는 안 된다. 위기로 인한 공포감 때문에 민간 경제를 비난해서도 안 된다. 위기를 극복하는 과정에서 쌓은 경험과 교훈을 참고삼아 정부의 경제정책을 부단히 개선하고 기업의 경영구조를 개혁하는 한편, 기업은 자발적으로 위기에 대처하고 위기를 기회로 삼아 경쟁력을 강화해야 한다.

개인의 권력으로 통제할 수 없을 만큼 기업의 규모는 커지고,
1세대 창업자들이 세상을 떠나면서
현대적인 기업 제도가 탄생했다.
이제는 경영이 기업에서 가장 중요한 요소로 떠올랐다.
권력은 어떻게 분배되고 계승되어야 하는가?
또 어떻게 통제하고 균형을 유지해야 할까?

제6장

누가 기업을 지배하는가?

진주만 사건이 발생한 지 얼마 되지 않은 1942년 1월,
시어스로벅의 부사장을 역임한 도널드 넬슨이
미국 정부가 설립한 전쟁생산위원회의 위원장으로 임명됐다.

그는 자신에게 최종결정권을 부여해준다면 최선을 다하겠다고 대통령에게 말했고
대통령은 그에게 모든 것을 전적으로 일임하겠다고 했다.
전문경영인 출신의 넬슨은 기업 경영 방식을 도입해
2만 명이 넘는 직원을 거느린 정부기구를 성공적으로 운영했다.

전쟁이 끝난 후, 대기업의 경쟁 시대가 시작되었다.
사람들은 경영관리가 효율과 이윤에 직결된다는 사실을 점차 깨닫기 시작했다.
관리는 기업이 창조하고 스스로 소비하는 제품이다.
조직이 성공하기 위해서는 효과적인 관리가 필수적이다.
기업의 책임자는 누구이며 의사 결정은 어떻게 이루어지는가?
성장과 영속을 갈망하는 모든 기업에게 있어 권력의 분배와 견제, 계승은
반드시 뛰어넘어야 할 제도적 장애물이다.

01
'기업 왕조'의 세대교체

인류 역사상 최대 규모의 전쟁을 겪으면서 일부 기업들은 특별한 방법으로 지명도를 높였다. 1944년 리글리Wrigley는 생산한 껌 전량을 해외 전쟁터에 있는 미군 부대로 보냈다. 노르망디 상륙작전 당시 병사들은 하인즈Heinz의 전투식량을 들고 해변으로 상륙했다. 호멜Hormel은 매주 1500만 개의 런천미트 통조림을 영국과 소련으로 보냈다. 코카콜라는 미국의 모든 군부대에 콜라를 공급했고 덕분에 병사들은 단논 5센트로 향수를 달랠 수 있었다.

산업 경쟁력이 전쟁의 승부를 결정했다. 미국의 군수물자 공급량은 독일과 일본의 공급량을 모두 합친 것보다도 많았으며 여기에는 대기업이 결정적인 역할을 했다. 하지만 더 주목해야 할 것은 기업이 눈에 보이는 물질뿐만 아니라 '관리'라는 새로운 상품을 창조했다는 사실이다.

제2차 세계대전이 막 끝난 1945년 가을, 미국 디트로이트 시 교외에 위치한 저택에서 포드 일가가 격렬한 분쟁을 벌였다. 그해 여든두 살이 된 헨리 포드는 심신이 날로 쇠약해졌다. 그는 부인과 며느리의 적극적인 설득으로 스물일곱 살의 손자 헨리 포드 2세에게 기업을 넘겨주기로 했다. 젊은 손자 헨리는 회사의 전권을 주지 않으면 기업을 물려받지 않겠다고 선언했다. 헨리 포드는 분노했다.

헨리 포드는 사업 초창기인 1920년까지 가부장적인 경영 방식을 고수했다. 모든 일을 직접 처리했으며, 회사 내에서 자신의 자리를 지키기 위해 의사결정권을 쥐고 절대 놓지 않았다. 또한 회사 빌딩에 자신의 이름을 새겨놓았으며 기업의 명예와 도덕이 모두 그와 밀접하게 연결되어 있었다. 그는 자신이 생산하는 자동차에 대해 누구보다 잘 알고

헨리 포드와 모델 T

있다는 인식을 사람들이 가져주길 바랐다.

기업과 자신을 동일시한 헨리 포드는 생산라인 시스템과 모델 T로 미국의 자동차 시대를 열었다. 1918년 전 세계 자동차의 절반은 모델 T였다. 헨리 포드는 대통령 못지않은 권세를 누렸다.

하지만 1920년대 중반 포드자동차의 매출과 이익이 감소하기 시작했다. 무엇이 문제였을까?

당시 미국 시장에서는 소비자들의 수요가 다양화되고 있었지만 포드자동차는 18년 동안 오직 검정색 모델 T 한 가지만 생산했다. 모델 T에 대한 헨리 포드의 애정은 매우 각별했다. 그는 모델 T가 영원히 승승장구할 것이라고 믿었다. 헨리 포드의 아들 에셀Edsel이 신차 개발을 제안하기도 했지만 모든 권력을 쥔 포드는 이에 결사적으로 반대했다.

자동차 시대의 출현

헨리 포드는 소비시장의 본질에 대한 예민한 통찰력을 발휘해 위대한 성공과 명예를 거머쥔 인물이다. 모델 T가 등장한 후 자동차는 더 이상 평범한 사람들이 넘볼 수 없는 사치품이 아니었다. 자동차가 점차 일반인들의 생활 속으로 파고들기 시작했다. 포드가 생산한 자동차는 미국 자동차 시장을 탄생시켰으며 거의 모두를 점령해버렸다. 이로써 미국은 물론 전 세계가 마차 시대와 작별하고 새로운 자동차 시대로 들어섰다.

헨리 포드는 기업을 지극히 개인적으로 경영했다. 직관에 의지해 조사도 하지 않았고 경영 원칙도 없었다. 그는 경영에 대해 곰곰이 생각할 시간이 없었다. 회사의 임원들은 포드가 원하는 일을 신속하고 효과적으로 처리하고 그의 의견에 반박하지 않는 것이 성공의 지름길임을 아주 잘 알고 있었다.

_ 밥 케이시Bob Casey, **헨리포드박물관 관장**

헨리 포드는 아들과 한 차례 격렬한 다툼을 벌인 후에야 신차 개발을

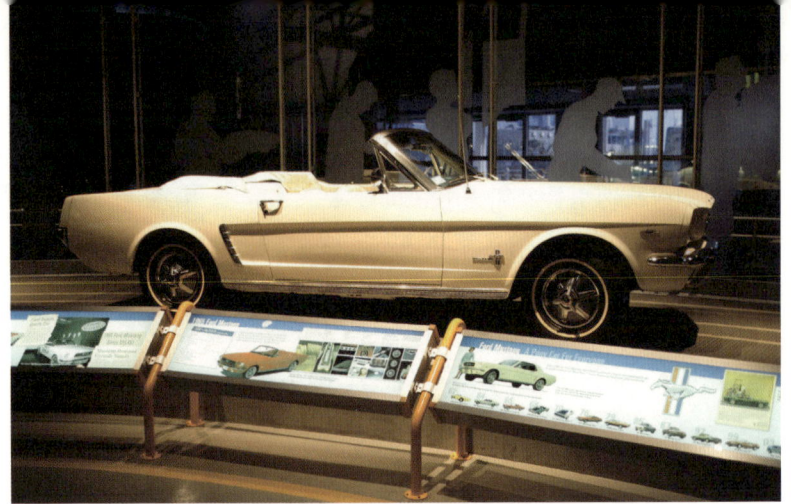

포드박물관에 전시된 모델 A

통해 기업의 경영 상황을 개선하기로 마지못해 동의했다. 이는 그에게 있어서 이상과 권력, 아버지의 정이 뒤엉킨 고통스러운 결정이었다. 포드는 신차의 이름을 모델 A로 지었다. 새로운 시작을 의미하는 것이었다. 하지만 신차 출시만으로는 근본적인 문제를 해결할 수 없었다. 더 이상은 경영자 개인의 관리 방식으로 해결할 수 없을 만큼 기업의 규모가 커져 있었기 때문이다.

1920년대 리버루지River Rouge에 위치한 포드자동차 공장에서만 10만 명의 직원이 일하고 있었다. 실로 거대한 규모였다. 포드는 모든 일을 직접 관리하려고 했지만 그것은 아예 불가능한 일이었다. 결국 관리는 더욱 혼란스러워졌고 효율성은 낮았으며 아무런 성과도 거둘 수 없었다.

기업과 정부가 과거 걸어온 길을 살펴보면 비슷한 점을 찾을 수 있다. 처음에는 왕이 나라를 관리하지만 왕의 능력이 부족하면 유능한 사람이 대신 관리하게 되고 입법 기관이 더욱 전문화된다.

_ 루이스 갈람보스, 존스홉킨스대학 기업역사학 교수

제2차 세계대전이 일어나기 전 포드자동차의 시장점유율은 68퍼센트에서 20퍼센트까지 하락했고, 전쟁이 끝난 후에는 한 달 적자가 900만 달러에 달해 파산 직전까지 갔다. 포드 부자 사이의 갈등의 골은 더 이상 치유할 수 없을 만큼 깊어졌다.

에셀은 예술적인 감각을 갖고 있어 자동차 디자인을 매우 중요하게 생각했지만 사장직에 있는 24년 동안 한 번도 진정한 실권을 쥐지 못했다. 우울한 나날을 보내던 에셀은 결국 1943년 49세의 나이로 세상을 떠났다.

거스를 수 없는 자연의 법칙 앞에서는 강철 같은 의지를 가진 헨리 포드도 늙어갔다. 1945년 가을, 죽음의 문턱에 선 헨리 포드는 결국 가족들의 권유를 받아들여 날로 쇠락해가는 기업의 전권을 손자인 포드 2세에게 넘겨주었다.

포드 부자

헨리 포드 2세는 어떻게 해야 회사를 구할 수 있을까? 규모가 점점 커져가는 기업을 어떻게 관리해야 할까? 사실 이것은 당시 모든 기업가들이 공통적으로 직면한 새로운 문제였다.

유럽 최대 전자전기회사인 지멘스의 창업자 에른스트 베르너 폰 지멘스는 자신의 형에게 보내는 편지에서 "내가 만든 이 회사는 내게 있어서 하나의 제국입니다. 더 큰 발전을 위해 한 치의 망설임도 없이 내 후계자에게 기업을 맡길 것입니다"라고 말했다. 지멘스는 자신이 만든 제국의 왕이 되기를 원했기 때문에 자신과 성씨가 다른 사람은 그 누구도 경영진에 앉히지 않았다. 그는 오로지 형제들과 함께 기업을 경영했다.

산업혁명 시기에 회사 규모가 확장되면서 가족경영 회사들도 그에 따라 발전했다. 일부는 대기업으로 성장해 아주 큰 부를 얻었다. 하지만 규모가 커질수록 화합은 더욱 어려워졌다. 지멘스와 두 동생 사이에 의견 충돌이 발생하자 그는 경영권을 놓지 않고 74세까지 직접 회사를 경영했으며, 은퇴 후에도 죽기 전까지 자신의 사무실을 그대로 두고 중요한 의사결정에 관여했다.

지멘스는 자신의 회사를 세계적인 기업으로 발전시키겠다는 이상을 가지고 있었지만, 회사를 어떻게 경영할 것인지에 대한 계획은 미처 세우지 못했다. 그러나 기업의 발전 수준은 그들 1세대 창업주들의 상상을 훨씬 뛰어넘는 것이었다.

뮌헨에 있는 지멘스 본사

현대적인 산업을 관리하고 경제를 효과적으로 운행시키려면 어떤 규칙을 적용시켜야 하는지 아무도 알지 못했다. 1860년 미국에서 제일 큰 기업의 종업원 수가 4000명이었지만 1900년에는 6만 5000명으로 늘어났다. 세계 역사를 통틀어 유례없는 규모였으므로 그에 따른 대책을 마련해야 했다.

_ 존 고든, 미국 경제역사학자

02
전문경영인의
화려한 등장

1945년 9월, 헨리 포드 2세는 회사를 완전히 계승했다. 이듬해 봄, 그는 어니스트 브리치Ernest Breech를 부사장으로 영입해 경영을 전적으로 일임했으며 브리치는 곧바로 경영진 15명을 외부에서 영입했다. 이후 포드자동차는 단 1년 만에 적자에서 흑자로 돌아서는 극적인 변화를 만들어냈다. 과연 어떤 방법으로 이런 성과를 낸 것일까?

브리치와 경영진들은 모두 포드자동차의 경쟁사인 GM 출신이었다. 당시 GM은 놀라운 성장을 거쳐오며 20년 동안 자동차 산업을 선도하고 있었다.

사실 포드자동차가 모델 T를 출시했던 1908년까지만 해도 GM은 신생 회사에 불과했다. 게다가 창업한 지 12년째 되던 해에는 파산할 뻔

한 위기도 있었다. 사람들은 GM의 성공 비결로 독특한 경영 방식을 꼽았고 거의 모든 대기업들이 GM의 경영 방식을 배우려고 했다. 그리고 GM의 성공에는 자동차 업계의 또 다른 거물이자 현대적인 경영 시스템을 최초로 도입한 인물, 앨프리드 슬론Alfred Sloan이 있었다. 그는 MIT를 졸업하고 자동차 베어링 회사를 경영했는데, 1916년에 회사가 GM에 인수됐다. 당시 GM은 이미 미국 5대 기업이었고 40개가 넘는

앨프리드 슬론

자동차 회사와 부품 공장을 거느리고 있었다. 그런데 슬론의 눈에 비친 GM은 규모는 크지만 몹시 취약한 조직이었다. 치열한 내부 경쟁으로 인해 경영자조차 누가 흑자를 내고 적자를 내는지 알 수 없었다. 통일된 회계 시스템이 없었기 때문이다. 곧 위기가 닥쳤다. 하지만 그 위기는 GM과 슬론에게 모두 중요한 전환점이었다.

1920년 초, 갑작스런 경기 침체로 GM은 생산을 중단해야 할 처지에 놓였고 결국 듀폰에 의해 인수됐다. 경영인 슬론에게 마침내 기회가 찾아왔다. 그는 자신의 책 『조직연구』를 이사회에 보냈고, 방대한 기업을 경영하느라 고민에 빠져 있던 듀폰도 그의 건의를 기꺼이 수용했다.

슬론은 "1달러로 더 큰 가치를 창조해야 한다.

슬론의 경영혁명

슬론은 1923년 GM의 제8대 사장으로 취임했다. 그는 사업부를 다양화하고 각 사업부별로 각각의 소비계층을 겨냥해 서비스를 제공하도록 했다. 기업은 다양한 직급과 직책, 권한을 가진 다수의 경영진에 의해 공동으로 관리됐으며 피라미드식 지휘 시스템이 구축됐다. 이로써 권력이 한 사람에게 집중되는 체제는 사라졌다.

> **GM의 지분 개혁**
>
> GM은 1923년부터 전문경영인 체제로 전환했다. 고위 경영진이 분할 납부와 유사한 방식으로 GM의 지분을 인수했으며 지분 보유량은 직급과 성과 기여도에 따라 결정됐다. 전문경영인의 등장과 함께 혈연으로 이어진 경영 체제는 사라졌으며 직원 선발과 승진 등 내부 인사는 개인의 실적을 기준으로 결정되었다.

그래야만 최고의 목표를 실현할 수 있다. 우리의 목표는 더 많은 지역의 더 많은 사람들에게 더 많은 제품을 공급하는 것이다"라고 말했다.

그의 목표는 각 계층의 소득 수준에 맞는 차를 생산하는 것이었다. 그는 이를 위해 다양한 사업부를 만들고 각 소비계층을 위해 특화된 서비스를 제공했으며, 각 직급의 경영진이 회사를 공동으로 관리하도록 했다.

GM은 사업부제 기업이다. 각 사업부는 광범위한 회계 시스템을 통해 통합된다.

_ 아이라 잭슨Ira Jackson, **메사추세츠대학 보스턴캠퍼스 교수**

상급 관리자는 일상적인 관리를 하거나 의사결정의 모든 과정에 개입하는 것이 아니라 기업의 목표와 전략을 결정했다. 이것은 당시 미국은 물론 세계 기업계에서도 완전히 새로운 방식이었다.

_ **데이비드 슈미틀라인, 메사추세츠공과대학 슬론 경영대학원 학장**

생사의 기로에서 벼랑 끝에 몰린 기업들만이 자발적으로 혁신을 추진하고 영리 조직만이 가질 수 있는 내재적인 힘을 발휘해 참신한 경영 모델을 탄생시켰다.

GM자동차박물관에 전시되어 있는 자동차들

1921년 〈포춘〉에는 이런 기사가 실렸다. "많은 척추동물들이 몸집은 크지만 두뇌의 진화 수준이 그에 미치지 못해 멸종되었다. GM이 그런 운명을 피할 수 있었던 것은 슬론이 그 규모에 맞는 복합적인 두뇌를 창조한 덕분이다."

독창적인 제도를 통해서 GM은 붕괴 직전에서 단기간에 세계 최대 자동차 기업으로 도약했다. GM은 각 소비계층을 겨냥해 다양한 브랜드를 내놓았다. 평범한 서민에게는 쉐보레chevrolet를, 부자에게는 캐딜락cadillac을, 비교적 풍족하지만 신중한 성향의 사람들에게는 올즈모빌Oldsmobile을, 상류층으로의 도약을 꿈꾸는 사람에게는 뷰익Buick을, 그리고 체면을 중시하는 사람에게는 폰티악pontiac을 선보였다.

포드자동차와 GM은 성향이 매우 다른 기업이다. 하나는 개인을 중심으로 구축되었고, 다른 하나는 시스템을 중심으로 구축되었다. 사실 어느 쪽이 더 우수하다고 평가할 수 있는 문제는 아니다. 역사적인 변화일 뿐이다. 개인이 이끌어가는 기업은 기업 발전의 초기 단계에는 적합했지만, 현대

시장의 수요를 만족시키기 위해서는 복잡하고 관리가 다양화된 기업이 출현할 수밖에 없었다.

_ 스티븐 왓츠, 『국민의 거물: 헨리 포드와 미국의 세기』 저자

슬론은 "독재자가 다스리는 기업은 성공적인 조직으로 발전할 수 없다. 독재자가 모든 문제의 해답을 안다면 독재 제도가 가장 효율적인 경영 방식일 것이다. 하지만 그런 독재자는 지금까지 없었으며 앞으로도 나타나지 않을 것이다"라고 말했다. 그는 기업이 다양한 의견을 들어야 더 정확한 판단을 내릴 수 있다고 생각했다.

슬론의 의사결정 방식을 엿볼 수 있는 일화가 있다. 어느 날 회의가 아주 쉽게 끝이 났다. 임원진 전원의 의견이 모두 일치했기 때문이었다. 모두들 회의를 마칠 준비를 하고 있을 때 슬론이 마지막 질문을 던졌다. "이 자리에 있는 여러분 모두 같은 의견입니까?" 임원들이 모두 그렇다고 대답하자 슬론이 말했다. "그러면 이 문제는 오늘 결정하지 말고 일단 보류해두었다가 반대 의견이 나오면 그때 다시 논의하겠습니다. 철저한 논쟁을 거치지 않으면 우리의 결정이 무엇을 의미하는지 진정으로 알 수 없으니까요."

1923년, 슬론은 GM의 사장 자리에 올랐다. 그의 생활은 일이 전부였다. 여가를 즐기거나 한가롭게 웃고 떠드는 일도 없었다. GM의 직원들 모두 그를 존경했고, 경영관리의 대가인 피터 드러커는 그를 일컬어 "최초의 진정한 전문경영인"이라고 평했다.

GM 빌딩

슬론은 매우 신중했고 임원들을 평가할 때에도 개인적인 친분에 얽매이지 않았다. 그 때문에 그는 '과묵하고 진중하다'는 평판을 얻었다. 그는 회사 내에 친구가 없었다.

_무스타파 모하타렘Mustafa Mohatarem, GM 수석이코노미스트

슬론은 GM에서 40년간 근무했다. 회사를 소유한 적은 없지만 회사에 자기 일생을 바쳤다. 슬론은 전문경영인의 본보기로서 조직구조를 변화시켰을 뿐 아니라 기업의 권력구조를 완전히 혁신시켰다.

앨프리드 챈들러

가장 중요한 것은 과거 기업주가 직접 경영을 하던 작은 기업에서 벗어나 기업주가 아닌 전문경영인이 경영하는 대기업으로 전환되었다는 사실이다.

_무스타파 모하타렘, GM 수석이코노미스트

전문경영인의 등장을 통해 소유권과 경영권이 분리되었다. 과거에는 기업주가 기업을 지배했으며 둘은 운명공동체였다. 이 경우 우수한 인재를 영입할 수 없다. 하지만 전문경영인이 기업 경영을 맡아 소유권과 경영권이 분리되면 그 기업은 독립된 생명을 가지

고 이어나갈 수 있으며 가장 우수한 인재에 의해 발전할 수 있다.

_ 닝샹둥寧向東, 칭화대학 경제관리학원 교수

슬론 이후 전문경영인의 대기업 경영이 실현되면서 기업의 운명은 더 이상 혈연과 운에 의해 좌우될 수 없었다. 미국의 유명한 경영사학자 앨프리드 챈들러Alfred D. Chandler는 "월급을 받는 경영자가 기업의 고위층이나 중간층에 포진해 있어야만 현대 기업이라고 할 수 있다"고 했다.

미국 GM에서부터 시작된 기업의 현대화는 점차 세계 각국으로 확산되었다. 유니레버의 전신인 레버브라더스Lever Brothers는 1880년대에 설립되었다. 윌리엄 레버William Lever는 고객의 문의에서 아이디어를 얻어 선라이트 비누를 만들었고 그때부터 사업은 점점 발전했다. 하지만 윌리엄 레버의 경영 스타일은 점점 괴상해졌다. 수백만 파운드를 들여 유나이티드 아프리카라는 기업을 인수했지만 그 회사가 무엇을 하는 곳인지도 몰랐다. 1925년 윌리엄 레버가 사망한 뒤 전문경영인이 회사를 인수했고, 네덜란드의 경쟁업체 마가린 유니Margarine Unie와 합병해 유니레버가 설립됐다. 이후 유니레버는 점차 영국 최대 기업으로 성장했다.

미국의 경우와 비슷한 것 같지만 사실 영국에

챈들러와 기업사 연구

미국 경영사학자 챈들러는 기업사 연구를 창시한 것으로 유명하다. 챈들러가 기업사 연구를 시작했을 때 미국에서 이 분야를 연구하는 학자는 13명밖에 없었다. 하지만 그가 사망하던 2007년에는 이 분야의 연구자가 1300명에 달했다. 독일 사회학자 막스 베버가 관리학에 이상적인 조직 모델을 제공했다고 한다면, 챈들러는 관리학에 조직 변화의 현실적인 방향을 제시했다.

월리엄 레버

서는 유니레버 같은 대기업이 탄생하기까지 매우 오랜 시간이 걸렸다. 전문경영인 제도를 도입하려는 기업이 없었기 때문이다.

영국이 과거 제국의 영향력을 상실한 원인 중 하나는 전문 인재를 인정하지 않은 것이다. 영국은 전문경영인 양성을 소홀히 했고 경영에 몰두하는 사람들을 좋아하지 않았다. 그런 이들은 돈으로 두 손을 더럽히는 사람들이라고 여겼다.

_ 에이드리언 울드리지, 영국 〈이코노미스트〉 경영전문 편집인

19세기 중반까지만 해도 각국 기업들은 대부분 규모가 작았다. 가족경영이나 동업경영이 대부분이었고 두세 명의 기업주가 모든 사무를 처리했다. 하지만 규모가 경제를 주도하는 시대에는 규모가 곧 힘이었다. 전통적인 관리 방식으로는 발전과 영속에 대한 기업의 무한한 갈망을 충족시킬 수 없었다.

직접 회사를 세운 기업가의 경우 자신의 회사에 대한 열정이 거의 신앙에 가까웠다. 하지만 그럴수록 기업이 대대로 이어지지 못했다. 때론 권력을

손에 꼭 쥐고 아무에게도 양보하지 않으려고 했다. 경영관리나 대기업을 연구하다 보면 이런 비슷한 사례를 많이 볼 수 있다.

_ 아이라 잭슨, 메사추세츠대학 보스턴캠퍼스 교수

후계자가 반드시 똑똑하리라는 보장은 없다. 성공한 기업의 창업주라도 그 후계자나 자녀에게 반드시 그와 똑같은 재능이 있는 것은 아니다.

_ 로저 메이비티Roger Mavity, 콘란Conran 그룹 CEO

> **전문경영인의 등장**
>
> 마르크스가 『자본론』을 저술할 당시, 영국 최대 기업은 맨체스터에 있는 한 면화공장이었다. 이 공장에는 300명의 직원들이 일하고 있었고 사장은 바로 마르크스의 친구인 엥겔스였다. 이 공장에는 '공장장'이라는 직책이 없었다. 훗날 철도가 등장한 후에는 상황이 완전히 달라졌다. 철도회사가 워낙 규모가 크고 경영이 복잡했던 것이다. 1891년 펜실베이니아철도회사의 직원은 10만 명이 넘었다. 역사적으로 군대 외에는 이렇게 방대한 규모의 조직이 나타난 적이 없었다. 이런 규모 확장은 소유권과 경영권의 분리를 가져왔으며 이로써 전문경영인이 등장하게 되었다.

자기 집안에서 대대손손 인재가 나올 것이라고 누구도 장담할 수 없다. 회사는 후손에게 물려줄 수 있지만 회사를 경영하는 능력은 원하는 대로 물려줄 수 있는 것이 아니다. 회사를 무한대로 키우고 영원히 유지하겠다는 꿈을 이루려면 소유권과 경영권을 분리하는 것이 훨씬 이성적인 선택이었다. 회사 창업주가 회사를 위해 할 수 있는 가장 중요한 것은 아마도 적당한 때에 떠나는 일일 것이다.

1956년 전문경영인 슬론이 영예롭게 퇴직하자 GM은 신임 사장을 선출했다. 슬론은 "신임 사장이 내가 원하는 사람은 아니지만 반대할 수는 없다. 전임자가 후임자를 결정해서는 안 된다. 그렇게 해서는 2등 복제품을 얻을 수 있을 뿐이다"라고 말했다. 슬론은 개인의 감정보다는 기업의 이성을 먼저 생각했고, 현대 기업 제도에 관해 가장 좋은 본보기를 보여주었다.

슬론이 퇴임하기 1년 전 GM의 생산액은 10억 달러를 돌파해 세계 경제사에 신기록을 세웠다. 오랜 역사를 지닌 가족기업이 현대기업으로 전환하는 것은 결코 쉬운 일이 아니었다. 가족경영을 유지해오던 지멘스도 제1차 세계대전 이후 극심한 적자에 시달리게 된 후에야 소유권과 경영권 개념을 분리하기 시작했다. 1968년 지멘스 계열사 가운데 처음으로 창업주의 가족이 아닌 외부 인사가 CEO의 자리에 앉았다. 이처럼 미국 대기업의 권력이 전문경영인으로 기울어가고 있을 무렵, 독일 기업들은 권력의 균형을 추구하고 있었다.

미국인들이 독일 기업의 경영구조 가운데 가장 놀라워하는 것은 노동자가 기업 경영에서 중요한 역할을 한다는 점이다. 독일의 노사공동결정제는 미국이 경험해본 적도 없고 따라할 수도 없는 것이었다. 독일에는 감독위원회와 관리위원회라는 이중 체제가 있었다.

_ 메리 오설리번Mary O'Sullivan, 제네바대학 교수

감독위원회는 감독과 통제를 담당하고 관리위원회는 중대한 의사결정을 책임졌다. 관리위원회는 위원장의 주도 아래 기업의 경영전략을 책임졌다. 두 가지가 결합된 체제로 각각의 책임이 명확히 구분되었다. 노동자들의 이익을 대변할 수 있도록 노조 회원이 감독위원회에 포함되어 있다는

것이 중요한 특징 중 하나다. 바로 이것이 독일의 공동결정제다.

_ 헤르만 지몬, 독일 경영학자

베를린에 위치한 독일노동총동맹은 1949년에 설립되었다. 그 전신은 노동자들의 권익을 쟁취하기 위한 조직이며 현재는 독일 기업의 권력구조에서 빼놓을 수 없는 일부가 되어 있다. 회사의 규모에 따라 근로자 대표와 노조 대표가 감독위원회의 의석 중 절반 또는 3분의 2를 차지하고 회사의 의사결정에 참여한다. 이는 자본의 소유자와 노동의 공급자가 함께 회사를 이끌어가는 것을 의미한다.

기업을 여러 가지 자원을 보유한 사람들이 모인 곳이라고 한다면, 경영이란 같은 무대에서 각종 권리 사이의 관계를 조절하는 것이다. '현대 경영학의 아버지'라고 불리는 피터 드러커는 "조직의 목적은 평범한 사람들이 평범하지 않은 일을 하도록 만드는 것이다"라고 했다. 20세기 중반이 되자 기업이 얻은 가장 중요한 성과 중 하나인 경영관리가 정식 학문으로 발전했으며 갑자기 사회 전체가 기업화되는 듯했다.

1966년, 미국 〈포춘〉이 "1900년에는 거의 인정받지 못했던 관리 업무가 오늘날 문명의 핵심적인 활동이 되었다"고 공개적으로 선언했다. 소련의 지도자 레닌도 '관리의 힘'을 깨달았다. 그는 사회주의를 세계에서 제일 좋은 것들이 모인 조합이라고 정의했는데, 그가 꼽은 세계에서 제일 좋은 것이란 소비에트와 프로이센의 철도 관리, 그리고 미국의 현대 산업이다.

사회의 모든 조직은 관리가 필요하며 모든 일은 조직을 통해 완성된다. 사람들이 사회에서 살아가기 위해서는 언제나 조직이 필요하다. 소비자든, 환자든, 학자든, 학생이든 모든 일이 다 조직에 의해 완성되고 조직의 도움을 받는다.

_ 프레드문트 말리크Fredmund Malik, 말리크 경영컨설팅 회장

1974년 하버드대학 경영대학원이 제2차 세계대전 이후 모집했던 MBA 과정 학생들이 드디어 학위를 받았다. 그 후 20년 동안 그해 졸업생의 절반이 기업의 CEO나 사장이 되었으며, 그들이 경영하는 기업의 연간 수익을 모두 합치면 500억 달러, 고용된 직원 수는 100만 명이

하버드대학 경영대학원Harvard Business School 교정

넘었다. 그들의 개인 자산을 모두 합치면 20억 달러에 달했고 그들이 개인적으로 보유한 전용기도 100대에 육박했다.

경영관리는 기업의 가장 중요한 소프트웨어가 되었으며, 이는 곧 지식이 중요한 자본임을 의미했다. 전문경영인의 성공은 평범한 사람들에게 꿈을 이루는 새로운 길을 제시해주었다.

제2차 세계대전 이후 일본은 패망했고, 독일은 분열됐으며, 미국도 국내적으로 심각한 실업문제를 겪었다. 다행히도 새로운 형태의 경영 과정이 생겨났고 사람들은 그제야 위대한 기업을 세우고 기회와 사회적 부를 창출했고, 중산층의 성장에도 기여했다. 결론적으로 관리와 대기업의 발전이 없었다면 기술의 발전과 진보도 없었을 것이며, 취업의 기회와 경제성장도 없었을 것이다.

토머스 왓슨 주니어가 IBM을 이끌 때 회사에는 40만 명의 중간 관리자가 있었다. 직원들은 규정에 따라 검정색 양복에 흰 셔츠를 입고 넥타이를 맸다. 그들은 회사의 사가社歌를 부르며 물건을 팔고 열심히 일했다. 그들은 '컴퍼니맨Company Man'이라고 불렸다. 1950년대와 1960년대에 미국과 유럽에서는 이런 컴퍼니맨들을 흔히 만날 수 있었다.

영국의 컴퍼니맨들은 딱딱한 재질의 중산모를 쓰고 손에는 장우산을 들었으며, 쉘Shell이나 ICI Imperial Chemical Industries 같은 대형 다국적

> **MBA**
> MBA 교육은 1908년 하버드 대학에서 시작되어 현재까지 100년이 넘는 역사를 가지고 있다. 매년 전 세계 유명 경영 대학원에서 수많은 인재가 배출되고 있다. 경영 교육이 처음 시작되었을 때는 실질적인 전문지식보다는 개인적인 인격과 기품을 더 강조했기 때문에 기업계에서 크게 주목받지 못했다. 경영 교육이 발전하기 시작한 것은 기업계에서 경영 교육의 중요성이 점차 부각되기 시작한 1920년대 초의 일이다.

기업에서 근무했다. 기업은 매우 안정적이었고, 직원들은 공무원 같았다. 그들은 높은 임금을 받았고 회사에 충성하며 열심히 일했다. 교외에 집 한 채를 갖고 자동차를 소유하는 번듯한 그들의 생활은 중산층이 동경하는 삶이었다. 이 모든 것은 대기업이라는 안정적인 직장이 있기에 가능했다.

20세기 중반 대기업은 미국 산업의 기반이 되었고, 100대 제조업 기업의 자산이 미국 제조업 자산 총액의 40퍼센트 이상을 차지했다. 미국 기업의 역사를 연구한 앨프리드 챈들러는 "기업이라는 보이는 손이 보이지 않는 손을 대신해 지금까지 시장이 맡고 있던 자원 배분 기능을 이어받았으며, 경영진은 미국에서 가장 영향력 있는 경제적 의사결정 집단이 되었다"고 말했다.

03
방대한 조직이 불러온 병폐

1956년 월 가가 흥분의 도가니에 빠졌다. 포드자동차의 주식 공개 상장 때문이었다. 주식 1000만 주가 금세 팔려나갔고, 주가는 주당 50달러에서 단숨에 70달러로 급등했다. 주식에 모인 자금이 6억 7000만 달러에 달했다. 포드자동차의 증시 상장은 기업 상장의 중요한 신호탄이라고 할 수 있었으므로 월 가의 들뜬 반응도 당연한 것이었다.

포드자동차는 100년 넘는 역사를 가지고 있다. 하지만 역사가 오래된 기업들은 현대화가 필요하다. 포드자동차도 예외가 아니었다.
_ 빌 포드, 포드자동차 회장

그해 주주 약 30만 명과 포드 가문이 포드자동차를 공동 소유하게 되었고 다우존스 지수는 500선을 돌파했다.

과거 월 가는 상류층만을 위한 클럽이라고 할 수 있었다. 주식을 사는 사람과 상장기업의 소유주가 사실상 같은 부류였으며 상류층만의 리그였다. 하지만 상황이 달라졌다. 20세기로 들어선 후 30년 동안 US 스틸의 주주는 10배나 늘어났고, AT&T의 주주는 60배가 넘게 증가했으며, 1962년에 GM의 주주는 100만 명을 돌파했다. 이는 기업의 소유주가 더 이상 소수의 기업가나 금융가가 아님을 의미하는 것이었다. 기업은 누구의 것인가? 이 문제의 해답은 지금도 계속 변화하고 있다.

> 우리 직원들은 모두 회사의 주식을 가지고 있다. 따라서 직원들과 회사는 밀접하게 연관되어 있다. 어떤 의미에서는 직원들이 회사의 일부를 소유했기 때문에 더욱 적극적으로 일할 수 있는 동기부여가 된다. 이것은 우리가 사기업에서 공개회사로 전환한 상징 중 하나다.
> _ 개빈 니스, 유니레버 수석부사장

'공개회사'라는 말은 기업의 소유권이 조용히 이동했음을 의미한다. 과거 위풍당당하고 대중 위에 군림하던 자본가들이 점차 사라지고 신흥 경영 계층이 기업계의 중앙 무대에서 활약하게 되었다. 현대 대기업의 전성시대가 도래한 것이다. 사업부의 다양화, 과학적 관리, 여기에 유능한 경영자와 금융시장이 더해져 기업이 끊임없이 확장할 수 있는

뉴욕 증권거래소 내부 모습

비법을 찾은 듯했다.

하지만 세계는 빠르게 변화했다. 번영기인 1960년대에 성공의 열쇠로 여겨지던 분권화된 경영구조는 극단으로 치달았고 방대한 기업조직은 점점 기능을 제대로 발휘하지 못했다.

기업이 빠르게 발전할수록 규모는 더 커지고, 몸집이 커져버린 대기업의 병폐가 나날이 두드러지게 나타났다. 대기업에는 두 가지 문제점이 있었다. 하나는 보고와 결재의 단계가 너무 복잡하다는 것이었다. 하급에서 상급까지 수십 번의 보고를 거쳐야 하는 경우도 있었다. 다른 하나는 부서 간 장벽이 높아져 정보 교류가 불가능하고 협조가 이루어지지 않는다는 것이다.

_ 닝샹둥, 칭화대학 경제관리학원 교수

또 하나의 심각한 우려가 현실로 닥쳤다.

1970년 이후 미국 상장기업의 실적조작, 경영자의 횡령, 불법 정치자금 제공 등 스캔들이 연달아 터졌다. 10년도 안 되는 기간 동안 경제범죄에 연루된 상장기업이 400개가 넘었다. 1990년대 초에는 전문경영인 해임이 잇따랐다. 1992년에서 1993년까지 18개월 동안 〈포춘〉이 선정한 500대 기업의 CEO 가운데 13명이 해임됐다. 도대체 무엇이 문제였을까?

기업 상장을 통해 소액주주가 늘어나면서 기업은 개인적인 영역에서 공공의 영역으로 이동하게 되었다. 기업은 더 이상 몇 사람의 소유가 아닌 수많은 사람들의 소유가 되었다. 개개인이 가진 지분은 매우 적었다. 따라서 누가 기업의 경영자를 구속하고 제약할 것인가가 공개회사나 그 시스템 앞에 어려운 문제로 떠올랐다.

_ 가스 살로너, 스탠퍼드대학 경영대학원 학장

> **엔론 사태**
>
> 엔론은 세계 최대 에너지기업으로 2000년 총수입이 1010억 달러에 달했다. 하지만 2001년 10월 16일 엔론은 2001년 2분기 실적 보고를 통해 적자액이 6억 1800만 달러라고 발표했다. 약 두 달 뒤인 12월 2일 엔론은 정식으로 파산법원에 파산보호를 신청했다. 파산 신청서에서 엔론이 밝힌 총 자산이 498억 달러였다. 미국 역사상 가장 큰 규모의 기업 파산이었다. 수백 억 달러의 자산을 보유한 기업이 파산하면서 오랫동안 회계부정이 있어왔다는 사실도 폭로됐다.

누가 기업을 관리하고 책임질 것인가? 이에 관해 아주 오래된 문제가 있다. 1776년, 애덤 스미스의 『국부론』에는 전문경영인에 대해 의문을 제기한 대목이 있었다. "그들이 주주의 재산을 관리하게 하면 소홀하고 태만해지고 주주의 이익이 아닌 자신의 이익을 고려하는 폐단이 나타날 수 있다. 그들이 타인의 자금을 자신의 자금처럼 조심스럽게 관리해주길 기대하기는 어렵다." 훗날 애덤 스미스의 난제라고 불린 이 의문은 200여 년이 지난 후에도 경영인들을 향해 끊임없이 해답을 요구하고 있다.

2001년 11월, 엔론Enron의 파산 소식으로 미국이 온통 떠들썩해졌다. 세계 최대 에너지 기업인 엔론은 6년 연속 미국에서 가장 혁신적인 기업으로 선정되기도 했지만, 여러 가지 비리가 드러나

다큐멘터리 〈엔론: 세상에서 제일 잘난 놈들Enron: The Smartest Guys in The Room〉

면서 순식간에 신뢰가 땅에 떨어졌다. 하지만 신뢰의 문제는 비단 엔론만의 것이 아니었다. 사람들은 경영인의 도덕성과 전문경영인 제도에 대해 다시 생각해볼 수밖에 없었다.

2002년 미국 월드콤Worldcom, 부정회계로 파산.

2002년 미국 제록스Xerox, 64억 달러 회계부정.

2003년 이탈리아 파르말라트Parmalat, 50억 달러 회계부정.

2004년 일본 세이부철도SEIBU Railway, 상장 폐지.

2006년 델Dell, 분식회계.
2008년 미국 리먼브라더스, 파산.

세상에는 언행이 완전히 일치하는 가장도, 절대 권력자도 없다. 기업은 해방되었지만 그로 인해 오히려 확실한 책임자를 잃었다. 소유권이 점차 대주주와 소액주주들에게 분산되는 상황에서 주주들이 관심을 갖는 것은 주식 가격이지 기업 경영이 아니다.

경영권을 전문경영인에게 넘기고 그의 힘을 제대로 통제하지 못한다면 권력과 책임이 균형을 잃게 되고 새로운 왕이 등장하게 된다. 하지만 책임자를 새로 뽑는 과정에서 선별과 평가, 심지어 경영자 교체까지 가능한 현대 기업 제도는 잘못을 수정하고 시스템을 바로잡을 수 있는, 현재로서는 가장 믿을 만한 제도다.

리먼브라더스의 파산 기사가 실린 신문

2007년부터 지금까지 대규모 경제 위기를 겪으면서 경영자에 대한 비판은 끊임없이 불거져 나왔다. 하지만 역시 대안은 전문경영인밖에 없다. 예전으로 돌아갈 수는 없다. 과거보다는 상황이 좋아졌기 때문이다. 우리에게 필요한 것은 더 우수한 전문경영인과 위기관리자다. 규모가 크고 복잡한 시스템이라면 이런 문제들은 불가피한 것이다. 기업도 그렇고 정부도 마찬가지다.

_ 루이스 갈람보스, 존스홉킨스대학 기업역사학 교수

기업을 오래 유지하려면 사람보다는 제도가 더 믿을 만하다. 하지만 이 세상에 완벽하고 영원한 제도란 없다. 어떤 선택을 하든 비용과 시간이 필요하다. 어떤 조직이든 기존의 권력 균형이 깨지고 신뢰가 약화되면 새롭게 균형을 찾고 새로운 신뢰를 구축하는 것이 유일한 해결방법이다. 영국의 시인 토머스 앨리엇Thomas Sterns Elyot은 이렇게 말했다. "모든 탐색이 끝나면 모든 것이 처음 알았던 때로 돌아간다. 그는 지금도 탐색을 계속하고 있다."

Interview inside
: 인터뷰 인사이드 :

아이라 잭슨 메사추세츠대학 보스턴캠퍼스 교수
데이비드 슈미틀라인 메사추세츠공과대학 슬론 경영대학원 학장
빌 포드 포드자동차 회장

Q 헨리 포드는 기업을 어떻게 관리했습니까? 또 그 관리 모델은 기업에 어떤 영향을 미쳤습니까?

A **아이라 잭슨** 헨리 포드는 기업의 역사에 실로 지대한 영향을 미쳤습니다. 최초로 생산라인 방식을 도입해 제품을 대량 생산한 인물이 바로 헨리 포드이기 때문입니다. 물론 노조를 탄압하고 반유태주의를 고

수하는 등 그에게도 부정적인 일면이 있었습니다. 하지만 그는 대량 생산방식을 고안하고 직원들에게 평균보다 높은 임금을 지급해 미국의 중산층 형성을 촉진하는 등 경제와 사회에 긍정적인 영향을 미쳤습니다. 포드는 폭군식 독재로 기업을 경영했습니다. 고객의 의견에 귀를 기울이지 않고 일처리 방식에도 융통성이 없었으며 기업가로서의 품격 역시 갖추지 못했죠. 그러면서도 그는 자신의 방식이 매우 훌륭하다고 자부했습니다. 하지만 "이익을 추구하지 않는 기업은 생존할 수 없다"는 신념을 가지고 있던 그도 "오로지 이익만 추구하는 기업은 가치 없는 기업이다"라고 말했습니다. 기업이 사회에서 더 큰 역할을 하고자 한다면 주주만을 위해서 가치를 창조하는 것이 아니라 사회에 도움이 되기 위해 노력해야 한다는 것이 그의 생각이었습니다.

　헨리 포드는 독단적이고 환상을 좋아하는 기업가였습니다. 권력을 누구에게도 양보하지 않고, 새로운 방법보다 자신이 옳다고 생각하는 방식을 고수했습니다. 그 때문에 그의 후계자가 기업을 지속적으로 발전시키는 데 어려움이 있었죠. 어떤 기업이든 환경과 시대에 따라 끊임없이 변화를 꾀해야 합니다. 열정으로 똘똘 뭉친 창업자들은 대부분 자기만의 환상에 사로잡혀 외부의 힘을 받아들이지 않고 신속하게 자신을 변화시키려고 하지 않죠.

　헨리 포드도 몇 년 동안 시장점유율이 하락하는 좌절을 겪었습니다. 고객들의 목소리에 귀를 기울이지 않았기 때문입니다. 그 사이에 GM의 전문경영인으로 영입된 슬론이 GM을 개혁하기 시작했죠. 그는 사회의 변화에 주의를 기울이고 혁신을 추진했으며, 다양한 고객들의 수요에 맞춰 경영 방식을 조정하고 고객들에게 편의를 제공했습니다.

Q 경영관리 분야에서 슬론이 기여한 바에 대해 어떻게 평가합니까?

A **데이비드 슈미틀라인** 슬론은 GM에 깊은 영향을 미쳤을 뿐 아니라 세계 각국의 기업 시스템까지도 변화시켰습니다. 슬론은 조립라인을 반드시 고객들의 수요를 겨냥해 설계해야 한다는 새로운 인식을 불어넣었습니다. 그러기 위해 그는 생산라인을 다양화해서 소비자들의 소득수준과 소비성향에 맞춰 여러 가지 모델의 자동차를 개발했습니다. 그는 또 기업 내부에 여러 개의 사업부를 설치해 각 사업부가 각기 다른 소비계층에게 서비스를 제공하도록 했습니다. 당시 기업계에서 한 번도 시도된 적이 없는 방식이었죠. 또한 다양한 사업부를 관리하기 위해 슬론은 재무 및 회계와 관련된 원칙을 세우고 투자수익률 같은 새로운 개념을 도입했습니다. 이를 통해 각각의 사업부에 대한 투자액 규모를 결정했습니다. 마지막으로 그는 소비자들이 진정으로 원하는 것을 제품 생산에 반영하기 위해 시장조사와 소비자 연구 등 새로운 방법을 고안했습니다. 이런 것들이 모두 당시 기업계에서는 처음 시도되는 것들이었습니다.

이런 방식을 통해 기존에 나타난 문제들을 해결할 수 있었습니다. 예를 들면 어떻게 하면 소비자들의 진정한 수요를 제품에 반영할 것인가 같은 문제들이죠. GM은 초기에는 효율성을 높이기 위해 제조 기준을 엄격하게 지켰습니다. 이것은 다른 기업들도 마찬가지였죠. 그런데 시간이 흐르면서 소비자의 수요에 대한 관심이 높아지고 미국 사회 내부의 구조적인 변화가 나타나면서 자동차 생산 분야에서 슬론의 당초 예상과 다른 현상들이 나타나기 시작했습니다. 그중 하나가 바로 새로운 고비용 구조가 나타났다는 것입니다. 이 때문에 슬론의 당초 계획이 유지되기는 더욱 힘들어졌습니다.

Q 전문경영인과 가족형 소유주 사이의 관계를 어떻게 정립해야 합니까?

A **빌 포드** 포드자동차는 100년이 넘는 역사를 가지고 있습니다. 그동안 많은 변화가 있었지만 가족이 경영에 참여한다는 것은 한 번도 바뀐 적이 없습니다. 나는 이것을 좋은 일이라고 생각합니다. 가족이 경영에 참여하면 한 분기나 연도의 단기적인 결과에 연연하지 않고 장기적인 이익을 추구하게 되죠. 어떤 기업이든 이익을 얻고 성공한 기업이 되고자 한다면 훌륭한 관리가 필수적이라고 생각합니다. 하지만 역사가 오래된 기업들은 현대화가 필요합니다. 포드자동차도 예외가 아니었죠. 현재 포드자동차의 CEO인 앨런 멀러리Alan Mulally를 영입한 것은 저로서는 매우 중요한 일이었습니다. 그와 나는 최고의 파트너입니다.

결국 모든 것은 사람들 사이의 미묘한 관계에 의해 결정된다고 생각합니다. 멀러리와 나는 아주 잘 지내고 있습니다. 가족형 소유주와 전문경영인의 관계를 원만하게 유지하고 있는 셈이죠. 우리가 성공하려면 계속해서 좋은 관계를 유지해야 한다고 생각합니다. 앞으로도 전문경영인과 가족형 소유주의 관계가 견고하게 유지되고 이사회가 강력하고 독립적인 기구로 유지되기를 기대합니다.

Insight review
: 인사이트 리뷰 :

'경영자 혁명'은 어떻게 발생하게 되었는가?

제2차 세계대전 이후 포드자동차를 비롯한 가족 기업들은 두 가지 압력에 직면했다. 하나는 경쟁업체의 경쟁력이 강화되고 시장에서 경쟁이 점점 치열해지고 있다는 것이고, 다른 하나는 기업의 규모가 확대되면서 내부 관리가 복잡해지고 권력의 분배와 계승이 새로운 난제로 떠올랐다는 점이다. 포드자동차의 창업주 헨리 포드는 위대한 창업주이자 훌륭한 관리자였지만 그 혼자의 능력으로 감당하기에는 기업의 규모가 너무 커졌다. 그가 세상을 떠나고 나면 누가 경영권을 쥘 것인가는 풀어야 할 숙제였다.

헨리 포드가 직면한 문제는 대형 가족기업 모두의 앞에 놓인 문제였다. 내우외환이 닥치자 한 사람이 모든 것을 관리하는 기존의 기업관리 모델이 붕괴되기 시작했다. 소유권과 경영권이 점점 분리되고 기업관리의 중심이 '사장'에서 '임원'으로 옮겨가면서 전문경영인이 등장했다. 그때부터 기업관리 분야에서 '경영자 혁명managerial revolution'이 일어났고 기업은 새로운 발전단계로 진입했다.

포드자동차의 최대 경쟁업체는 GM이었다. GM이 듀폰에 인수된 후 새롭게 구성된 이사회는 앨프리드 슬론을 전문경영인으로 영입했다. 슬론은 CEO로 취임한 직후 이사회의 지지를 얻어 회사의 소유자와 경영진의 권력을 명확하게 구분했다. 슬론도 임금을 받는 직원이지만 회사의 다른 관리자들을 통제할 수 있는 권한을 가졌다.

슬론의 이념과 경영 방식은 수백 년 동안 창업주가 회사 전체를 통제해온 기업관리 모델을 철저히 바꿔놓았다. 또한 슬론은 사업부제를 도입해 대기업 관리를 단일화하고 평면화시킴으로써 기존의 집중적인 관리와 의사결정 방식에서 오는 저효율과 리스크 문제를 해소했다. 슬론이 퇴임하기 얼마 전이었던 1955년, GM은 마침내 포드자동차를 제치고 연간 생산액 10억 달러라는 기업계의 신화를 이룩했다. GM의 성공은 전문경영인의 모범 사례로 전문경영인 체제의 정착에 크게 기여했으며, 이때부터 '경영'이 새로운 실용학문으로 자리 잡기 시작했다.

현대 기업 제도의 핵심은 무엇인가?

유명한 경영사학자 앨프리드 챈들러는 "고위층과 중간층이 모두 월급을 받고 일하는 관리자에 의해 통제되는 기업을 현대 기업이라고 부른다"고 했다. 현대 기업이란 기업주 한 사람이 경영하는 전통적인 기업과 대응되는 개념이다. 현대 기업의 등장은 기업 자체의 발전은 물론 현대 시장경제의 발전에도 반드시 필요한 일이었다.

주식회사는 전형적인 현대 기업이다. 주식회사는 생산재료, 노동력, 자본, 부동산 등의 일반적인 거래 외에도 두 가지 다른 요소, 즉 주식과 경영자도 거래한다. 주식 거래를 통해 새로운 사회화 자본, 즉 법인 자본이 형성되고, 경영자 거래를 통해 전문화된 관리층, 즉 경영진이 구성된다. 의사결정 때마다 주주총회를 개최하는 비용을 절감하기 위해 주주총회는 기업의 이사회에 법인자본의 처분권을 일임한다. 이사회는 법인의 재산권을 유지한다는 전제 하에 일상적인 경영권을 소수의 경영진에게 맡기게 되고, 이로써 기업 경영의 중심이 기업주에서 경영진에게로 옮겨가게 된다. 주식회사 내부에 소유권, 법인 재산권, 경영권이 삼권분립의 형태로 병존하게 되는 것이다. 이것이 바로 현대 기업의 관리 구조가 가지는 기본적인 틀이자 현대 기업 제도의 핵심이다.

'내부자 통제'가
왜 기업의 새로운 과제가 되었는가?

세계적으로 영원히 완벽한 제도는 지금껏 없었다. 기업 관리 구조로도 모든 문제를 해결할 수는 없다. '경영자 혁명'이 처음 일어난 후 70여 년이 흐른 뒤인 1990년대에는 세계적으로 전문경영인들이 잇따라 해고되는 일이 발생했다. 2001년 11월 미국의 거대 기업 엔론이 파산한 후 기업의 비리 스캔들이 연이어 터지자 대기업 전문경영인에 대한 대중의 신뢰도가 산산이 붕괴되고 말았다. 뒤이어 미국의 월드콤, 제록스, 델, 리먼브라더스, 유럽의 파르말라트, 일본의 세이부철도 등 위세를 떨치던 대기업들이 차례로 신뢰성에 심각한 위기를 맞이했다. 사람들은 전문경영인이 과연 공개회사에 대해 최종적인 책임을 질 수 있는지에 의문을 제기하기 시작했다.

"누가 기업의 최종적인 책임을 짊어질 것인가?"라는 의문은 본질적으로 기업과 관련된 이익 당사자 사이의 관계에 대한 의문이다. 소유주와 경영자 간의 이해관계 불일치로 인해 발생한 '위탁·대리'의 문제를 해결할 수 있는 관리 구조는 아직 등장하지 않았다. 최근 들어 경영자의 도덕성이 주목받고 '내부자 통제insider control'가 기업의 새로운 과제로 떠오른 것도 바로 이 때문이다. 지금도 경영진의 부도덕한 행위로 인한 문제들은 끊이지 않고 터져 나오고 있다.

기업관리라는 근본적인 명제는 권력의 견제와 균형에서 그 핵심을 찾을 수 있다. '내부자 통제'를 위해서는 권력을 견제할 수 있는 외적인 힘이 더 많이 필요하다. 기업관리의 미래는 주주와 경영자, 감독자, 직원, 고객, 사회 등 기업과 관련된 이해 당사자들의 관계를 어떻게 조화시키느냐에 달려 있다. 그런데 이보다 더 중요해 보이는 명제가 있다. 기업의 다양한 가치관은 어떻게 순위를 매겨야 할까? 기업의 가장 큰 이익은 무엇인가? 제도로는 모든 문제를 해결할 수 없으며 제도보다 더 중요한 것이 바로 가치관이다.

기업관리에 영원한 해답이란 없다. 새로운 문제가 나타나면 새로운 이론이 필요한 법이다. 모든 제도의 변천 뒤에는 비용과 수익의 균형점이 숨겨져 있으며 진보를 위한 모든 선택에는 고통이 수반된다. 제도가 변화하는 과정에서 최고란 없으며 오직 최선만이 있을 뿐이다.

과학적인 관리 방식은 기업에 혁신적인 변화를 일으켰다.
하지만 기업도 어쨌든 사람이 만든 조직이다.
제도와 이성이 미치지 못하는 부분에서
사람들을 단합시킬 수 있는 것은 오직 문화뿐이다.
문화와 기업이 어떻게 결합될 수 있을까?
일본 기업들은 어떻게 자신들만의 기업문화를 만들어냈을까?

제7장

일본 성장의 비밀, 기업문화

1951년, 일본 상인 마쓰시타 고노스케가 처음으로 미국 땅을 밟았다.
그는 강대한 미국 기업 앞에서 발전에 대한 자신의 계획을 밝혔다.
또한 그는 부하직원들에게 이렇게 말했다.
"과거에는 일본인의 입장에서 일을 고려했지만
이제는 세계인의 시각에서 판단할 것이다.
경제인으로서 일본 민족문화의 장점을 발휘해야만
세계적인 경제활동을 할 수 있다."

일본 기업이 세계에 엄청난 충격을 주기 전까지
마쓰시타의 이 말을 진정으로 이해하는 사람은 많지 않았다.
사람들은 기업도 어차피 인간이 만든 조직이며,
제도와 이성 외에 사람을 움직이고 격려하고 하나로 결집할 수 있는 것은
오로지 문화뿐이라는 사실을 깨달았다.

기업문화는 기업 경영의 발전된 형태이며
효율과 이윤을 창출할 수 있는 새로운 창구였다.
독특하고 참신한 자기만의 문화를 창조하는 기업만이 성공할 수 있었다.

01
일본을 바꾼 '논어와 주판'

에도 시대부터 오사카는 일본 상업의 중심이었다. 오사카에서도 센바는 가장 번화한 곳으로 일본 전역에서 이름 난 상인들이 모여들었다. 열여섯 살의 마쓰시타 고노스케松下幸之助는 오사카 전등주식회사에서 도제로 일하며 센바 상인들로부터 경영이념을 배웠다.

당시 센바의 상인들 사이에서는 삼방득리三方得利라는 말이 유행했다. 장사를 하면 사는 사람과 파는 사람, 사회 모두가 이익이므로 지속적으로 돈을 버는 것이 중요하다는 뜻이다. 이는 마쓰시타에게 많은 가르침을 주었다.

1918년, 스물세 살의 마쓰시타는 고심 끝에 부친의 가르침에 따라 상업에 뛰어들었다. 그는 전등회사를 그만두고 소켓과 선풍기 애반(속도

마쓰시타 고노스케(1894~1989)

'경영의 신'이라 불리는 일본의 기업가. '사업부제', '종신고용제', '연공서열제' 등 중요한 기업 관리 제도는 거의 모두 그가 만들어낸 것이다. 아버지의 사업 실패로 소학교 4학년에 학업을 중단하고 오사카에 가서 도제 생활을 했다. 1918년 23세의 마쓰시타는 오사카에 마쓰시타전기기구제작소를 설립하고 배선기구, 전등, 전기다리미, 무고장 라디오, 진공관, 트랜지스터 등 우수한 제품을 개발했으며, 이에 힘입어 7년 후 그의 회사는 일본 내 최대 매출 기업이 되었다. 마쓰시타는 언제나 겸손했으며 그의 가장 중요한 경영 철학은 '타인의 의견을 주의 깊게 듣는 것'이었다.

조절 스위치를 부착하는 기판)을 생산하는 작은 회사를 세웠다. 회사의 이름은 자신의 성을 따서 지었다.

마쓰시타 고노스케가 창업했을 때는 바야흐로 일본 기업들이 고속 발전하던 시대였다. 훗날 세계를 주름 잡은 일본 기업들이 막 발걸음을 떼고 있었다.

마쓰시타가 회사를 세웠던 1918년 그해, 도요타 사키치豊田佐吉는 도쿄에 도요타 자동방직기 제작소를 설립했고, 그로부터 15년 후에는 회사 내에 자동차 부서를 설립했다. 또한 1918년 당시 승승장구하고 있던 다나카제작소와 도쿄전기 두 회사는 20년 후 합병해 일본 최대 전기회사인 도시바Toshiba를 탄생시켰다. 마쓰시타와 마찬가지로 오사카에서 샤프Sharp를 설립한 창업주 하야가와 토쿠지早川德次는 1915년 발명한 샤프펜슬의 성공을 발판으로 규모를 크게 확장하고 있었다. 전기수리회사에서 시작한 히타치Hitachi도 1915년 7000와트 수력터빈을 제작하는 데 성공했다. 하지만 불과 50년 전만 해도 일본인들은 기업이 무엇인지도 알지 못했었다.

유럽에서 기업이라는 이 새로운 문물을 도입한 시부사와 에이치澁澤榮一는 '일본 현대 기업의 아버지'라고 불린다. 그는 일본에 최초의 주식회사를 세웠을 뿐 아니라 주식회사 설립법을 소개하는 책도 썼다. 1872년 오사카 정부는 회사나 상사를 설립할 때 반드시 시부사와 에이치가 쓴 『입회약칙立會約則』을 숙지해야 한다고 발표했다.

청일전쟁이 끝난 후인 1896년, 정부의 지원 아래 일본의 회사 수는 4596개에 달했고 그중 절반 이

배터리 공장을 시찰하고 있는 마쓰시타 고노스케

상이 주식회사였다. 회사의 수가 늘어나면서 서양의 현대적 관념도 일본 사회를 끊임없이 자극했다.

일본은 개국 초기 요코하마 항을 대외에 개방했다. 한 영국 기자는 일본을 취재하고 쓴 기사에서 "일본인은 너무나 게으르다. 게으른 국가의 경제는 발전할 수 없다"고 쓴소리를 했다. 스스로 매우 부지런하다고 생각해온 일본인들은 큰 충격을 받았다. 왜 그런 기사가 나왔을까? 그때까지 일본인들은 무슨 일을 하든 자기가 하고 싶을 때 했기 때문이다. 하지만 현대화된 공장에서는 규정된 시간 안에 정해진 일을 하고 반드시 일을 끝마쳐야 했다.

현대화된 생산방식은 일본인의 시간관념을 바꿔놓았다. 일본어에 '지각'이라는 단어가 생겨난 것도 바로 이 무렵이었다. 개화의 물결을 타고 일본인들은 머리를 자르고 양복을 입었으며 서양식 춤을 추고 서

양식 거리를 만들었다. 하지만 사회적으로 관료를 존중하고 백성을 경시하는 관념, 학문을 중시하고 상업을 천대하는 풍조가 뿌리 깊이 박혀 있어 사람들의 인식을 변화시키는 것은 쉽지 않았다.

시부사와 에이치는 일본을 근본적으로 개혁하려면 주식회사 제도를 배우는 것이 아니라 회사의 발전을 가로막는 사회문화를 바꿔야 한다는 점을 깨달았다. 메이지유신 이후 개혁개방을 주도한 일본의 엘리트 계층도 사상의 해방이 국가 발전의 근본임을 알았다.

시부사와 에이치가 일선에서 사업을 개척하고 있을 무렵, 후쿠자와 유키치福澤諭吉는 학교를 세워 경제사상을 전파했다. 일본인들은 흔히 "회사는 게이오기주쿠대학에 있다"라고 말한다. 일본 최초의 사립대학인 게이오기주쿠대학은 설립 초기 문학, 이재理財, 법학 세 학과만 개설되어 있었다. '이재'가 경제 관련 학과다. 후쿠자와의 학교 설립은 그의 책과 마찬가지로 일본 사회에서 큰 반향을 일으켰다.

후쿠자와 유키치의 흉상

후쿠자와 유키치의 책 『학문의 권유』 초판은 22만 부가 팔렸다. 당시 일본 국민 160명 중 한 명은 이 책을 읽었다는 것을 의미한다.
_ 니시자와 타모츠西沢保, 히토쓰바시대학 경제연구소장

『학문의 권유』는 "하늘은 사람 위에 사

람을 만들지 않고 사람 밑에 사람을 만들지 않는다"는 말로 시작된다. 사상가 후쿠자와가 일본인들에게 제일 먼저 가르친 것은 모든 사람은 평등하며 누구도 남을 위에서 부릴 수 없고 또 누구도 남의 발밑에서 살지 않는다는 것이었다. 그는 이 기본 개념을 통해 국민 모두가 독립적이고 자주적인 개인이 되어야만 국가가 자주독립을 실현할 수 있음을 역설했다. 또한 국가의 발전과 개인의 독립은 근본적으로 같은 것이며, 국가를 발전시키는 방식은 여러 가지가 있지만 그중에서도 특히 경제를 중시해야 한다고 강조했다.

후쿠자와가 늘 경제라는 말을 입에 달고 다니자 사대부들은 그를 조롱했다. 하지만 후쿠자와는 개의치 않았고 최초로 대학 강단에 올라 경제학을 강의했다. 그의 영향으로 게이오기주쿠대학의 졸업생 대다수는 정치가 아닌 상업에 종사했다.

후쿠자와가 신문화 도입을 주장한 것은 단순히 외국 문물을 들여오자는 것이 아니었다. 그의 가장 중요한 사상은 서양의 것을 잘 소개하고 받아들이되 그것을 응용할 때 일본인의 정신과 수요, 일본 사회의 역사와 전통, 사회 풍조, 독특한 사회적 특징을 바탕으로 해야 한다는 것이었다.

게이오기주쿠대학

시부사와 에이치(1840~1931)

일본 메이지 시대와 타이쇼우 시대의 대사업가로 메이지 정부 당시 재정대신에 임명되어 신정부의 화폐제도 개혁, 폐번치현廢藩置縣(지방제도의 개혁), 공채 발행 등 거의 모든 정책의 입안과 시행에 직접 참여했다. 33세 때 관직에서 물러나 일본 최초로 주식제 은행을 설립하고 기업가로서의 화려한 삶을 시작했다. 금융, 철도, 해운, 광산, 방직, 철강, 조선, 기계 전기, 보험, 건축 등 다양한 분야로 사업을 확장해 일생 동안 500여 개의 회사를 설립했고, 유학의 사상과 서구의 경제 윤리를 결합시켜 일본 경영사상의 기초를 다졌다. 그는 일본 근대산업의 선구자이자 근대 일본 상업의 정신적 지도자로 추앙받고 있다.

1910년 3월 16일, 20년 넘게 사업에 몸담았던 시부사와 에이치가 71세 생일을 맞이했다. 그가 가장 좋아한 생일 선물은 한 기업가가 보낸 그림이었다. 그림에는 그가 평생 추구해온 가치가 담긴 물건들이 그려져 있었다. 사무라이 정신을 상징하는 무사도, 서양 문화를 대표하는 중절모, 상업 활동을 뜻하는 주판, 그리고 윤리와 도덕 수양에 관한 책『논어』가 그것이다.

여기에서 영감을 얻은 시부사와는『논어와 주판』이라는 책을 썼다. 그는 상업을 경시하고 권력을 중시하는 풍조를 바꾸려면 일본 전통 유교 사상과 자본주의 정신 사이에서 적당한 타협점을 찾아야 한다고 생각했다. 재미있는 것은 사람들에게 갑작스럽게 근대화 지식과 영어를 배우라고 하면 거부감을 느끼지 않을까 걱정해 사람들이 쉽게 이해할 수 있고 당시 교육을 받아본 이들이라면 모두 알고 있는『논어』와 주판을 통해 새로운 것을 배워야 한다고 에둘러 주장했다는 점이다.

시부사와는 동양의 유학에서 상업의 발전을 촉진하기에 적합한 고상한 동기를 찾아냈다. 그는 "상업은 개인이 아닌 사회를 위한 것이다. 상업은 이상적인 인격에 위배되지 않으며 오히려 이상적인 인격을 실현하는 가장 좋은 수단이다. 즉, 공익이 곧 개인의 이익이며 개인의 이익은 공익을 만든다"라고 말했다.

그의 해석은 상업 활동에 새로운 의미를 부여하고 더 나아가 일본 사회의 가치관을 바꿔놓았다. 시부사와의 책은 현대판 『논어』라고 할 수 있었다. 사람들은 후쿠자와 유키치와 시부사와 에이치를 통해 재물을 추구할 때 사람의 마음과 정신이 조화를 잃으면 위험하다는 관념을 가지게 되었다. 1916년, 『논어와 주판』은 출간되자마자 날개 돋친 듯 팔려나갔다. 한 권 가격이 1엔밖에 되지 않은 이 책은 일본 기업계의 바이블이 되었다.

> **논어와 주판**
>
> 시부사와 에이치가 집필한 책이다. 그는 공자는 상업에 반대한 것이 아니라 인의仁義를 저버린 부귀를 비판한 것이며 인의에 위배되지 않는 부귀라면 공자 역시 추구했을 것이라고 주장했다. 또한 공자가 백성을 부유하게 하는 것이 중요하다고 했음을 강조하며 백성을 부유하게 하려면 경제를 발전시켜야 한다고 역설했다. 백성을 부유하게 하고 나라를 강하게 하려면 공상업을 발전시켜야 하며, 이것이 바로 부귀를 합리적으로 추구하는 방법이라고 여겼다. 책 속에서 그는 일본 기업가들이 추구해야 할 이상에 대해 '사혼상재士魂商才', 즉 '선비'와 같은 절개와 도덕, 그리고 '상인'으로서의 재능과 실용주의 정신을 겸비하는 것이라고 했다.

마쓰시타 고노스케가 사업을 시작한 1918년 무렵에는 일본 경제에서 기업이 이미 중요한 기둥으로 자리매김하고 있었다. 메이지유신 50주년이 되는 해였다. 때가 무르익으면 모든 환경이 유리하게 작용하는 법이다. 권력을 잡은 통치자는 어떤 의미에서 사회의 주류 문화를 결정하고 주도하는 사람이라고 할 수 있다.

메이지 정부는 현대화된 각종 제도를 수립하고 경제활동의 기반을 다졌다. 계약 이념이라든가 소유권 문제와 관련된 법률을 제정하고 정부가 주도하

는 은행 제도도 수립했다. 이런 것들은 경제 발전의 기초라고 할 수 있다.

_ 다케다 하루히토武田晴人, 도쿄대학 경제학과 교수

1890년 '회사법'이 제정되고 일본 국회가 최초의 헌법을 반포했다. 헌법은 천황의 절대 권력을 강조하고 있지만 "모든 일본 국민은 소유권을 침해받지 않는다"라는 조항을 통해 국민에게도 어느 정도의 경제적 자유를 부여했다. 정부는 소유권을 보호하는 동시에 재산권도 조정해 경영이 부실한 공기업을 민영기업에 위탁하기도 했다. 또한 경제와 정치의 체제 개혁을 동시에 실시해 봉건 체제 하에서의 특권이 점점 붕괴되고 계급제도 와해됐다.

봉건적 도덕뿐만 아니라 새로운 생활 방식도 생겨났다. 서양 문화의 근본은 개인주의다. 개인을 존중하고 강조한다. 메이지 시대 이후 사람들은 이런 관념을 이해하고 받아들이게 됐다.

_ 호리 마키요堀真清, 와세다대학 정치경제학술원 교수

1931년, 시부사와 에이치가 세상을 떠났다. 황실 사람들과 정부 고위 관리들이 찾아와 이 기업가의 죽음을 애도했다. 상인은 일본에서 더 이상 사농공상士農工商 가운데 말단 계급이 아니라 사람들의 존경을 받는 사회 중견계층으로 성장해 있었다.

첫 충격이 사라지자 일본에는 독특한 신문화가 형성되기 시작했다.

일본과학기술관

기업은 그 속에서 자신이 성장할 수 있는 햇빛과 공기, 물과 토양을 찾았다.

02
'서양의 얼굴'을 가진 '동양의 영혼'

1930년대에 새로 나타난 기업가들은 시부사와의 정신을 계승했다. 1932년 5월 5일, 마쓰시타 고노스케는 직원 168명을 모두 모아놓고 흥분된 목소리로 자신이 세운 회사의 사명을 선포했다. "우리가 수돗물처럼 물자를 끊임없이 생산할 수 있다면 제품 가격은 떨어질 것이다. 제품 가격이 낮아지면 사람들의 생활은 더욱 편리하고 풍족해질 것이며 사회도 더 풍요로워질 것이다. 이것이 바로 마쓰시타전기의 직원 전체가 생존하는 이유이자 기업의 사회적 사명이다."

마쓰시타 고노스케는 '수돗물 경영 철학'을 선포한 이날을 회사의 창립기념일로 정하고 1932년을 창업 원년으로 삼았다. 그는 지난 15년은 그저 태동기였으며 앞으로 다가올 250년이 바로 회사의 사명을 달성할 중요한 시기라고 강조했다.

그는 주주의 이익 극대화가 아니라 사회와 국가에 대한 이익 환원을 회사의 첫 번째 목표로 삼았다. 마쓰시타의 이런 사명감은 시부사와 에이치가 말한 "공공의 이익이 곧 개인의 이익"이라는 관점과 일맥상통하며, 가정과 국가를 동일시하는 동양 문화의 뚜렷한 특징을 보여주는 것이다.

유럽과 미국은 근본적으로 개인주의를 중시한다. 주주는 모두 하나의 개인이고, 경영자도 자기 자신과 개인의 발전에만 관심을 둔다. 하지만 일본인들은 회사가 커지면 자신도 강해질 것이라고 생각한다. 개인과 회사의 운명을 동일시하는 것이 가장 큰 차이점이다. 이 점은 다른 아시아 국가들도 비슷할 것이다.

어떤 문화는 개인주의 성향이 강하고, 또 어떤 문화는 집단주의 성향이 강하다. 관리 시스템 가운데 임금 제도, 보수 체계, 목표 설정 방식 등에 이런 문화적 요소들이 투영되어 나타난다.

_ 데이비드 슈미틀라인, 메사추세츠공과대학 슬론 경영대학원 학장

국가에 헌신하고 충성하며 용감하게 자신을 희생하는 일본 전통의 사무라이 정신이 현대 기업과 융합되었다. 이에 따라 기업들도 독특한 일본 정신을 가지게 되었다. 하버드대학 명예교수인 에즈라 보겔Ezra Vogel은 "일본에는 집단의 이익을 위해 함께 협력해야 한다는 인식이

도쿄 도심의 풍경

아직도 모든 기업에 남아 있다. 일본 사회의 조직과 개인은 모두 국가의 목표를 위해 함께 노력하기를 갈망한다"고 말했다.

　일본 직원들은 자신을 '마쓰시타맨', '도요타맨' 등 회사의 이름으로 부르기를 좋아했다. 그들은 이런 강렬한 귀속감을 '충성'이라고 불렀다. 일본인들에게 회사는 커다란 집과 같았다. 직원들도 사회도 그 집이 필요했다. 경영자는 가장으로서 가족 구성원들의 행복을 위해 가정의 화목과 단결, 질서를 유지하기 위해 노력했다. 마쓰시타가 최초로 고안한 종신고용제와 연공서열제는 오랫동안 광범위하게 반영됐으며 일본 기업의 상징이 되었다.

　일본 고용 제도의 특징은 한 회사에서 장기간 근무하고 그 기간 동안 계속해서 임금이 오른다는 점이다. 이는 경제학자들의 연구를 통해 합리적인 시스템임이 증명됐다. 이 시스템은 특수한 기술과 인력자원을 축적하는 데 도움이 된다.

_ 오카자키 데쓰지岡崎哲二, 도쿄대학 경제학과 교수

기업의 주인은 주주도, 경영자도 아닌, 그 회사 직원들이라는 인식이 점차 형성되었다. 이것이 일본 기업문화의 가장 큰 특징이다.

1930년 세계적인 경제 불황이 일본까지 덮쳤다. 마쓰시타전기도 매출이 급감하고 창고에 재고가 가득 찼다. 직원을 절반으로 줄이자는 건의가 있었지만 마쓰시타는 받아들이지 않았다. 그는 "직원을 한 명도 해고하지 않을 것이다. 근무시간을 절반으로 줄이고 월급도 전액 지급하겠다. 그 대신 모두 재고품 판매를 위해 전력을 다해야 한다"고 선언했다. 결과는 예상 밖이었다. 전 직원의 노력 덕분에 회사가 역대 최고의 매출을 올린 것이다.

도덕과 정, 인간관계, 신뢰감, 친밀감 등 수천 년 동안 인류 사회를 유지시켜왔던 기본 요소들이 모두 생산력으로 전환될 수 있음을 보여준 것이다. 세계는 이 일본 기업을 통해 새로운 깨달음을 얻게 되었다.

마쓰시타 고노스케는 많은 기업가들에게 영향을 주었는데, 그중 하나가 교세라의 창업자 이나모리 가즈오다. 어느 날 이나모리는 일부러 마쓰시타 고노스케의 강연을 들으러 갔다. 당시 그에게는 큰 고민거리가 있었다.

이나모리 가즈오(1932~)

일본 가고시마에서 태어나 가고시마대학 공학부를 졸업했다. 27세에 창업한 교세라와 52세에 설립한 다이니덴덴(현 KDDI)이 모두 세계 500대 기업으로 성장했다. 그는 차세대 경영인들을 육성하는 데 많은 노력을 기울였으며, 그의 경영 철학은 일본 기업계에서 높이 평가받아 '경영의 성인聖人'으로 존경받았다. 2010년 일본 항공이 파산하자 단 세 명의 측근만 데리고 경영을 맡아 13개월 만에 흑자로 전환시켰으며, 2012년 3월에는 역대 최고 흑자를 경신했다.

1959년, 스물일곱의 이나모리 가즈오가 교세라를 세웠다. 그는 자신의 발명품으로 도산 직전의 도자기 공장을 구했지만 오히려 그곳에서 해고되고 말았다. 그는 자신이 개발한 기술이 충분한 가치가 있다는 것을 증명하기 위해 스스로 회사를 차리기로 결심했다. 하지만 얼마 안 돼 곤란한 문제에 부딪혔다. 직원 11명이 "회사가 일자리와 생활을 보장하지 않으면 집단 퇴사하겠다"고 으름장을 놓았던 것이다.

창업한 지 3년도 되지 않은 시기였기 때문에 그는 직원들의 요구를 들어줄 능력이 없었다. 이나모리 가즈오는 "지금은 힘들지만 앞으로 회사를 성장시켜 직원들이 안심하고 일할 수 있는 곳으로 만들겠다"고 말했다. 그는 사흘 밤낮을 매달려 직원들을 설득했고 어렵사리 이해를 구할 수 있었다. 이 일은 기업가로서의 그의 생애에 큰 전환점이 되었다.

그 일이 있은 후 이나모리는 회사를 설립하는 것이 개인의 꿈을 이루기 위한 것이었지만, 직원들 모두 각자의 꿈과 생활이 있다는 사실을 깨달았다. 그는 사람을 사랑하고 모든 직원을 아끼는 것을 회사 경영의 목표로 정하고, 모든 직원의 물질적, 정신적 행복을 실현시키는 것을 회사의 핵심 이념으로 삼았다.

교세라 빌딩

어떻게 해야 치열한 경쟁 속에서 기업이 살아남을 수 있을까? 이나모리 가즈오는 사람의 마음이 가장 중요하다는 결론을 내렸다. 그는 "사람의 마음은 변하기 쉽다고들 하지만 이 세상에서 사람의 마음보다 더 강한 것은 없다"고 말했다. 그는 하늘을 공경하고 사람을 사랑한다는 뜻의 경천애인敬天愛人을 사훈으로 정했다.

결국 이나모리 가즈오는 유교문화의 관점에서 세계시장에 대응하고 여기에 현대 시장의 경쟁 메커니즘을 결합시켜 직접 세운 기업 두 개를 세계 500대 기업으로 키워냈다.

이나모리 가즈오의 책 『경천애인』

일본에서 수용되지 않는 것들이 있기는 하지만 상당히 많은 것들이 어떤 사회에서든 통용될 수 있다. 사람을 아끼고, 사람의 열정을 높이고, 이로써 기업의 수준을 높이는 것이 바로 그것이다. 이것은 어떤 국가나 사회, 또 어떤 시대에도 기본이 된다.
_ 사카모토 카즈이치坂本和一, 리쓰메이칸대학 명예교수

문화는 조직이 실천하는 신앙이자 가치관이다. 문화는 어디서든 볼 수 있다. 문화는 기업의 매우 강력한 힘이다.
_ 프랜시스 헤셀베인Frances Hesselbein, 피터 드러커 재단 설립자

교세라 그룹은 조회 시간에 직원들은 차례대로 교세라의 철학을 낭독한다. 공통된 가치관으로 사람의 마음을 한데 모으고 가장 귀중한 자원인 인력을 관리하는 일본 기업들의 방식은 제2차 세계대전 후 점점 세계의 주목을 받게 되었다.

03
성공을 이끄는 기업문화의 길

제2차 세계대전 이후 서양 각국에서는 현대적인 기업관리 제도 구축이 유행처럼 번졌다. 대기업들마다 조직 구조도를 만들고 심혈을 기울여 만든 데이터 모델과 통제 시스템을 선보였다. 폐허 위에 재건된 일본 기업들에게 새로운 제도적 환경이 마련된 것이다.

1946년에 발표된 일본의 '평화헌법'은 천황을 상징적인 의미로만 남겨두고 특권과 신분 제도를 철폐했으며 평등의 원칙을 명확히 규정했다. "재산권이 침해받아서는 안 된다"는 조항도 포함했다.

평화헌법이 제정되기 전 일본인들은 국가를 위해 일했으며, 국가를 위해 군대에 가야 했다. 하지만 평화헌법이 제정된 후 이 같은 일은 사라졌고 사람들은 모든 정력을 자기 일에만 오롯이 쏟아부을 수 있게 되

일본 도쿄에 있는 궁 고쿄皇居(일본 천황의 평소 주거지)

었다. 이것이 바로 평화헌법이 일본 사회에 가장 크게 이바지한 점이다.

제2차 세계대전 이후 일본 기업들은 과거 국가의 대외 확장 도구라는 피동적인 신분에서 벗어나 진정으로 독립된 시장 주체가 되었다. 기업들은 다시 출발했다. 정확하게 말하자면 이것은 아주 먼 항해였다.

일본의 많은 기업들이 해외 신기술이나 신모델을 도입하고 직원들을 해외로 파견했다. 일본 기업들은 새로운 것을 배우는 데 매우 적극적이고 자발적이었다. 또한 그들은 새로운 사고방식을 창조하고 그것을 사회 전체로 전파했다. 메이지유신 시기와 마찬가지로 일본인들은 남의 것들 배우는 데 능한 자신의 장점을 발휘해 배운 것을 창조적으로 운용했다.

도요타자동차의 생산라인에는 '안돈andon'이라는 아주 특별한 경보기가 있었다. 누구든 생산라인에서 결함을 발견하면 스위치를 눌러 생산을 멈출 수 있었다. 불량품이 다음 생산과정으로 넘어가는 것을 막기 위한 것이었다. 미국 기업들은 마지막에 품질

안돈 경보기

관리를 하지만 일본 기업들은 미국에서 품질 관리의 개념을 배워와 문제가 생기는 즉시 없애는 방식으로 바꾸었다.

직원들이 경보기를 눌러 생산라인을 중지시킬 수 있게 되자 직원들은 이제 단순히 생산라인의 작은 나사가 아닌 무엇으로도 대체할 수 없는 표준화된 부품이 되었다. 직원들이 독립적인 사고능력과 감정을 가진 인간으로서 중요하게 여겨지기 시작한 것이다.

아침에 회사에 출근해 "오늘 무슨 문제 있어?"라고 물었을 때 없다는 대답이 돌아온다면 아주 이상한 것이다. 문제는 분명히 있다. 문제가 없으면 오히려 문제가 된다. 그렇다면 적극적으로 문제를 찾아내야 하고, 찾아낸 다음에는 또 해결해야 한다.

_ 후지모토 타카히로藤本隆宏, 도쿄대학 경제학과 교수

시장경제에 참여하는 자본주의 기업은 이익을 얻어야 한다. 그러나

도요타자동차의 생산라인에서 조립을 기다리고 있는 자동차

기업의 또 다른 측면을 간과해서는 안 된다. 바로 기업은 사람이 만든 조직이라는 것이다. 기업의 사장에서부터 말단 직원에 이르기까지 각양각색의 사람들이 조직의 일원으로서 기업 활동에 참여하고 있다.

일본의 세계적인 경영학자 오마에 겐이치는 "일본 기업의 성공은 단순히 회사의 노래를 만들거나 종신고용제를 실시했기 때문이 아니라 조직 안에서 사람의 중요성을 발견했기 때문이다"라고 했다.

기업에 있어서 중요한 것은 화려한 고층 건물과 높은 매출액, 전략 분석, 5개년 계획 등 눈에 보이는 것이 아니라 눈에 보이지 않는 것, 즉 인적 요소의 배치나 문화의 힘이다. 하지만 문화는 영원불변의 것이 아니다. 다른 문화를 배우는 개방적인 태도를 가져야만 진정한 생명력을 얻을 수 있다.

도쿄올림픽 개막을 앞둔 1964년 9월, 미국인들의 이목이 일본으로 쏠렸다. 하지만 세계적인 기업을 만들겠다는 야심을 가진 일본 기업가들의 안목은 자국 내에서만 머물지 않았다.

1965년 마쓰시타는 서양의 일부 대기업들이 실시하던 주5일 근무제를 도입해 직원들의 여가시간을 늘렸으며, 그 이듬해에는 전통적인 연공서열제 대신 경쟁 제도를 도입해 직원들의 능력에 따라 업무와 임금에 차별을 두었다. 마쓰시타는 이를 두고 효율을 높일 수 있는 이상적인 임금 제도를 확립했다고 자평했다. 그는 근속연수에 따라 임금을 정하는 낡은 제도가 기업의 발전을 가로막는다고 생각했다. 일본 기업들이 기업의 문화를 다시 혁신하기 시작한 것이다.

기존에 있던 것은 그대로 두고 새로운 것을 도입했다. 한마디로 이것이 바로 일본 문화의 혼합성이다. 일본인들은 새로운 것을 들여오는 데 아주 능하다. 또한 새로 들여온 것들을 자유롭게 응용하는 동시에 기존의 것을 버리지 않고 원형 그대로 유지시킨다. 새 것과 옛 것이 충돌하지 않는 상태로 지금까지 진화해온 것이다.

_ 호리 마키요, 와세대대학 정치경제학술원 교수

1968년 마쓰시타전기는 창립 50주년을 맞이했다. 메이지유신 100주년이 되던 해였다. 그해 일본의 GDP는 미국과 소련의 뒤를 이어 세계 3위로 껑충 뛰었다. 일본에서 열린 각종 축하행사 가운데 가장 주목받은 것은 마쓰타가 세운 료젠靈山역사관이었다. 이 역사관은 시부사와 에이치 등 메이지유신을 주도한 이들을 기리기 위한 것이었다.

100년 동안 일본 사회는 기업의 힘에 의해 변화했으며 또한 자신의 방식으로 기업을 변화시켰다. 독특한 정신과 기질을 가진 일본 기업들은 세계 무대에 우뚝 섰다.

한 일본인은 "산업화가 되지 않은 국가는 관료기구의 효율성이 떨어지고 조직도 느슨하다. 현대 기업이 탄생해 경쟁을 배우게 되면 관료기구의 효율성도 높아진다"고 말했다. 일본 기업은 사람들에게 시간 준수와 고효율 추구, 절대 꺾이지 않는 정신을 가르쳐 일본인들의 생활수준을 높이고 일본을 더욱 효율적이고 조직적으로 변화시켰다.

기업의 힘이라기보다는 민간의 힘이라고 하는 편이 더 정확하다. 민간의 힘이 사회를 진보시키는 진정한 힘이다. 이는 또한 시부사와 에이치의 생각이기도 하다.

_ 이노우에 준井上順, **시부사와역사관장**

1970년대 일본은 세계적으로 가장 빠른 경제성장을 이룩했으며 일본 국민들의 행복감도 최고조에 달했다. 반면 미국 기업들은 국제적인 경쟁 속에서 연달아 좌절을 맛보았다. 시장점유율은 계속 하락하고 무역 적자는 해마다 늘어났다. 작은 섬나라가 세계 최대 경제대국의 자리를 위협했다. 미국의 닉슨 대통령도 일본의 급부상에 놀라워하며 "미국

일본 도심의 야경

이 꿈에도 생각지 못한 도전에 맞닥뜨렸다"고 말했다. 미국의 많은 전문가와 기업인들이 커다란 의문을 안고 일본을 방문했다. 이번에는 그들이 일본을 배울 차례였다. 어떤 이들은 미국 기업인들을 두고 황금을 좇아 미국 서부로 몰려들었던 개척자들에 비유하며, 그들이 탐욕스럽게 일본 기업들의 경영의 비밀을 캐내려 한다고 말했다.

1981년, 경영학자 윌리엄 오우치William Ouchi가 10년간의 연구 끝에 처음으로 기업문화라는 개념을 내놓았다. 그는 "일본 기업들은 미묘하고 함축적이며 내재적인 관리를 하기 때문에 외부인이 보면 관리를 하지 않는 것처럼 보인다"고 말했다. 미국인들은 마침내 결론을 도출했다. "우리의 적은 일본인이 아니다. 우리의 적은 바로 우리 기업 경영 문화의 한계다."

일본 기업은 우선 사람을 중시했다. 그들은 수량이나 이윤이 아니라 사람을 가장 중심에 놓고 생각했다. 그들은 직원들의 창의력과 혁신능력을 끌어내고 고객의 목소리를 들었다. 또한 기업의 가치에 대해 끊임없이 생각하고, 주주와 사회에 더 보탬이 되고 더 나은 세계를 만드는 데 도움이 되는 것이 무엇인지에 대해 고민을 멈추지 않았다.

기업은 이윤을 증대시킬 수 있는 기회를 절대로 놓치지 않는다. 1980년대 이후 일본 기업들은 문화를 통해 이익을 창출하고 전 세계의 본보기가 되었으며, 기업문화의 내면이 계속해서 충실해졌다. 인류의 정신과 관련된 각종 요소들이 전 세계 기업 속으로 파고들고, 모든 제품과 서비스, 광고 카피, 홍보 문구 하나하나에 모두 반영되었다. 사람들은 각자의 문명 속에서 아름다운 가치를 찾아 기업을 재편하고, 고귀한 정신으로 기업을 단련시켰으며, 이익을 넘어서는 공공의 품질로 기업을 포장했다. 이 모든 것을 통해 얻은 성과는 단순한 관리로는 얻을 수 없는 것이었다.

기업마다 자기만의 이상과 문화를 가지고 있어야 한다. 이런 요소는 직원들을 열심히 일하게 만들고 소비자들의 브랜드 충성도를 높인다. 사실 기업은 소프트파워와 흡인력을 중시해야 한다. 그래야만 기업에 필요한 자원을 모으고 제품을 판매할 수 있다.

1987년, 일본 소니는 미국 CBS레코드와 콜롬비아영화사를 인수했다. 1989년, 미쓰비시 Mitsubishi는 미국의 록펠러센터 열네 개 동을 사들였다. 그해 소니의 모리타 아키오 盛田昭夫 회장은 한 정치가와 함께 『노No라고 말할 수 있는 일본』이라는 책을 출간했다. 그는 이 책에서 전 세계가 일본의 기업 모델을 본받게 될 것이라고 단언했다.

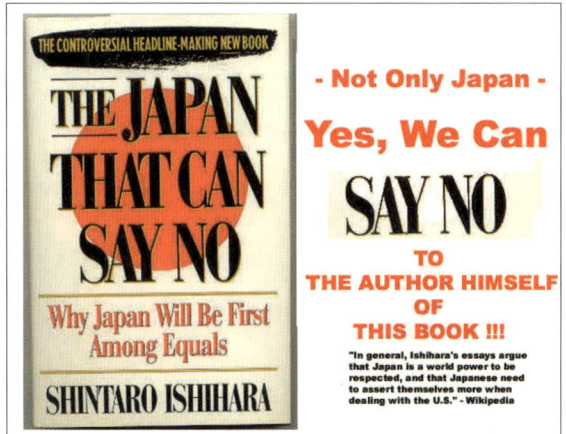

미국에서 출간된 『노라고 말할 수 있는 일본』

하지만 기쁨도 잠시, 일본은 곧 10년간의 장기불황에 빠지고 말았다. 록펠러센터는 이듬해에 다시 미국 기업에 팔렸고 소니 역시 수차례 위기를 맞이했다. 일본의 침체 원인에 대해서는 의견이 분분하다. 과거 일본 기업의 신화를 썼던 기업문화가 다시 기업들을 위기에서 구할 수 있을 것인가.

일본 경제가 불황에 빠져 있던 1990년대에 IT혁명이 전 세계를 휩쓸고 새로운 경쟁이 시작됐다. IT 기술과 시대의 물결을 주도하고 혁신적인 문화를 가진 기업일수록 더 강한 경쟁력을 갖게 되었다.

기업의 규모가 커질수록 점차 독특한 기업문화가 형성되었다. 기업문화에는 그 기업의 뿌리인 본국의 문화가 어느 정도 반영되며 그와 동시에 기업 창업주의 특징도 투영되어 나타난다. 창업주는 기업문화의 형성에 있어서 핵심적인 역할을 한다.

1999년에 제작된 〈실리콘밸리의 신화Pirates of Silicon Valley〉라는 영화를 보면 두 명의 젊은이가 영웅으로 그려져 있다. 대학을 중퇴한 두 사람은 전통적인 관점에서는 모범생이라고 할 수 없었지만 그 누구도 개의치 않았다. 그들은 새로운 기업의 신화를 창조했고 맨손으로 마이크로소프트와 애플이라는 제국을 세워 새로운 시대의 리더가 되었다.

미국 역시 새롭게 등장한 이 기업들 덕분에 다시 정상으로 올라섰다. 스티브 잡스와 빌 게이츠, 그리고 그들의 기업을 보면 미국 문화의 특징이 뚜렷하게 나타난다. 바로 자유와 독립, 확실한 개성, 그리고 새로운 것에 대한 끊임없는 열정이다.

빌 게이츠와 스티브 잡스

대부분의 미국인들이 가지고 있는 보편적인 가치관이 있다. 바로 이익과 기회, 혁신을 강렬하게 추구하는 가치관이다.

_ 스튜어트 블루민, 코넬대학 역사학과 명예교수

미국의 관리 문화는 일본과는 다르다. 미국은 더 자유롭고 활기차며 더 창조적인 관리 문화를 가지고 있다. 그로 인해 개인이 발전할 수 있고, 그들은 항상 집단이 아닌 개인을 더 중시한다.

_ 안드레아스 레머Andreas Remer, 독일 바이로이트대학 경영학과 교수

어떤 문화적 환경에 속해 있든 그 문화 속에서 잠재력을 최대한 이끌어내고 개인과 조직의 관계를 적절히 조화시켜야만 경쟁에서 승리할 수 있다. 20세기에 외국 문화를 받아들여 가장 큰 성공을 거둔 일본은 문화를 받아들이고 융합시켜 새로운 문화를 만들었다. 일본 기업들도 역시 기업문화를 자각적으로 실현하는 단계에서 타국으로 수출하는 단계로 발전해 세계에 귀중한 경험을 남겼다.

인류가 발전해온 발자취를 돌이켜보면 한 국가의 문화적 수준은 자국민을 얼마나 자유롭게 해방시켰느냐에 의해 좌우돼왔으며, 이런 문화적 수준은 그 나라 기업들의 문화에도 깊은 영향을 미쳐 가장 핵심이 되는 경쟁력을 제공했다. 역사는 독창적인 문화적 기반을 가진 나라만이 경제의 기적을 오랫동안 유지할 수 있다는 사실을 다시 한 번 증명했다.

Interview inside
: 인터뷰 인사이드 :

오마에 겐이치 일본 비즈니스브레이크스루대학 학장
다케다 하루히토 도쿄대학 경제학과 교수
이노우에 준 시부사와역사관장

Q 일본 기업문화의 핵심은 무엇입니까?

A 오마에 겐이치 리더십입니다. 일본에서 성공한 기업 가운데 경영자의 힘이 강하지 않은 곳은 없었습니다. 그들은 자기만의 철학과 신념을 가지고 있었죠. 경영자의 철학과 신념은 회사의 모든 직원들에게도 깊은 영향을 미치게 됩니다. 그중 한 가지 방법이 사가를 부르는 것이죠.

하지만 그것이 전부가 아닙니다. 경영자가 남을 모방하지 않고 자사만의 새롭고 독특한 제품을 만들 것을 강조하면 그 기업의 경영은 그 신념을 중심으로 이루어지게 됩니다. 대표적인 사례가 바로 소니의 공동 창업자 모리타 아키오와 이부카 마사루井深大입니다. 그들은 남의 것을 모방하지 않고 타사 브랜드의 제품을 대신 생산하지도 않았습니다. 오로지 자기만의 브랜드를 구축해 끊임없이 혁신을 추구해야 한다고 주장했습니다.

또 한 가지 예가 있죠. 아마 알고 있는 사람이 많지 않을 겁니다. 악기 제조업체 야마하Yamaha의 사장 가와카미 겐이치川上源一는 일요일과 월요일을 회사의 휴무일로 정했습니다. 일주일에 이틀을 쉬기로 한 것입니다. 일요일에는 아버지들이 집에서 아이들과 함께 시간을 보내야 한다는 것이었고, 다른 사람들이 모두 일하는 월요일에는 편하게 휴식을 취하라는 것이었습니다. 직원들이 충분히 쉬어야 창의력을 발휘할 수 있다고 생각했기 때문입니다. 한마디로 야마하의 월요일은 '창의의 날'이었죠. 가와카미 겐이치가 세상을 떠난 후에도 야마하는 계속해서 훌륭한 제품들을 생산해내고 많은 아이디어를 창조해냈습니다. 경영자의 철학을 매주 느낄 수 있도록 하는 것이 바로 일본 경영자들의 방식입니다. 말로만 하는 것이 아니라 실제로 실행에 옮겼습니다. 경영자뿐만 아니라 전 직원이 공통된 가치관을 가지고 있다는 것은 기업에게 있어서 매우 중요한 일입니다.

Q 서양의 기업 제도를 처음 도입했을 때 일본 기업들은 어떤 특징을 가지고 있었습니까?

A **다케다 하루히토** 일본이 기업 제도를 도입한 초기에 두 가지 뚜렷한 특징이 있었습니다. 첫째, 주식회사 제도가 일찍부터 시행되었다는 것입니다. 자본이 충분하지 않은 상황에서 적은 자금을 가진 사람들이 함께 모여 공동으로 회사를 설립했습니다. 방직, 은행 등의 업종에서 이런 형태가 많았죠. 소위 재벌이라고 불린 미쓰이Mitsui, 미쓰비시, 스미토모Sumitomo 같은 기업들은 그때까지만 해도 개인의 자금으로 개인이 경영하는 형태였습니다. 주식회사 제도를 도입한 것은 훨씬 이후의 일이죠. 당시에는 이 두 가지 형태의 기업이 있었습니다. 두 가지 유형 모두 에도 시대 상인들로부터 영향을 받은 것으로 일본 상업의 전통을 계승했다고 할 수 있습니다. 기업이 가장 먼저 고려한 것은 장기적으로 경영할 수 있느냐 하는 것이었습니다. 그들은 기업의 지속성을 가장 중요하게 생각했죠. 그래서 단기적인 이익보다는 고객과의 장기적인 관계를 더 중시했습니다. 예를 들어 배당금을 한꺼번에 많이 분배하면 회사의 자금이 부족해질 수 있기 때문에 그런 일은 가급적 피했습니다. 이런 전통이 메이지 시대의 기업 제도까지 이어졌습니다. 기업은 재벌의 출자자가 경영하는 것이 아니라 전문경영인에게 맡겨 경영했습니다. 이런 전통은 사무라이 사회가 아닌 상인 사회에서 이어져 내려온 것이죠. 외부에서 보면 출자자에 비해 경영자의 권력이 더 컸습니다. 20세

기에 유럽과 미국에서도 이런 형태가 나타났습니다. 이를 경영자 자본주의라고 합니다. 경영권이 강한 것이 바로 일본 기업들의 두 번째 특징입니다.

Q 시부사와 에이치의 '논어와 주판' 이론은 일본 사회에 어떤 영향을 미쳤습니까?

A 이노우에 준 시부사와 에이치가 '논어와 주판' 이론을 내놓은 것은 그가 기업계에서 은퇴한 후였지만 자신의 이런 생각을 펼치기 시작한 것은 대략 1897년경부터였습니다. 그가 기업계에서 은퇴한 것은 1909년이었고요. 메이지유신 초기에 일본에는 국가 제도가 완비되지 않았습니다. 사회제도가 성숙 단계에 들어선 것은 메이지 시대 후기였죠. 당시 일본이 러일전쟁 등에서 승리를 거두면서 국가 전체에 성취감이 점점 고조되고, 젊은 세대를 중심으로 개인주의, 배금주의 등이 대두되기 시작했습니다. 많은 젊은이들이 출세를 열망했습니다. 그러자 시부사와 에이치를 비롯한 많은 지식인과 사회적으로 성공한 인사들이 자신의 성공 경험을 담은 책을 발표하고 각지에서 강연하는 것이 유행했습니다. 대표적인 성공 인사였던 시부사와 에이치는 오랫동안 기업을 경영했던 경험을 대중과 적극적으로 공유했습니다. 그는 윤리와 경영을 결합시켜야 한다고 생각했습니다. 도덕을 이용해 사람들의 이익에 대한 욕망을 구속해야 한다고 생각했죠. 시부사와 에이치는 "군자는

재물을 좋아하되 도리에 합당한 것만 취해야 한다"는 공자의 말에 크게 공감했습니다. 그래서 자신의 이런 생각을 젊은이들에게 알리기 위해 '논어와 주판'이라는 이론을 제시한 것입니다.

Insight review
: 인사이트 리뷰 :

일본 기업들은 어떻게 서양 기업들을 추월했을까?

이른바 '문화'란 한 조직의 의식과 행위를 모두 합친 것이며 조직의 생명력도 바로 여기에서 나온다. 기업문화는 기업의 생존과 발전을 지탱하는 가치관이자 기업이 신봉하고 실천하는 이념이다. 기업문화는 기업 구성원들이 공통적으로 인정하는 가치관과 서서히 형성된 근무 태도를 반영하며 기업정신이라고도 불린다.

기업문화에는 직원들의 가치관, 도덕규범, 사상, 근무 태도 등이 포함되어 있으며, 표면적으로는 기업의 다양한 문화 교육, 기술 훈련, 오락 활동 등으로 표현된다. 기업문화는 이 두 가지 방면의 구성 요소가 유기적으로 연계되어 형성된 기업의 정신이라고 할 수 있다.

하지만 기업문화란 본질적으로 일종의 관리 방식이다. 기업문화는 특정한 가치관을 통해 기업 내부 구성원들의 행위를 통제해야 한다고 강조한다. 서양 국가들이나 일본에서는 이미 기업문화를 새로운 관리 수단으로 인식하고, 이를 통해 기업의 목표와 전략을 구체적인 실적으로 변화시키고 있다.

특히 일본의 기업문화에는 일본 본토의 선명한 특색과 강한 생명력이 깃들어 있다. 이것이 바로 후발주자인 일본 기업들이 화려한 성공을 거둔 비결이다. 제2차 세계대전 이후 일본 경제의 빠른 성장이 세계인을 놀라게 했다. 경제학자들은 민간자본의 힘이 일본에 위대한 성과를 안겨주었다고 말한다. 민간자본이란 곧 기업이다. 하지만 일본 경제의 고속 성장은 일본 기업문화의 개혁에도 깊은 영향을 미쳤다. 일본 기업의 힘은 사실 기업문화의 힘이다. 끊임없는 기업문화의 구축이 바로 일본 경제의 기적을 실현시킨 근원적인 힘이다.

일본 기업문화에는 어떤 특징이 있는가?

메이지유신 이후 일본에서 헌법과 법률 제도가 차례로 제정되었고 현대 기업 제도가 점차 확립되기 시작했다. 정부가 봉건계급 제도를 폐지하고 국민들의 생활 방식을 변화시켰고 이는 기업문화의 발전에 비옥한 토양을 제공했다. 제2차 세계대전 이후 '평화헌법' 등이 반포되어 사유재산권과 기업재산권의 지위가 확립되자, 일본 기업들은 법률과 제도의 보호를 받으며 기업문화 구축의 새로운 물결을 일으켰다.

일본 기업문화의 특징 중 하나는 바로 집단주의 정신이다. 일본 기업들이 거의 완전한 근로계약 제도를 가지고 있기는 하지만 여전히 개인의 이익이 집단 이익의 부속품으로 인식되고 있다. 개인과 집단의 이익이 충돌할 경우 언제나 집단의 이익이 개인의 이익에 앞선다. 시부사와 에이치든 마쓰시타 고노스케든 모두 이런 이념을 기업계에 널리 전파시켰으며 또한 기업의 발전에 따른 이익은 궁극적으로 국가와 사회, 민중에게 적극적으로 환원돼야 한다고 강조했다. 이것이 바로 "공익이 곧 개인의 이익이다"라는 이념이다.

일본 기업문화의 또 다른 특징은 직원들이 평생 동안 한 회사에 충성하고 기업은 직원들을 종신고용한다는 것이다. 일본 기업계에서 직원의 충성 여부와 충성도는 기업의 성공 여부를 평가하는 매우 중요한 기준이다. 또한 일본 기업들은 임금을 삭감할지라도 직원을 해고하지는 않는다. 이런 특징이 결합되어 나타난 산물이 바로 충성스러운 '마쓰시타맨', '소니맨', '도요타맨' 등이다.

일본 기업문화의 세 번째 특징은 바로 '성실'이다. 시부사와 에이치를 비롯한 기업가들의 영향으로 일본은 서방 국가들의 기업 제도를 도입하는 한편, 성실함과 근면함을 기업문화 속에 깊숙이 침투시켰으며, 성실한 사고방식과 습관을 기업 관리에 적극적으로 구현시켜 '일본식' 품질관리를 창조해냈다.

하지만 일본의 이런 방식에 단점이 없는 것은 아니다. 집단주의를 과도하게 강조한 가치관이 개인의 능력 발휘를 억제해 기업의 혁신과 활력을 저하시켰다. 이 밖에도 계급 제도와 연공서열제, 중용을 중시한 이념, 남녀차별, 불합리한 상여금 제도 등이 일본의 기업문화가 안고 있는 문제점이다. 몇 년 전 불거진 도요타 리콜 사태를 비롯한 일련의 사건들은 일본 기업의 명예를 심각하게 실추시키고 일본 기업들에게 경종을 울렸다.

일본 기업문화의 형성은 어떤 교훈을 남겼는가?

문화는 기업의 생존과 발전을 가능하게 하는 가장 강력한 힘이다. 생산이 날로 사회화되고 문화 충돌이 점점 많아지면서 기업들은 필연적으로 문화의 조화를 추구하기 시작했다. 기업문화라는 개념이 등장한 것도 기업의 사회화로 인한 것이다. 일본 기업들은 윤리든, 감성이든, 인간관계든 기술과 마찬가지로 현실적인 생산력으로 전환될 수 있다는 사실을 세상에 증명했다. 한 국가에서 문화가 가진 무형의 힘과 유형의 기술은 서로 결합될 때 시너지 효과를 낼 수 있으며 둘 중 어느 것도 없어서는 안 된다.

어떻게 하면 글로벌화와 로컬화 사이에서 적절한 조화를 이룰 수 있느냐가 기업문화를 구축하는 데 있어서 가장 큰 난제이자 핵심이다. 단순히 따라 하는 것은 진정한 배움이 아니다. 기존에 가지고 있던 자신의 것을 그대로 유지하면서 새로운 것을 받아들이는 것이 바로 '국화와 칼'*로 대변되는 일본의 기업문화다. 일본은 처음에는 중국의 것을 배웠고 나중에는 유럽의 것을 도입했으며, 제2차 세계대전 이후에는 미국을 본보기로 삼았다. 남의 것을 본받을 때마다 항상 초월과 혁신을 통해 더 높은 가치를 창조해냈다. 다양한 문화가 계속해서 충돌하고 융합되고 발전하면서 일본의 기업문화는 점점 자기만의 특색과 장점을 가지게 되었다.

• **국화와 칼** 미국의 문화인류학자 루스 베네딕트Ruth Fulton Benedict가 쓴 일본 연구서 『국화와 칼』에서 나온 말이다. 베네딕트는 일본 문화의 이중적 특성을 '국화'와 '칼'이라는 두 가지 극단적인 상징으로 표현했다.

지혜와 자본이 결합된 후
사회는 기하급수적으로 성장했다.
기업은 자금과 기술, 시장을 이어주는 교량 역할을 했다.
지식경제사회로 들어선 후
혁신이 그 어떤 시대보다도 중요해졌다.
어떻게 해야 기업이 혁신의 진정한 주체가 될 수 있을까?

제8장

생존을 위한 숙명, 혁신

1947년 12월 16일, 미국 뉴저지 주 머리 힐에서
물리학자들이 평소처럼 새로운 실험을 시작했다.
그날 마침내 그들이 오랫동안 공들여온 실험에 희망의 서광이 비쳤다.
그동안 온갖 땀과 노력을 쏟아부었던 과학자들은
자신들의 새로운 발명품에 '트랜지스터'라는 이름을 붙였다.
그로부터 긴 세월이 흐른 후, 트랜지스터 발명을 시작으로 탄생한 반도체 산업은
수조 달러의 가치를 창출하는 현대 산업의 핵심이 되었다.
그 덕분에 머리 힐은 제3차 과학혁명의 발상지로 불린다.
인류 역사를 바꾼 이 과학적 발명 뒤에는 한 기업이 있었다.
트랜지스터를 탄생시킨 벨연구소는 당시 미국 AT&T의 연구센터였다.

사실상 지식과 자본이 결합되면서 인류 사회는 기하급수적으로 발전했다.
17세기부터 1970년대까지 인류 생활을 변화시킨 160가지 물건 가운데
80퍼센트 이상이 기업에 의해 창조되었다.
오늘날 전 세계 특허권의 70퍼센트와 연구 개발비의 3분의 2가
다국적기업에서 나온다.
2006년 미국 정부의 연구개발 예산은 1320억 달러였지만
미국 기업들의 연구개발 예산은 2000억 달러에 달했다.

300여 년 전 영국의 사상가 베이컨은 "아는 것이 힘이다"라고 말했다.
하지만 지식이 진정한 힘이 되고 과학기술이 진정으로 최고의 생산력이 되려면
지식이나 과학기술 자체가 아니라
그 지식이나 기술을 혁신시킬 수 있는 기업조직이 필요하다.
혁신활동에 필요한 여러 요소 가운데 제도가 기술보다 중요하기 때문이다.

01
연구개발의 선두에 선 기업

아스피린은 111년의 역사를 가지고 있다. 1899년 독일 제약회사 바이엘이 아스피린을 만들었다. 1869년 염료 회사로 출발한 바이엘은 설립 때부터 실험에 꾸준히 투자해왔다. 처음에는 설립자인 프리드리히 바이어 Friedrich Bayer와 요한 베스코트 Johann Weskott 모두 집안의 부엌 같은 곳에서 직접 실험을 했다. 체계적이고 규모 있는 연구개발이 가능했던 것은 그로부터 20년 후였다.

아스피린은 세기의 약으로 불린다. 바이엘의 제품은 수년 동안

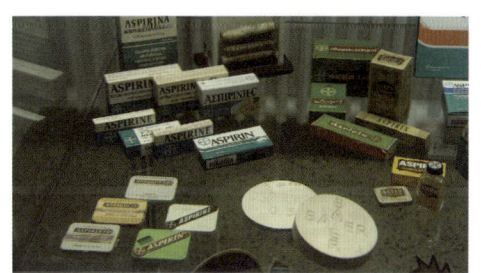

바이엘이 생산한 아스피린

판매량이 10위 안에 들었다. 기업의 연구소에서 속속 탄생한 새로운 제품들은 기업의 지속적인 수익 창출을 의미했을 뿐 아니라 기업이 기술혁신의 주역이 되었음을 세계에 알렸다. 기업이 연구개발의 주체가 되기 전까지는 발명이란 소수의 특출한 인재들만이 할 수 있는 것이었다. 그들은 대학이나 대학원, 연구실 등에서 일했으며, 대부분 개인적으로 발명한 후에 그 발명의 결과를 상품화하기 위해 노력했다.

제1차 산업혁명 시기에도 훌륭한 발명가들이 많이 배출되었다. 서양 각국마다 새로운 발명품이 창조되면 그것을 기반으로 새로운 기업이 탄생하는 일이 매우 흔했다. 미국의 경제학자 더글러스 노스Douglas North는 "영국이 산업혁명을 통해 네덜란드를 추월할 수 있었던 것은 발명과 과학 활동의 증가, 방직과 철강 등의 기술혁신 덕분이지만, 그보다 중요한 것은 생산, 투자, 시장을 연결하는 새로운 조직이 출현했다는 점이다"라고 말했다.

증기선

증기기관차

노스가 언급한 새로운 조직이란 바로 자금과 기술, 시장을 하나로 모은 기업이었다. 산업혁명을 처음 시작한 것은 개인의 혁신이었지만, 그 혁신을 상품과 이익, 투자로 전환시키기 위해서는 기업과 직원, 계약 등이 필요했다.

영국의 과학역사가 조지프 니덤Joseph Needham은 서양 문화의 두 가지 특징을 지적했다. 하나는 과학은 우주를 인식하고 이해하는 유일한 통로라는 것이고, 다른 하나는 과학을 약탈적 기술에 응용해 개인의 부 증대에 사용하는 것이 불변의 진리라는 사실이다. 이런 사회적인 인식 때문에 각국 정부는 일찍부터 발명을 실질적인 재산으로 전환시키기 시작했던 것이다.

특허법이 보호하는 것은 개인의 발명권이지만 개인은 기업을 통해 자원을 조직하고 배치하기 때문에 기업 소유의 특허가 점점 늘어났다. 과학기술의 혁신이 이익을 창조할 수 있다는 사실이 밝혀짐에 따라 기업들은 이익을 얻기 위해 발명에 열을 올리기 시작했다. 19세기 중후반 독일의 대기업들은 앞장서서 연구소를 설립하고 화학과 전기공업 분야에서 중대한 성과를 거두었다.

미국은 언제나 유럽의 경험을 극대화했다. 1900년 미국 기업들은 GE를 필두로 연구개발의 대열에 성큼 합류했다. 기업의 부상은 연구와 개발이 처음으로 체계화되기 시작했음을 의미했다. 기업들은 개인을 대신해 실험실을 설립한 후 "새로운 아이디어를 시험하는 데 수익의 15퍼센트를 사용하겠다. 당장은 수익을 내지 못해도 상관없다. 10년 동안 천천히 수익을 낼 것이다"라고 선언했다. 200년 넘게 성장해온 듀폰은 세계 500대 기업 가운데 가장 오랜 역사를 가지고 있다. 듀폰은 자체적인 연구개발을 통해 막대한 수익을 올리고 있다.

1928년, 이미 화공, 자동차 등 여러 분야에 진출해 있던 듀폰이 새로운 계획을 내놓았다. 순수과학을 기초로 하는 연구를 진행하기로 결정한 것이다. 이를 위해 듀폰은 하버드대학과 MIT에 재직하던 월리스 캐러더스Wallace Carothers 박사를 영입했다.

캐러더스는 세 가지 조건을 제시했다. 첫째, 새로운 실험실을 만들 것. 둘째, 연구 주제에 제한을 두지 말 것. 셋째, 하버드대학 교수일 때 받던 연봉 3500달러를 5000달러로 인상해줄 것이었다.

듀폰은 이 세 가지 조건을 모두 받아들였다. 그때부터 캐러더스는 탄광의 광부처럼 산업의 노예 생활을 했다. 힘들기는 했지만 그는 그 속에서 즐거움을 느꼈다. 그는 "시간을 어떻게 쓰는지, 앞으로의 계획

듀폰의 실험실

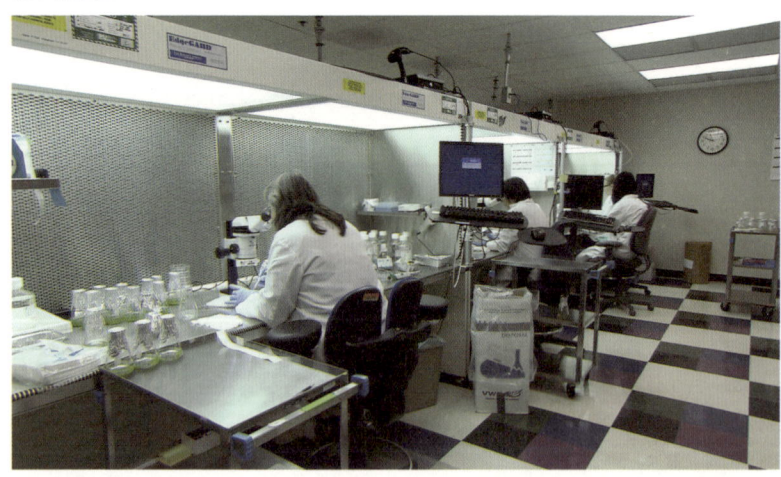

이 무엇인지 아무도 묻지 않는다. 모든 것은 내가 결정한다"고 말했다. 그를 제일 기쁘게 한 것은 연구비의 제한이 전혀 없다는 사실이었다.

1936년 캐러더스 연구팀은 특수한 분자를 발견했다. 나일론의 원료인 '나일론66'이었다. 그 후 나일론의 상품화에 성공해 1939년 드디어 나일론 제품이 출시되었다. 이 제품이 시장에 나오자마자 사람들은 흥분하고 열광했다.

월리스 캐러더스 박사

이것은 기초과학을 통해 새로운 발명품이자 새로운 제품을 탄생시킨 전형적인 사례다. 이 새로운 발명을 위해 듀폰은 2700만 달러를 투자했고 캐러더스는 7년 동안 모든 노력을 쏟아부었다. 나일론의 발명으로 창출된 어마어마한 부를 생각하면 이 정도 투자와 노력은 충분한 가치가 있었다. 나일론의 발명을 계기로 고분자 화학의 기초 연구가 시작되었다는 점도 또 하나의 성과다. 뉴욕세계박람회에서 나일론 스타킹이 최초로 공개되자 전 세계가 열광했다. 나일론은 낙하산의 원료로 쓰이며 제2차 세계대전 중에 더 큰 명성을 떨쳤다.

스타킹을 신고 있는 여성

미국 기업은 이 일을 시작으로 혁신의 사명을 안게 되었으며, 기업이 생산을 통해 가치를 창출하는 것 외에 제품 혁신을 통해 부가가치를 창조할 수도 있다는 사실을 처음으로 인식했다.

_ 토머스 코넬리Thomas Connelly, 듀폰 부회장

어떻게 하면 과학기술을 생산력으로 전환할 수 있을까? 많은 국가들을 고민에 빠뜨린 이 문제의 해답을 시장은 이미 알고 있었다. 바로 기업이 최단 시간에 최저 비용을 들여 과학 실험과 시장 상품을 연결시킬 수 있다는 사실이었다. 그리고 이는 일련의 사례들을 통해 속속 입증되었다.

02
과학기술 전쟁의 서막이 열리다

1930년대 미국 AT&T에 생산라인이 구축되었다. 벨연구소는 연구개발을 담당하고 생산은 웨스턴일렉트릭Western Electric에 맡겼으며 제품 판매는 벨시스템Bell Sysytem이 맡았다. 또한 일정 비율에 따라 벨연구소에 특허 사용료를 지불해 연구개발 경비를 지원했다. 이런 과정을 거치며 미국 AT&T의 사업은 급속도로 확장됐다.

> 벨연구소는 혁신을 추구하고 혁신을 자랑스럽게 여기는 훌륭한 전통을 가지고 있다. 양적 혁신뿐만 아니라 혁명적인 혁신을 추구한다.
> _ 김종훈, 벨연구소 전 사장

머리 힐의 미국 벨연구소

벨연구소는 노벨과학상 수상자 13명을 배출했다. 또한 미국 국립과학아카데미 회원 14명과 미국 공학한림원 회원 29명이 벨연구소를 거쳐갔다. 1934년부터 벨연구소의 서류에 연구개발을 뜻하는 새로운 단어 R&D가 자주 등장하기 시작했다. 이곳 연구원의 약 10퍼센트는 기초과학 연구에 종사하고 나머지 90퍼센트는 기술 개발을 진행했다.

벨연구소의 제1대 소장인 프랭크 주이트Frank Jewett는 "정보통신 산업은 전통 산업과 달리 기초연구에서 진전이 이루어져야만 진정한 혁신을 이룰 수 있다. 트랜지스터의 탄생이 그것을 증명한다"고 말했다.

벨연구소는 가치를 추구하는 단체다. 그들의 가치관은 사상의 자유가 있어야 혁신을 추구할 수 있다는 것이다. 이것은 그들이 최고의 브랜드를 가질 수 있었던 비결이다.

_ 벤 버바이엔, 알카텔-루슨트 CEO

> ### 전화의 발명
> 전화를 발명한 벨은 1847년 3월 3일 영국 에든버러에서 태어나 초등교육을 받았다. 젊은 시절 그는 부친을 따라 농아 교육에 종사했다. 1873년 미국 보스턴대학 교수가 된 벨은 전류를 이용해 사람의 목소리를 먼 곳까지 전달할 수 없을까 하는 생각에 전화기 발명에 착수했다. 1875년 6월 2일, 벨과 그의 조수 왓슨은 서로 다른 방에서 전보기를 실험하고 있었다. 그런데 이때 벨에게 영감을 준 우연한 사건이 일어났다. 왓슨이 자기 방에 있는 전보기에서 스프링을 자석에서 떼는 순간 스프링이 진동했다. 바로 그때 벨은 자기 방에 있는 전보기에서 스프링이 떨려 소리가 나는 것을 발견했다. 전류가 진동을 다른 방으로 전달해준 것이었다. 벨은 여기에서 영감을 얻어 새로운 아이디어를 떠올렸고 부단한 연구 끝에 마침내 전화기를 발명했다.

자유는 과학 연구에서 가장 존중받아야 하는 요소이며, 혁신에 있어서 없어서는 안 될 필수적인 환경이다. 사상의 자유가 보장된 탁 트인 하늘이 있어야만 높이 그리고 멀리 비상할 수 있다.

배너바 부시Vannevar Bush는 1945년에 「과학, 그 끝없는 프런티어」라는 보고서를 발표했다. 이는 미국 과학기술 정책의 교과서로 평가받는다. 그는 국가가 정책을 통해서 과학 사업을 지원해야 하며 과학기술 연구 분야에서 자유로운 탐구 정신을 보장해야 한다고 강조했다. 정부의 의지와 과학의 자유 사이에서 적절한 균형을 유지해 혁신을 이룰 수 있는 공간을 제공하자는 것이었다.

미국 정부는 한편으로 대학의 기술 연구를 적극 지원했다. 많은 연구비를 지원하고 대학의 연구에 간섭하지 않았다. 또한 세금 감면을 통해 기업의 기술 개발을 장려함으로써 기업이 기술 개발 분야에서 더 큰 원동력을 가질 수 있도록 했다.

제2차 세계대전 이후 세계의 과학기술은 끊임없이 혁신되었다. DNA의 발견으로 생물학의 혁명이 일어나고 고분자 화학이 소재의 혁명을 일으켰으며, 원자력 기술과 항공 우주 기술이 급속도로 발전했다. 1950년대 반도체는 미국 기업의 주력 제품으로 자리 잡았다.

세계가 점차 평화로운 발전 단계로 들어서면서 과학기술을 둘러싼 치열한 각축전에서 기업들이 최전선으로 나섰다. 벨연구소가 트랜지스터를 발명했을 때 머나먼 아시아의 일본인은 재빨리 그 상

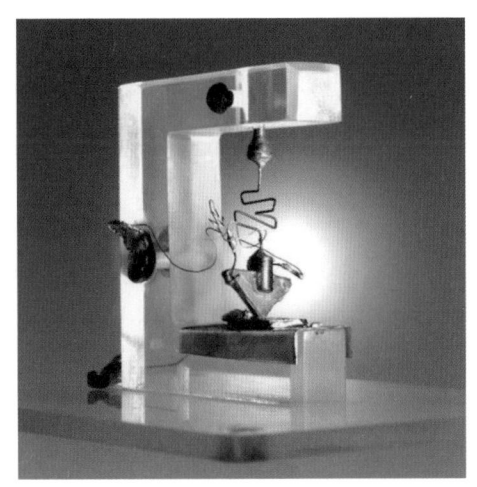

세계 최초의 트랜지스터

업성을 알아채고 몇몇 예리한 소규모 기업들을 중심으로 기회를 잡기 위해 애썼다. 신생 회사 소니도 그중 하나였다. 소니의 창업자 모리타 아키오는 오래전부터 휴대용 라디오를 만들고 싶었지만 트랜지스터가 있어야만 라디오의 크기를 작게 줄일 수 있었다.

1953년 10월, 모리타 아키오는 갖은 노력 끝에 마침내 뉴욕으로 날아가 기술 도입 계약을 체결했다. 모리타의 동업자인 이부카 마사루는 미국에서 보내온 계약서 사본을 받았다. 그런데 계약 체결에 필요한 자금 지불을 위해 통산성에서 관련 수속을 할 때 외화 업무를 담당한 부서의 책임자가 불같이 화를 냈다.

제2차 세계대전 이후 일본의 통산성은 막강한 권력을 가졌다. 당시 수입을 하려면 외화가 필요했는데 외화를 어느 기업에 배분할 것인지

를 결정하는 권리가 바로 통산성에 있었기 때문이다. 기업의 설비 투자 자금을 배분할 때에도 통산성이 발언권을 행사했다. 사전 동의 없이 임의로 계약을 체결했기 때문에 이부카 마사루는 수개월 만에야 겨우 통산성 담당자를 설득할 수 있었다.

1955년 1월, 소니는 트랜지스터 라디오를 내놓았다. 연구 단계에서 뛰어난 실력을 발휘한 에사키 레오나江崎玲於奈는 그 덕분에 일본인으로는 처음으로 노벨상을 수상하기도 했다.

하지만 미국 기업이 이미 한 달 전 세계 최초로 트랜지스터 라디오를 시장에 내놓은 뒤였다. 일본 통산성이 조금만 일찍 허가를 내주었다면 소니가 발명권을 가질 수 있었을 것이다. 모리타 아키오는 이 일을 두고두고 안타까워했다.

일본 통산성은 일본 기업의 본부로서 전략적 업종을 선택하는 일을 담당했다. 제2차 세계대전 이후 일본 경제의 흐름을 결정한 이 기관은 미국의 선진 기술로 눈을 돌렸다. 통산성의 지휘 아래 미국 연구소의 발명 성과들이 일본 땅에서

일본의 반도체 물리학자, 에사키 레오나

하나둘씩 꽃을 피우기 시작했다.

이후 일본은 미국에서 기술과 특허를 사들였다. 단순히 복제하거나 재연을 한 것이 아니라 1달러에 특허를 사면 3달러 이상의 비용을 들여 기술을 혁신시켰다. 이런 기술 심화를 통해 세계 최고의 제품을 만들어낸 것이다. 이런 2차 혁신 정신은 일본 경제 발전에 매우 큰 역할을 했다.

당시 많은 미국 기업들이 미국과 소련의 패권 경쟁에 필요한 군수물품을 생산하며 편안한 나날을 보내고 있는 동안 일본 기업들은 민간 전자제품 개발에 힘을 쏟았다. 유럽인들은 일본을 트랜지스터 판매원들이 모인 국가라고 비웃었지만 1960~1970년대가 되자 상황이 완전히 뒤바뀌었다. "전 세계가 캐논 복사기, 니콘 카메라, 파나소닉 캠코더, 세이코 시계, 샤프 컬러TV의 현란한 색채에 매혹당했다"는 말이 나올 정도였다. 일본 기업들은 제조업 분야에서 모험 정신이 강했다. 일본 정부는 IC회로 개발에 있어서 기업의 적극 협조를 받아 새로운 방향을 모색했다.

1975년, 일본 통산성은 5대 전자회사를 연합해 IC회로 개발 5개년 계획을 실시한다고 발표했다. 기술 도입만으로는 만족하지 못한 일본이 자체 개발을 선언한 것이다. 1979년, 일본 기업들은 단숨에 미국 메모리칩 시장의 40퍼센트를 차지했다. HP의 시험 결과, 일본 메모리칩의 고장률은 미국 제품의 5분의 1에 불과했다. 청천벽력 같은 이 소식에 미국 기업들은 정신이 번쩍 들었다. 이때부터 기업에서 시작된 국가

간 과학기술 전쟁의 막이 올랐다.

당시의 경쟁은 메모리칩 분야에서 벌어졌다. 즉, 인텔이 발명한 D램이었다. 1980년대에 D램 시장에서 한 차례 풍파가 몰아쳤다. 일본 기업들이 메모리칩을 생산하고 있는데 미국에서 원가보다 낮은 가격에 제품을 판매하는 바람에 많은 기업들이 시장에서 퇴출되었다.

_ 폴 오텔리니Paul Otellini, 인텔 전 CEO

1985년 10월 9일, 인텔은 승승장구했던 메모리칩 시장에서 손을 뗀다고 발표했다. 당시 인텔 부사장이었던 조지 슈니어George Schneer는 "그날은 진주만 공습만큼이나 내 기억 속에 강하게 남아 있다"고 말했다. 일본 기업은 40억 달러를 쏟아부어 가격 전쟁에서 승리했고 미국 기업들은 메모리칩 분야에서 모두 철수했다. 이 사건은 실리콘밸리를 역사상 최악의 불황으로 몰아넣었다. 그 후 2년 동안 현지의 반도체회사 직원 5명 중 1명이 실업자가 되었고 HP와 애플마저도 일본에 메모리칩 공급 확대를 요구할 수밖에 없었다. 이 경쟁에서 처참하게 패배한 미국 기업들은 어떻게 재기할 수 있었을까?

실리콘밸리 기업들은 모두 미래의 발전에만 관심을 기울였다. 과거의 기술이나 방식을 돌이켜보는 사람은 없었다. 과거의 제품이 아니라 다음에 어떤 제품을 만드느냐가 가장 중요했다. 무엇보다 중요한 것은 자신을 재발견하고 새로운 시장을 발굴해 성장하는 것이었다.

실리콘밸리에 있는 인텔 본사

1955년, 트랜지스터연구팀의 책임자 윌리엄 쇼클리William Shockley가 벨연구소를 나와 캘리포니아로 향했다. 그는 스스로 창업을 하고 싶었다. 최고의 창조력을 가진 사람이 산업 근로자보다 열악한 대우를 받는다는 것이 창업을 결심한 이유 중 하나였다.

여덟 명의 청년들이 쇼클리에게 합류했다. 마침내 산타클라라 카운티 마운틴 뷰에 있는 한 살구 창고에서 쇼클리반도체가 설립되었다. 쇼클리는 기업가로서는 큰 성공을 거두지 못했지만 그의 창업은 연쇄 효과를 일으켜 새로운 시대를 열었다.

자유를 갈망하는 천재들이 점점 이곳으로 몰려들어 창업의 대열에 동참했다. 신분이나 지위, 국적, 종교도 관계없다. 이곳에서 관심 있는 것은 오직 재능뿐이었다. 실리콘밸리의 신화는 신선한 아이디어를 가진 소수의 대학생들이 창고나 차고에 작은 회사를 세운 데에서 시작되었다.

개인적으로 한국이나 중국의 문화, 특히 아시아 국가들의 문화는 공감대 형성을 중요하게 여기기 때문에 기준을 낮추어서라도 의견 일치에 도달하려고 한다. 물론 이것은 옳고 그름의 문제가 아니다. 이것은 그들이 매우 소중하게 여기는 미덕이자 가치관이다. 하지만 천지가 뒤바뀌는 혁신이란 서로 다른 관점들이 충돌하면서 촉발되는 것이다.

_ 김종훈, 벨연구소 전 사장

페어차일드 반도체회사를 세운 윌리엄 쇼클리의 동료들

쇼클리와 함께 창업했던 여덟 명은 얼마 후 기술적 이견으로 그와 결별한 뒤 페어차일드Fairchild라는 반도체회사를 세웠고, 그중 세 명이 다시 독립해 인텔을 설립했다. 회사의 설립과 해산, 분화는 점차 실리콘밸리에서 흔한 관례가 되었다.

사람들은 보통 살기 위해서 일한다고 생각하지만 실리콘밸리에서는 일하기 위해 산다고 생각했다. 이곳에서 창업은 생활 방식이었고, 실패는 자랑할 만한 경력이 되었다. 시도해보고 열심히 노력했음을 의미했기 때문이다. 실리콘밸리에서의 실패는 창피한 것이 아닌 자랑스러운 훈장이다. 실패를 많이 겪은 사람일수록 경험이 풍부하다고 생각한다.

그것이 바로 실리콘밸리의 매력이다. 회사가 망했더라도 최선을 다해 노력했다면 직원과 투자자들 앞에서 당당할 수 있다. 먼지를 툭툭 털고 일어나 다시 새로운 시도를 하면 그만이었다.

메모리칩 시장에서 일본 기업과 일전을 벌인 인텔은 마이크로프로세서로 다시 일어섰다. 현재 인텔의 명예회장인 앤디 그로브Andy Grove에 따르면 인텔은 당시 수년 전부터 연구개발 전략을 수정하고 있었다. 실리콘밸리가 침체에서 벗어나 퍼스널컴퓨터를 앞세워 다시 세계의 조류를 주도하게 되었을 때 인텔의 신제품은 시장을 재점령할 수 있었다. 반면, 컴퓨터 분야에서 원대한 계획을 펼치려던 일본의 기업들은 새로운 전쟁에서 패배하고 말았다. 무엇 때문이었을까?

1970년대 이후 일본 정부는 컴퓨터 분야가 미래 전략 산업으로서 중요한 의미를 가진다는 것을 깨닫고 생산 시스템을 컴퓨터 산업으로 집중시켰다. 특히 통산성은 컴퓨터 분야 관련 정책을 잇달아 제정했다. 통산성은 IBM을 최고의 경쟁자로 보고 IBM의 모델에 따라 컴퓨터 산업을 육성했다. 그런데 퍼스널컴퓨터의 거센 돌풍 앞에서 IBM은 마이크로프로세서와 운영체제의 우위를 지키지 못했고, 일본의 컴퓨터 회사들도 IBM과 함께 몰락했다.

후발주자는 언제나 앞서 달리는 사람을 따라잡으려 한다. 일본 통산성의 정책으로 일본 기업들은 앞선 기업을 추월해 선두를 낚아챘다. 하지만 방향을 제시해줄 수 있는 기업이 사라지자 곧 넘어지고 말았다. 누가 혁신의 방향을 주도할 것인가? 누가 과학기술 자원의 배치를 결정할 것인가? 시장이 내는 새로운 신호를 누가 제일 먼저 감지할 것인가? 근본적인 문제는 바로 여기에 있었다.

당시 미국에는 '일본주식회사'라는 말이 있었다. 일본 전체를 하나의 주식회사로 본 것이다. 정부가 구축한 기업경쟁 체제는 결과가 좋았다. 당시 일본 통산성 부대신은 일본의 성공에 대해 이렇게 말했다. "사실 우리는 모든 힘을 동원해 경제성장을 추진했다. 시장의 메커니즘과 보이지 않는 손이 합리적인 결과를 가져다줄 것이라는 굳은 신념은 현실과는 동떨어진 신화일 뿐이다." 하지만 정부가 경쟁을 막으려 하자 결과는 실패로 돌아갔다.

일본의 컴퓨터 산업이 좌절을 맛본 뒤 최고의 혁신 국가를 만들려던 사람들은 다시 고민할 수밖에 없었다. 자유시장에서는 경쟁이 존재하기만 한다면 창의력과 상상력이 끊임없이 자극받고 기업가 정신과 새로운 방식이 탄생할 수 있다. 그러므로 지휘와 통제를 받는 경제는 근본적으로 진정한 자유시장 경제를 따라갈 수 없다.

사실 일본의 가장 성공적인 수출상품인 카메라, 시계, 정밀 설비는 모두 통산성의 보호를 받지 않고 치열한 경쟁 속에서 성장한 것들이었다. 이 기업들은 정부의 판단에 의해서가 아니라 각자의 두뇌로 기술과 제품을 창조해냈다. 당시 원대한 꿈을 품고 있던 소니처럼 수많은 소형 기업들이 바로 일본이 이룩한 혁신의 원천이었다.

창조와 혁신에는 사상의 자유가 필요하다. 획일성이나 상명하달식으로는

혁신을 이룰 수가 없다. 많은 사람들이 각각 다른 것을 생각하고 더 미시적인 일을 고민해야 한다.

_ 제닉 레이돈, 컬럼비아대학 국제공공정책대학원(SIPA) 교수

뉴욕 아몽크에 있는 IBM 본사

03
기적을 실현하는 힘

샌프란시스코 만을 둘러싼 길이 48킬로미터, 너비 16킬로미터의 실리콘밸리는 정보통신 시대의 상징이 되었다. 실리콘밸리는 IT기업들의 창업의 메카다. 미국의 특허 12건 중 1건은 이곳에서 나온다. 1980년대 실리콘밸리에는 3000개의 전자회사가 입주해 있었고, 1990년대에는 매주 평균 18개의 기업이 새로 탄생했다. 이곳에서 창업하는 데 걸리는 시간은 유럽의 12분의 1에 불과하고 필요한 자본도 유럽의 3분의 1에 불과하다.

신기술과 새로운 아이디어만 있으면 투자를 받아 누구나 창업할 수 있다. 실리콘밸리에서 창업은 아주 흔한 일이다. 실리콘밸리가 벤처투자에 힘입어 지구가 탄생한 이래 가장 많은 합법적 부를 창출했다고 말

실리콘밸리의 발전

하는 사람도 있다. 실리콘밸리에 벤처투자자가 개입한 것은 선의가 아니라 그들이 지구상에서 가장 탐욕스러운 자본가이기 때문이다. 사실상 혁신과 탐욕의 조합으로 실리콘밸리가 빠르게 발전할 수 있었다.

실리콘밸리는 하나의 기적이다. 실리콘밸리 모델에 대해 이야기할 때 반드시 빼놓지 말아야 할 것은 동등한 시스템이다. 실리콘밸리는 우리와 멀리 떨어진 화성에서 탄생한 것이 아니다. 어느 국가의 기업이든 진공 상태에서 혁신을 실현할 수는 없다.

1980년대 일본 기업들이 급부상한 후 미국의 과학기술 자원이 기업으로 집중되기 시작했다. 미국 정부는 기업이 주도하는 연구개발 비용의 3분의 1을 지원하고 세제 혜택 및 법률적 수단으로 기업의 혁신을 장려했다. 1980년 미국 의회는 지식산업의 발전을 촉진하기 위한 '베이-돌 법 Bayh-Dole Act'을 통과시켰다. 이 법은 이정표와 같은 의미를 지녔다. 바로 미국 정부와 대학, 기업 간에 새로운 관계를 확립한 것이다.

이 법에서 가장 중요한 조항은 연방 정부가 대학에 과학연구비를 지원해도 연구 성과는 대학이 가진다는 것이었다. 단, 한 가지 조건이 있었다. 그것은 모든 대학이 반드시 연구개발의 성과를 상품화하기 위해 적극적으로 노력해야 하며, 기술 이전 방식을 통해 민간 및 개인기업에 제공함으로써 기업들이 계속해서 개발하고 연구할 수 있도록 해야 한다는 것이었다. 이 밖에도 종업원 500명 이하의 소규모 기업을 최대한 배려하기를 바란다는 조항도 있었다.

> **스탠퍼드대학과 실리콘밸리**
>
> 스탠퍼드대학이 급부상한 것은 1970년대 이후의 일이다. 약 33.104제곱킬로미터에 달하는 드넓은 부지를 활용할 방안을 찾던 중 1959년 공과대학장 프레드릭 터먼Frederick Terman 교수가 한 가지 구상을 내놓았다. 이것이 바로 스탠퍼드대학의 전환점이 되었다. 대학 부지 가운데 약 4제곱킬로미터의 면적을 저렴한 임대료를 받고 창업하려는 졸업생들에게 장기 임대하고 그들에게 다양한 연구 프로젝트를 제공하면서 실습할 수 있는 기회를 주자는 것이었다. 그렇게 해서 스탠퍼드대학은 미국 최초로 학교 안에 산업단지를 설립했다. 산업단지 내에 속속 회사가 입주하면서 면적이 부족해지자 신생 회사들은 외부로 확장하기 시작했고, 이렇게 해서 탄생한 것이 바로 현재 전 세계 IT 산업을 주도하고 있는 미국 캘리포니아 주의 '실리콘밸리'다.

야후 본사

유튜브 본사

정부의 주도로 대학과 기업, 특히 소규모 기업이 같은 길을 걷게 되었다. 법안 통과 후 각 대학은 발 빠르게 움직였다. 특히 1970년에 설립된 스탠퍼드대학의 기술이전사무소 Office of Technology Licensing는 많은 성과를 거두었다. 이 사무소는 교직원과 학생들의 발명을 맡아서 관리하고 특허 출원과 기술이전을 책임지며 발명이 상품화에 성공하면 각자 이익을 배분하는 방식으로 운영된다.

이익은 아주 명확하게 분배되고 모든 사람들에게 공개한다. 상품화에 성공하면 우선 기술이전사무소가 수입의 15퍼센트를 떼어내 개발경비로 예치하고, 남는 수익은 발명자와 발명자가 소속된 학과, 학교가 똑같이 3등분한다. 권익이 확실하기 때문에 고급 인재들에게 발명의 동기를 유발할 수 있고 가장 큰 창의력을 발휘한 사람은 큰 부를 거머쥘 수 있다. 경제학자 갤브레이스는 "권력이 가장 중요한 생산요소인 소유자에게 귀속되었다"고 평가했다.

20세기 말 과학기술은 자본보다 더 중요한 생산요소가 되었다. 자본시장의 지원 아래 각종 IT기업들이 탄생하고 신생 인터넷 기업들이 전통기업을 제치고 세계 500대 기업에 선정되었다. 독창적인 아이디어는 신흥 산업으로 성장했으며 권력도 그에 따라 새롭게 이동했다. 이른바 지식경제시대가 도래한 것이다. 혁신이 과거 어느 시대보다 더 중요한 의미를 갖게 되었다.

한 국가의 혁신능력을 10년, 20년, 50년, 100년까지 유지시키려면 새로운 발명과 새로운 기업, 과거에는 상상하지 못했던 새로운 기술이 필요하다. 혁신 능력은 정치 체제와 관계없이 어느 사회에서든 모두 중요하다. 혁신 능력이 사회 발전의 원동력이고 새로운 이념과 생각을 제공하기 때문이다.

혁신은 하나의 시스템이다. 경쟁할 수 있는 시장 환경이 마련돼야만 지속적인 혁신이 가능하다. 미국의 통신 산업이 정부에 의해 독점되고 있던 1980년대, 벨연구소의 기술 발명은 특허 단계에 머무를 수밖에 없었다. 하지만 AT&T가 분리되고 통신 산업에 경쟁이 도입되면서 수조 달러의 경제적 가치가 창출되고 IT 기술이 새롭게 도약할 수 있었다.

작은 회사였던 마이크로소프트가 성장해 세계적인 기술 패권을 쥐게 되자 미국 사법부는 독점에 관한 새로운 난제에 부딪혔다. 마이크로소프트가 시장에서 독점가격을 유지하고 있을 뿐 아니라 기술까지 독점해 더 많은 혁신기업들이 나타나는 것을 막고 있다는 것이었다.

더 많은 중소기업들의 혁신적인 역량을 보호하기 위해 미국 정부는

IT 독점기업이라 불리는 마이크로소프트

할 수 없이 미국은 물론 전 세계에서 유사 이래 최고의 성과를 올린 마이크로소프트를 향해 칼을 빼들었다. 그들의 업종 독점과 기술 독점이 혁신을 위한 환경을 해치고 있다는 판단 때문이었다.

    실리콘밸리에 있는 반도체회사들을 둘러보면 초보 단계에 있는 소규모 회사들이 기술혁신에 있어서 아주 중요한 역할을 한다는 사실을 알 수 있다. 특히 새로운 기술 분야를 개척할 때는 경험이 많다고 해서 반드시 유리한 것은 아니다.

새로운 소규모 기업들이 원대한 안목과 계획을 가지고 이미 안정된 분야로 뛰어들어 그 분야를 완전히 뒤엎는다. 그러면 기존 기업들은 줄줄이 파산하고 새로운 기업들이 시장의 주도자가 된다. 이것이 바로 파괴적인 창조다. 하지만 이는 시장경제에 활력을 부여하는 전형적인 경우다.

오늘날 IT 경쟁은 비단 경제와 기술 분야에서 앞서 있는 국가들만의 일이 아니다. 기업의 발전에 유리한 환경이 조성된 곳이라면 어디든 새로운 기적이 탄생할 수 있다.

벵갈루루Bengaluru는 인도의 실리콘밸리라고 불린다. 20세기 말 전 세계가 밀레니엄버그의 공포에 빠져 있을 때 제일 먼저 가장 완벽한 해결 방법을 생각해낸 것은 미국도, 일본도, 유럽도 아닌 인도 기업이었다. 벵갈루루가 일약 유명세를 타면서 그곳의 소프트웨어 기업들은 그 덕분에 50억 달러의 수익을 거두었다. 당시는 인도가 시장개혁을 한 지 8년밖에 되지 않았을 때였다.

수요만 있다면 시장은 언제 어디서든 제 역할을 발휘할 수 있다. 일단 수요가 생겨나면 똑똑한 기업가들이 나타난다. 똑똑한 기업가가 중국, 프랑스, 그리스, 미국 어디에서 등장하든 사람들이 필요로

벵갈루루

'삶은 콩'을 뜻하는 지명을 가진 이곳은 인도 남부에 위치한 도시로 16세기경에 건설되었다. 1985년에 미국 업체인 텍사스인스트루먼트Texas Instruments가 벵갈루루에 디자인센터를 설립해 다른 다국적 IT업체들에게 인도라는 새로운 근거지를 개척해주었다. 현재 벵갈루루는 이미 인도의 과학기술 중심지가 되어 있다. 인도 정부도 벵갈루루의 IT 산업 발전을 위해 충분한 정책적 지원을 제공했다. 1999년 인도는 정보기술부를 신설했다. 당시 세계적으로 IT 전문 부처를 가진 나라가 많지 않았다. 2000년 10월 17일 인도에서 IT 법안이 발효됨으로써 전자상거래 산업의 안정적인 발전을 위한 법률적 보호 장치가 마련되었다. IT 산업의 발전은 벵갈루루에 막대한 부를 안겨주었다.

인도의 실리콘밸리라 불리는 벵갈루루 도심

하는 것을 발명해낼 것이다.

_ 앙트완 반 아그마엘Antoine van Agtmael, 이머징마켓매니지먼트 회장

    1981년, 나라야나 무르티Narayana Murthy는 동업자들과 함께 벵갈루루에 인포시스Infosys라는 소프트웨어회사를 설립했다. 당시에는 소프트웨어회사의 설립 허가를 받으려면 18개월이 걸렸고 전화선 하나를 끌어오는 데도 1년을 꼬박 기다려야 했다. 정부의 엄격한 통제 때문에 기업은 생존을 위협받았고 기술혁신은 더더욱 힘들었다.

과거 인포시스는 정말로 어려웠다. 그때는 컴퓨터 한 대를 수입하려고 해도 수많은 복잡한 수속들을 거쳐야 했다. 하지만 나중에는 이런 상황이 완전히 바뀌었다.

_ 란가라잔 벨라모르Rangarajan Vellamore, **인포시스 중국 CEO**

변화는 1991년부터 시작되었다. 그해 일흔 살의 라오 총리가 취임하면서 인도는 개방된 시장경제 체제를 구축하기 시작했다. 인도 정부는 창업과 기업 경영을 통제하던 허가 제도를 점차 폐지했고, 기업을 설립한 뒤 거쳐야 했던 각종 허가 수속들도 더 이상 필요 없게 되었다. 기업이 생산을 확대하고자 할 때에도 더 이상 뉴델리에 있는 정부 공무원들의 동의를 얻을 필요가 없어졌다.

인포시스는 단 10년 만에 인도에서 두 번째로 큰 소프트웨어 기업으로 성장했고 2008년 전 세계 소프트웨어 수출액 100대 기업 중 3위를 차지했다. 인도 역시 고속 성장하는 기업들에 힘입어 미국의 뒤를 이은 세계 2위의 소프트웨어 수출국으로 도약했고, IT 분야에서 확실히 자리매김했다. 인포시스의 창업자 무르티 회장은 "이 모든 것은 꿈이 있기에 가능했다. 누구에게나 무지개를 잡을 기회가 있다"라고 말했다.

혁신을 고무시키는 것에 관해 미국 경제학자 더글러스 노스가 한 유명한 말이 있다. "혁신의 사회적 공헌과 혁신을 실현한 사람이 얻는 대가가 서로 일치하거나 차이가 적을수록 사람들의 혁신 능력을 더욱 자극할 수 있다.

이것을 가능하게 하는 제도가 바로 혁신을 장려할 수 있는 가장 효과적인 제도다."

_ 우징롄, 중국 국무원 발전연구센터 연구원

현재 무수히 많은 대기업과 중소기업들이 세계 각지에서 상상도 못한 새로운 것들을 창조하고 있다. 미지에 대한 탐구는 무한하며 기업은 꿈과 함께 나아갈 것이다.

100년 전 오스트리아의 경제학자 슘페터는 "새로운 제품, 새로운 기술, 새로운 시장은 새로운 조직을 탄생시킬 것이다"라고 예언했다. 20세기 말, 기업이 가져온 기술혁신은 기업 자신과 세계를 변화시키고 있다. 혁신은 기업 생존의 숙명이며 기업은 인류 혁신의 선두에 서 있다.

Interview inside
: 인터뷰 인사이드 :

폴 오텔리니 인텔 전 CEO
빌 포드 포드자동차 회장
장 폴 아공 로레알 회장 겸 CEO

Q 정부가 IT 기술에 직접 투자하는 것과 기업이 IT 기술을 연구개발하는 것은 어떤 관계에 있습니까?

A **폴 오텔리니** 혁신을 촉진하거나 창의력을 자극하는 데 있어서 정부는 큰 역할을 하기 힘들다고 생각합니다. 정부는 기초연구 분야 외에 자본을 창출할 수 있는 환경과 취업 환경, 합법적으로 공장을 설립할

수 있는 방법, 그리고 충분한 물과 전력 등을 제공해줘야 합니다. 이런 인프라를 모두 구축하는 것이 바로 정부가 할 일입니다. 인프라가 잘 구축되어야만 기업이 활발하게 발전할 수 있기 때문입니다.

미국 정부는 실리콘밸리에 대해 많이 간섭하지 않았습니다. 이것이 실리콘밸리에는 유리한 일이었죠. 실리콘밸리의 기업들은 모두 민영 체제가 기업의 발전과 혁신을 위한 최적의 형태라고 생각할 것입니다. 매년 전 세계에서 대학을 졸업한 인재들이 모여들어 실리콘밸리에 신선한 활력을 주입하고 있으며 이것이 바로 오늘의 실리콘밸리를 탄생시킨 힘입니다.

Q 미국인들의 혁신 정신과 미국 문화는 어떤 연관성이 있습니까?

A **빌 포드** 미국인들의 혁신 정신이 미국 문화와 관련된 것은 분명한 사실입니다. 하지만 단순히 문화적 요인으로만 설명할 수는 없습니다. 창업 초기에는 신속하게 도움을 받는 것이 매우 중요합니다. 특히 자금 지원을 받을 수 있다면 참신한 아이디어를 수익으로 연결시킬 수 있죠. 이 점에 있어서 미국 정부가 매우 잘하고 있다고 생각합니다. 사실 기업가 정신과 혁신은 세계 어디에나 있습니다. 미국에만 있다고 생각하는 것은 잘못입니다.

기업은 혁신하지 않으면 생존할 수 없습니다. 오늘날의 포드자동차가 매우 훌륭하다고 생각되는 것은 그들의 제품 속에 혁신적인 요소들이 많이 들어 있기 때문이죠. 현재의 자동차들은 환경, 안전, 여가 등 많은 분야에서 혁신적인 요소들을 품고 있습니다. 부단히 혁신을 꾀하지 않는다면 기업은 서서히 쓰러질 수밖에 없습니다. 그래서 포드자동차는 혁신 정신을 유지하고 언제나 앞장서서 혁신을 추구하고 있습니다. 이것은 매우 중요한 일입니다.

위대한 기업들은 모두 위대한 혁신에서 시작되었습니다. 그다음에는 그 위대한 혁신을 어떻게 현실로 만들 것이냐가 중요한 문제가 됩니다. 포드자동차에는 훌륭한 아이디어를 가진 사람들이 아주 많습니다. 하지만 과거에는 기업의 관료주의나 모험을 두려워하는 성향 때문에 이런 아이디어들이 현실화되지 못했죠. 앞으로 이 점을 개선해나가야 합니다.

Q 로레알의 CEO로서 과학과 연구가 기업에게 어떤 의미를 가지고 있다고 생각합니까?

A 장 폴 아공 로레알은 과학과 연구를 바탕으로 탄생했습니다. 창업자인 외젠 슈엘러Eugene Schueller는 화학자였습니다. 그는 화장품을 생산하려면 우선 과학을 연구해야 한다는 생각으로 1909년에 로레알을 설립했습니다. 우리는 화장품이 하이테크 제품이며 과학 연구와 혁

신을 통해서만 더 우수한 제품을 만들어 소비자들을 만족시킬 수 있다고 확신합니다. 과학 연구는 로레알의 전략에서 가장 핵심적인 부분입니다. 우리는 해마다 과학 연구에 6억 유로를 투자하고 있고 3000명이 넘는 연구원이 근무하고 있습니다. 우리가 세계 화장품 시장을 주도할 수 있는 첫 번째 이유는 바로 우리의 과학 연구와 품질을 믿는다는 것입니다. 우리는 세계의 모든 소비자들이 제품의 품질 차이를 구분할 수 있고, 어떤 것이 가장 훌륭한 제품인지 알 수 있다고 굳게 믿고 있습니다. 현재 로레알은 연구개발에 대한 투자를 계속 늘려가고 있습니다. 10년, 또는 20년 후면 과학 연구와 품질 혁신을 통해 세계 시장에서 로레알의 지위가 더 굳건해질 것이라고 확신합니다.

Insight review
: 인사이트 리뷰 :

과 학 기 술 이   왜   최 고 의   생 산 력 인 가 ?

1770년대에 제1차 산업혁명이 시작된 후 인류의 과학기술은 하루가 다르게 발전해왔다. 1870년대 미국의 전기기계, 화학품, 내연기관 발명은 제2차 산업혁명의 서막을 열었으며 인류는 전기 시대로 들어섰다. 제2차 세계대전 이후 1940년대 말부터 1950년대 초까지 미국에서 제3차 산업혁명이 일어났다. 이 혁명은 원자력, 컴퓨터, 항공우주기술, 생명공학, 고분자화학 등의 발전이 주도했다.

1970~1980년대에는 미국 등 선진국에서 새로운 기술혁명이 시작되었고, 정보 기술과 정보산업을 중심으로 한 하이테크 기술 및 산업이

빠르게 발전했다. 이 기술혁명의 두드러진 특징은 마이크로전자 기술과 컴퓨터 기술, 통신 기술, 인터넷 등 현대 과학기술을 정보 기술에 적극적으로 응용했다는 것이다. 이 새로운 기술혁명이 인류 사회의 발전에 끼친 영향력은 과거 그 어떤 산업혁명보다도 크다.

경제가 발전해온 과정을 돌이켜보면 과학기술은 최고의 생산력으로서 그 역할을 충실히 수행해왔다. 기술의 진보는 신흥 산업을 성장시키고 생산 영역의 범위와 깊이를 더욱 확대시켰으며 기존 산업을 끊임없이 개조하고 노동생산성을 크게 향상시켰다. 또한 과학기술은 산업의 구조조정을 촉진하고 사회의 분업을 더욱 발전시켰으며 사회의 생산력을 향상시켰다. 과학기술의 발전 수준은 이미 한 국가의 국력을 가늠하는 기준이 되었고 사람들의 생활 방식에도 깊은 영향을 미쳤다. 인류는 과학기술을 이용해 세상을 변화시키고 인류의 생존과 발전 방식 또한 바꿔놓고 있다.

기업이 혁신을 실현하는 힘은 어디서 나오는가?

자유경쟁을 가장 큰 특징으로 하는 시장경제 체제는 혁신을 자극하고 개인의 창업을 촉진하지만 명령과 계획에 의해 움직이는 경제에서는 혁신이 이루어질 수 없다. 기업의 혁신을 실현하는 가장 기본적인 요소는 바로 '개인의 자주성'이다. 이것이 현대 경제학에서 말하는 '인력자본'이기도 하다. 시장 분업은 전문지식을 가지고 있는 사람들을 따로 분리시켜 그들의 지식을 상업화된 지식으로 전환했으며, 이익이라는 강력한 동기를 부여해 분업을 확장시키고 사회를 계속해서 전문화시켰다.

오스트리아의 경제학자 슘페터는 "새로운 제품, 새로운 기술, 새로운 시장은 새로운 조직을 탄생시킬 것이다"라고 예언했다. 이 새로운 조직을 사람들은 '하이테크 기업' 또는 '기술집약형 기업'이라고 부른다. 이런 기업의 특징은 기술과 인적요소를 주요 자원으로 삼는다는 데 있다. 기술이 일단 자원이 되면 기술혁신은 더 이상 개별적인 기업의 행위가 아니라 기업의 보편적인 원동력이자 규칙이 된다. 물론 이런 기업들 간에 충분한 경쟁이 가능해야 한다. 충분한 경쟁이 있어야만 기업들이 서로 배우고 변화해야 할 필요성이 생기고, 또한 강한 자는 살아남고 약한 자는 도태되는 외부적인 압력도 생겨나기 때문이다.

기업들에게는 혁신적인 기술보다는 혁신적인 시장이, 혁신 능력보다는 혁신의 메커니즘이 더 중요하다. 혁신적인 기술은 혁신적인 사고방식에서 나오며, 혁신적인 사고방식은 혁신적인 제도에서 나온다. 그런데 특별히 강조해야 할 것이 있다. 바로 지적재산권이다. 개인이 기업의 재산을 전적으로 책임질 수 없거나 기업을 책임질 수 있을 만큼의 재산을 가지고 있지 않다면, 재산권에 대한 책임을 명확하게 구분할 수 없고 혁신도 이루어질 수 없다. 특허법의 원형이 된 '독점법Statute of

Monopolies'이 1623년 영국에서 세계 최초로 반포되었고, 훗날 미국도 특허권을 헌법에 포함시켰다. 이런 법률을 제정한 목적은 '천재들의 불길에 이익이라는 기름을 부어주는 것'이었다.

제도와 기술 가운데
무엇이 더 중요할까?

기업이 혁신을 실현하고 하이테크 기술이 발전하기 위해서는 모두 제도적 환경이 필요하다. 제도적 환경이란 생산, 교환, 분배의 기반을 구축할 수 있는 정치적, 사회적, 법률적 규칙을 의미한다. 기술은 생산비용을 낮추고 제도는 거래비용을 절감시킨다. 제도가 기술보다 우선한다고 말하는 이유가 바로 여기에 있다.

하이테크 기술을 발전시키기 위해서는 물질적인 자원이나 기술 자체에만 집중해서는 안 된다. 인력자원이 적극적으로 역할을 발휘할 수 있는 경제 시스템과 사회문화적 환경을 구축하는 데 주력해야 한다. 중소기업의 발전도 지원해야 한다. 혁신과 창업은 밀접한 관계를 맺고 있기 때문이다. 혁신은 새로운 기업, 특히 중소기업에서 더 쉽게 출현하는 법이다. 재산권의 구분이 불분명하고 정치와 기업 사이의 역할 구분이 미흡하며 자체적인 경쟁력을 갖지 못한 국유기업들을 진정한 기업으로 전환시키고, 공평한 경쟁을 확립하는 동시에 혁신에 유리한 자금조달

시스템을 구축해야 한다.

　인력자원은 기업의 혁신에서 매우 중요한 역할을 하며 하이테크 기업들의 핵심 경쟁력이기도 하다. 그러므로 제도가 적절하게 안배되었는지 확인할 수 있는 최종적인 기준은 전문 인력들이 적극성과 창의성을 발휘할 수 있는가이다. 다양한 지원과 격려를 통해 기술혁신을 자극하는 것이 제도 수립을 책임진 이들의 중요한 사명이다. 혁신을 추진하는 힘에 있어서는 정부보다 시장의 기업들이 훨씬 우위에 있다.

　제도를 수립할 때 가장 중요하게 고려해야 할 것은 모든 국민이 서로 믿고 자유롭게 발전할 수 있는 공간을 마련해주고 행위 규범을 제정해야 한다는 점이다. 그런 의미에서 볼 때, 국가가 제도를 수립하는 것은 자유롭게 발전하고자 하는 사람들의 욕망을 충족시키기 위한 것이며, 이는 곧 마르크스가 말한 '자유인들의 연합체'를 구축하는 일이다.

국유기업에서 창업 열풍으로,
국가 독점에서 자유 경쟁으로,
중앙 계획에서 시장 주도로 전환되기까지
중국 기업들은 수많은 시행착오를 거쳤다.
중국이 신흥시장으로 성장하기 위해 힘겨운 변혁을 수행하는 동안
기업들은 또 어떤 혁신을 실현해야 할까?

제9장

신흥시장국가 중국의 야심

청나라 건륭 24년인 1759년,
중국 황제에게 서신 한 통이 전해졌다.
제임스 플린트라는 영국 상인이 보낸 것이었다.
중국 상인이 자신의 돈을 갚지 않아 황제에게 억울함을 호소한 그는
본국에 있는 '공반아'에서 자신을 베이징으로 보냈다고 밝혔다.

이는 중국 역사에서 기업의 사무와 관련된 최초의 기록이다.
'공반아'는 '기업'을 뜻하는 영어 단어
'컴퍼니'를 중국어로 음역한 말이다.
하지만 당시 태평성세를 누리며 세계적인 경제규모를 자랑하던 중국인들은
기업이 무엇인지는 별로 관심이 없었다.

100여 년 후 영국, 프랑스, 이탈리아, 벨기에 4개국 공사를 지낸
청나라의 외교관 설복성은 유럽을 두루 구경한 뒤 이런 말을 남겼다.
"기업이 흥하지 않으면 상공업이 발전할 수 없고
상공업이 발전하지 않으면 중국은 부유해질 수도, 강해질 수도 없다."
당시 서양 공업국들은 앞선 경제 제도로 세계를 호령하고 있었고
부강을 꿈꾸는 국가라면 모두 이 점을 간과할 수 없었다.
오랜 세월 동안 방황과 고뇌를 하고 실험과 수정을 거친 후
새로운 중국과 중국 기업은 마침내 독특한 시장화의 길을 찾아냈다.

01
전제정치 아래서 싹 틔운 최초의 기업 열풍

한때 '십리양장十里洋場(상하이 조계지의 번화한 거리를 이르는 말)' 또는 '모험가의 낙원'으로 묘사된 상하이는 1842년 대외통상 항구로 지정된 뒤 각국 회사의 격전지가 되었다.

개항 40년 후인 1882년, 한 중국 회사가 외국 회사들의 해운업 독점 구도를 깨뜨렸다. 바로 근대 중국 최초의 주식회사인 윤선초상국輪船招商局이다. 윤선초상국은 설립 10년 만에 해외에 여러 지

윤선초상국 설립

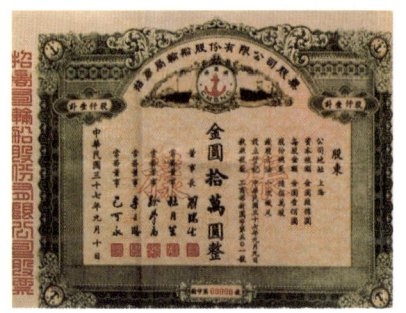

윤선초상국의 주식

제9장 신흥시장국가 중국의 야심   359

윤선초상국

1870년대부터 개혁을 주장한 양무파는 국가를 부강하기 위한 수단으로 군수산업을 발전시키는 한편 교통운송, 광산, 철강, 방직 등 민간산업도 육성하기 시작했다. 1872년 이홍장李鴻章이 연해 지역의 해운업을 몰수하고 외국 선박의 침범을 막기 위해 거상 주기앙朱其昂과 주기소朱其詔 형제를 상하이로 보내 민간 투자금을 모집하도록 했다. 이를 위해 설립한 회사가 '윤선초상공사輪船招商公司'였다. 이는 양무운동 중 군수기업이 민간기업을 겸하고, 관판官辦(정부가 직접 기업을 소유하고 경영하는 방식)에서 관독상판 방식으로 전환한 첫 번째 사례였다. 윤선초상공사는 여객 운송과 조운漕運(현물로 거둬들인 각 지방의 조세를 수도까지 운반하는 것) 등 운송 업무에 종사했으며, 중국 최초의 근대적인 선박운송회사였다. 설립 직후부터 심각한 적자에 시달리다가 이듬해 7월 이홍장에 의해 윤선초상국으로 개편되었다.

사를 세웠으며 연 매출액이 은 160만 냥을 넘었다. 동인도회사에 의해 무력으로 강제 개항된 후 중국인들은 처음으로 자국 기업의 힘을 느꼈다.

1880년대는 세계 각국 기업들이 활발하게 발전하던 시기였다. 영국의 많은 개인 상공업 회사가 주식회사로 변모했다. 1877년부터 1887년까지 10년 동안 영국에 등록된 주식회사가 1만 5165개에 달했다. 당시 세계에서 가장 빠르게 발전하던 미국과 독일에서 기업은 이미 경제활동의 주체가 되어 있었다. 특히 미국에서는 다수의 대기업이 성장하고 있었다. 아시아에서는 중국의 양무운동과 일본의 메이지유신을 통해 기업 제도가 처음 등장했다.

양무운동은 중국 근대화의 시초라고 할 수 있다. 먼저 군수산업을 발전시켜 선진화된 생산력을 도입했으며 1872년부터는 민간 기업이 설립되었다.

_ 천정핑陳爭平, 칭화대학 인문학원 교수

1882년 9월 27일자 〈신보申報〉에는 윤선초상국의 주가가 100냥에서 253냥으로 오르고 다른 회사의 주가도 일제히 상승했다는 기사가 실렸다. 하지만 체제적인 어려움이 서서히 드러나기 시작했다.

윤선초상국 설립 초기에는 상인이 경영하고 정부가 감독하는 관독상판官督商辦 방식으로 운영되었다. 관독상판 규정은 훗날 청나라 말기 국유기업 설립에 참여한 관리 겸 자본가 성선회盛宣懷가 만들었다. 그는 민영 상업이 아니면 이익을 얻을 수 없고 정부의 감독이 없으면 폐단을 막을 수 없다고 생각했다. 정부가 상업을 감독한다는 것은 정부가 민간의 힘을 통제하고 시장의 규칙이 아닌 관리의 도덕성만을 믿는다는 것을 의미했다.

> **양무운동**
>
> 자강운동自强運動이라고도 부른다. 1861년부터 1894년까지 청 정부 내의 양무파가 "서양 오랑캐의 장점을 배워서 그 힘으로 서양을 제압하자"고 주장하며 전국적으로 추진한 개량운동이다. 두 차례 아편전쟁을 겪으며 청 정부의 통치계급 내부에서 내우외환의 혼란을 어떻게 해결할 것인가를 놓고 '양무파'와 '수구파'로 의견이 나뉘었다. 양무파는 관판과 관독상판, 관상합판官商合辦 등의 방식으로 새로운 산업을 발전시켜 국력을 강화해 청 정부의 봉건통치를 수호해야 한다고 주장했다.

정부 감독 체제는 당시로서는 아주 새로운 제도였으며 새로운 민족기업의 설립을 촉진하는 역할을 했다. 그러나 이 체제는 오래갈 수 없었다.

_ 천정핑, 칭화대학 인문학원 교수

정부가 사사건건 감시하고 감독하니 기업은 제대로 활동할 수 없었다. 1883년, 윤선초상국은 정부의 주식 소유 기한이 만료되면 지분을 처분해 완전히 민영화해달라는 상소문을 조정에 올렸다. 하지만 결국에는 개인 주주가 퇴출되고 성선회가 민관 양측의 역할, 즉 감독과 경영을 모두 맡아 회사로 들어가게 되었다.

민간기업이나 민영기업, 그리고 전제정부 사이에는 태생적인 모순이 존재한다. 물론 정부의 전제정치와 민간의 경제적 역량은 기업뿐만 아니라 민간 부문 전체에 대해서도 어느 정도 모순을 가지고 있다. 전제 제도, 특히 황제가 있는 전제주의 하에서 모든 것은 황제의 것이고 조정의 것이며 통치자의 것이기 때문이다.

_ 위허핑/虞和平, 중국사회과학원 연구원

전제정치 하에서 상인의 이익은 도자기처럼 약해서 언제든 산산이 부서질 수 있었다. 중국 역대 왕조에서 상업 활동이 활발하지 못했다고 할 수는 없다. 그런데 왜 강력한 경영 능력과 막대한 부를 지닌 상단들이 현대적 의미의 기업으로 전환되지 못했던 것일까? 군주의 절대적인 권력 앞에서는 자유롭고 평등한 계약 정신이나 법률의 보호, 재산권을

중국 상하이의 옛 부두

논하는 것 자체가 사치였기 때문이다.

중국 근대 최초의 기업 열풍은 금세 사그라졌다. 3년에서 5년 사이에 신생 기업들이 잇따라 자취를 감췄다. 회사 설립자들은 파산했고 사람들은 오랫동안 회사라는 말조차 듣고 싶어 하지 않았다.

청나라 말 중화민국 초기의 기록을 보면 정부가 세운 기업들은 모두 성공하지 못했다. 당시 정부가 대기업을 경영, 관리할 능력이 부족했고 옳고 그름에 대한 기본 규칙이나 장부 기록법도 제대로 몰랐으며 정부와 개인 영역의 경계를 확정하지도 못했기 때문이다. 이 모든 것이 매우 혼란스러웠고 따라서 성공하기도 힘들었다.

_ 윌리엄 커비 William Kirby, 하버드대학 동아시아연구센터 교수

청나라 때 개혁가인 정관응鄭觀應은 자신의 시 '상무탄商務嘆'에서 이렇게 탄식했다. "회사를 세우고 성과가 있으면 정부가 돌변하여 회사의 권리를 빼앗네. 명분은 상권을 보호한다는 것이지만 실상은 권리를 빼앗는 것이라네. 정부의 기세가 호랑이와 같구나." 이 시에는 당시 중국 기업들이 정부의 통제하에서 언제든지 권리를 빼앗길 수 있었던 상황이 묘사되어 있다.

청나라의 개혁가 정관응

정관응이 강조한 것은 두 가지다. 첫 번째는 상업 중시다. 정관응은 상업의 지위를 높여야 하며 무엇보다 상업을 가장 중요하게 생각해야 한다고 했다. 두 번째는 상업 경쟁이다. 그는 외국과 전쟁을 벌일 때 군사 전쟁보다는 상업 전쟁을 하는 것이 낫다고 주장했다.

_ 왕샹친王相欽, 전 베이징상학원 총장

정관응은 상공업자들이 기업의 발전을 온전히 주도해야 한다고 주장했다. 이는 기업에 대한 정부 통제를 최대한 제한해야 한다는 뜻이었다.

_ 팡이龐毅, 베이징공상대학 상학원 교수

청일전쟁이 발발하면서 정관응의 주장은 중국을 뒤흔들었다. 그의 책 『성세위언盛世危言』이 날개 돋친 듯 팔려나가 없어서 못 팔 지경이었다. 청일전쟁의 패배는 청 말기 정부의 상업 감독 체제에 대한 명백한 심판이었다. 하지만 그렇게 해서 중국의 민영기업들이 전면에 나설 수 있었을까?

『성세위언』이 인기를 끌던 1894년, 과거에 장원급제한 장젠張謇는 관직을 포기하고 상업에 투신하기로 결정했다. 사람들은 그에게 미쳤다고 했고, 그 역시 자신의 결정을 자기희생이라고 불렀다.

10여 년의 노력 끝에 장젠는 다성大生방직공장을 설립했다. 그는 초상국의 전철을 밟지 않았다. 정부에는 이익만 분배했고 실무 간섭은 받지 않았기 때문에 회사를 자주적으로 운영할 수 있었다.

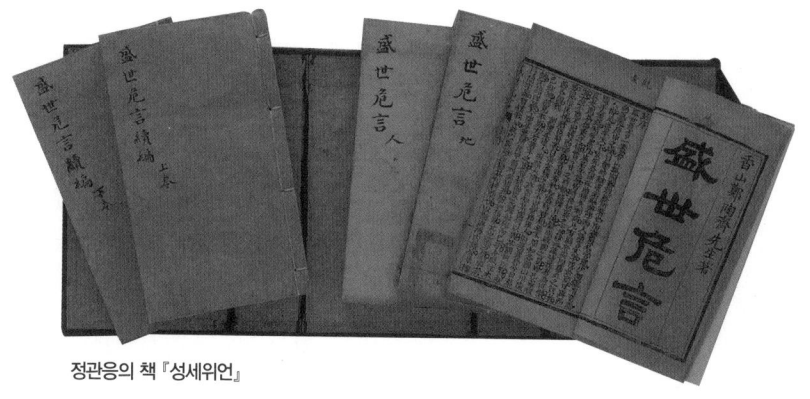

정관응의 책 『성세위언』

평생 180개가 넘는 기업을 세운 장제는 당시 중국 민간기업의 대표적인 인물이었다. 통계에 따르면, 1910년 정식 등록된 민영기업은 약 410개로 국유기업과 약 4대 1의 비율이었다. 과거 양무운동 때와 상황이 완전히 뒤바뀐 것이었다. 그해 6월 청 정부는 할 수 없이 초상국을 민간 기구에 맡겼다. 경영 상태가 엉망인 데다가 정부에서 이미 거액을 거두어들여 회사의 손실액이 수십만 냥에 달했기 때문이다.

하지만 근본적인 문제는 경영이 아니었다. 필수적인 시장 환경이 마련되지 않는다면 회사를 회생시킬 수도 없고 오랫동안 발전을 지속할 수도 없었다.

제일 중요한 것은 시장이 하나의 메커니즘이라는 것이다. 수요와 공급이 정상적으로 작용하기 위해서는 법규가 있어야 하고 법치국가가 확립되어야 하며, 수요와 공급이 가격을 결정하도록 할 수 있는 필요조건이 갖춰져

1915년의 다성방직공장 외관

야 한다. 이런 메커니즘이 구축돼야만 시장이 형성될 수 있다.
_ 니콜라 바브레, 프랑스 경제사학자 겸 변호사

1910년 겨울, 일본에 머물고 있던 양계초梁啓超는 시국을 냉철하게 관찰한 후 '실업가들에게 고함'이라는 글을 써서 중국 기업의 4대 병폐를 지적했다. 그는 가장 큰 문제점이 법치 환경의 부재라고 지적하며 "주식회사는 강력한 법치국가에서만 생존할 수 있다. 하지만 중국은 법치가 무엇인지 모른다"라고 말했다.

청나라에도 법률이 없었던 것은 아니다. 1904년 청 정부는 '흠정대청상률欽定大淸商律'을 반포했다. 중국에 최초로 회사법이 등장한 것이다. 하지만 황제 통치 체제하의 회사법은 있으나 마나 한 것이었다.

양계초는 중국은 스스로 만들어놓은 법을 스스로 위반하는 것을 너무도 당연하고 이상할 것 없이 생각한다고 날카롭게 비판했다. 그래서 그는 법이 있어도 지키지 않으면 법이 없는 것과 마찬가지라며 "지금 중국은 무법국가다"라고 개탄했다.

_ 우징핑吳景平, 푸단復旦대학 역사학과 교수

법보다 권력이 강한 국가에서 기업의 발전은 제도적 보장을 받지 못했다. 사람들은 산업의 진흥을 위해서는 헌법을 통해 법치를 확립하고, 공권력을 제한해 민권을 보장해야 한다는 사실을 점차 깨달았다. 하지만 청 정부는 제도 개혁의 기회를 잃고 말았다.

안타깝게도 민간자본으로 건설한 천한川漢, 월한粤漢 철도가 강제로 국유화되면서 이에 항의하는 보로운동保路運動이 일어났고, 이는 결국 봉건독재정권을 멸망시키는 도화선이 되었다. 결국 1911년 발생한 우창武昌봉기 사건으로 천년을 이어온 전제정치는 역사의 뒤안길로 사라졌다.

02
거센 변혁의 물결

1914년, 제1차 세계대전의 도화선에 불이 붙었다. 그해 중국 우시無錫의 상인 룽쭝징榮宗敬도 상하이에 세 번째 제분소를 세운 것을 자축하는 폭죽을 터뜨렸다.

제1차 세계대전이 발발하면서 룽씨 가문은 동남아와 유럽 시장에서 큰돈을 벌어들였다. 3년 후에는 10개의 공장에서 하루에 밀가루를 4만 2000포대씩 생산했다. 이 제분업계의 왕은 방직업계에도 진출해 사람들의 의식주 가운데 의생활과 식생활을 담당하는 민생 산업을 점령했다. 룽씨 기업은 당시 민영자본 확장의 성공사례였다.

군벌이 혼전을 벌이던 시대, 중국 기업가들의 노력은 눈부신 성과를 거두었다. 광둥廣東은 담배와 제지, 성냥 사업의 중심이 되었고, 상하이는 금융, 방직, 식품, 기계제조 산업의 중심이었으며, 톈진天津은 방직과 해운의 중심이 되었다.

중국 기업들은 새로운 기회를 많이 얻었다. 많은 기업들이 활약해 설탕, 성냥, 면화 등의 경공업 제품의 무역이 확대되었다. 상하이는 **빠르게 발전했고** 쑤저우蘇州, 전장鎭江, 퉁저우通州 등지, 양쯔강楊子江 이북, 그리고 나중에는 톈진까지 번영을 누렸다. 당시 정부의 능력에는 한계가 있고 법도 불완전했지만, 중국의 자산 계급은 **빠르게 발전해** 갔다.

_ 한스 반더벤Hans Van De Ven, **케임브리지대학 중국현대사 교수**

룽쭝징(1873~1938)

중국 근대의 유명한 민족자본가. 젊은 시절 은행을 경영하다가 1901년부터 아우 룽더성榮德生 등과 우시, 상하이, 한커우漢口, 지난濟南 등지에 제분소와 방직공장을 차려 중국의 '제분왕', '면사왕'으로 불렸다. 1937년 중일전쟁이 발발하자 상하이에서 홍콩으로 옮겨갔고, 이듬해 2월 10일 병사했다. 임종의 순간에도 아들과 조카들에게 "산업으로 나라를 구하라"는 유언을 남겼다.

하지만 기업 열풍은 그리 오래가지 않았다.

1927년 룽쭝징은 갑자기 지명수배자가 되었고 우시 지역의 재산도 몰수당했다. 군벌 쑨촨팡孫傳芳과 결탁했다는 죄목이었다. 룽씨 형제는 50만 위안의 채권을 산 후에야 겨우 풀려날 수 있었다.

1930년, 윤선초상국은 다시 국유화되었다. 국민당 정부는 10분의 1도 안 되는 가격에 이 중국 최대의 해운회사를 인수했고 주주의 손해는 개인이 부담해야 했다.

당시 국민당 정부는 이전의 북양군벌, 청 정부와 다를 바가 없었다. 1929년에 '회사법'을 반포하고 1940년 말 다시 법률을 반포했다. 이런 법률은 기업 활동을 위한 안정적이고 합법적인 기반을 마련함으로써 서양 국가들처럼 유한책임제, 주식제 형식으로 기업의 규모를 확대하도록 하기 위함이었다. 그러나 기업은 여전히 정부의 심한 통제하에 있었다.

_ 윌리엄 커비, 하버드대학 동아시아연구센터 교수

고도로 통제되는 경제 체제에서는 자유경쟁이 불가능하고 자유시장도 존재할 수 없다. 국민당 역시 정부가 기업을 설립하고 운영해야 한다고 생각하고 청 말기 때의 전철을 밟았다. 당초 목적은 나라를 부강하게 하는 것이었지만 뜻대로 되지 않았다. 민영기업들이 차례로 화를 입기 시작할 때부터 청 말기와 동일한 결과는 예정된 것이었다. 관료자본이 권력의 정점으로 흘러들었고 결국 사리사욕으로 인해 정권 자체가 무너지고 말았다.

모두 관료자본을 국민당 정권과 연계된 것으로 여겼기 때문에 관료자본은 경제, 사회뿐 아니라 민심에도 부정적으로 작용했다. 그리고 그로 인한 최종적인 책임은 국민당 정부가 져야 했다.

_ 우징핑, 푸단대학 역사학과 교수

20세기 상반기 중국은 연이은 전쟁과 혼란을 겪으며 존망의 위기에 봉착했다. 가장 기본적인 안정도, 심지어 국가 주권도 지킬 수 없게 되자 나라를 구하는 것이 최대 과제였다. 이런 상황에서 생존의 터전을 잃은 중국 기업들은 다시 침묵할 수밖에 없었다.

1978년, 초상국은 설립 105주년이라는 새로운 봄을 맞이했다. 하지만 눈앞의 상황은 결코 낙관적이지 않았다.

1950년 국유화된 초상국의 선박은 13척이었다. 그해 바오위강包玉剛은 작은 배 2척을 가지고 홍콩에 회사를 설립했고, 1978년에는 선박 2000만 톤급 함대를 거느린 세계적인 선박왕이 되었다. 반면 초상국은 배 한 척 없이 왕래하는 배에 보급품을 제공하는 일만 하고 있었다. 몰락한 것은 초상국만이 아니었다. 당시 세계 경제에서 중국 기업은 그림자도 찾아볼 수 없었다.

중국의 선박왕 바오위강

여객선 '장순'

중국 이치一汽자동차의 제품 출하

중국 철강회사 안강鞍鋼의 제철공장

중국 계획경제 시대의 기차

1949년, 근대 이후 100년간의 혼란이 끝나고 중국 경제 발전에 새로운 기초가 마련됐다. 완전한 주권을 가진 국가가 탄생한 것이다. 그러자 국영공장이 무대의 중심으로 올라왔다. 국영공장은 국가 계획에 따라 운영되었다.

중국의 국유기업, 특히 군수기업들이 중국 국방 사업의 기반을 닦았다. 역사적으로 볼 때 이는 거대한 발전이라고 할 수 있다.

_ 윌리엄 커비, 하버드대학 동아시아연구센터 교수

1930년대의 경제 위기를 겪은 후 세계는 자유시장 체제에 대해 다시금 생각하기 시작했다. 제2차 세계대전 이후 신생 독립국들이 속속 계획경제 체제를 선택하고 유럽 각국 기업들의 국유화도 가속화되었다.

세계적인 석학 알버트 아인슈타인은 1949년 계획경제 수립을 제창하는 글을 발표했다. 하지만 천재 아인슈타인도 간과한 중요한 문제가 있었다. 수요와 공급에 관한 모든 정보를 가지고 합리적인 계획을 세울 수 있는 이는 전지전능한 신뿐이라는 사실이었다.

전후 재건과 초기 산업화의 사명을 완수한 후, 정부가 고도로 통제하는 경제 모델은 점점 폐단을 드러냈다. 계획경제를 실시한 중국은 거대한 국가기업과도 같았다. 정부가 모든 사무를 총괄했다. 적재정량을 초과한 이 경제조직이 운영될 힘조차 사라지고 난 후에야 진정한 의미의 기업이 부활할 수 있다. 과연 기업의 힘이 이 오래된 나라에 새로운 역사의 장을 열어줄 수 있을 것인가?

03
본궤도에 오른
중국의 시장경제

기업은 늘 시대의 소리를 먼저 듣는 듯하다. 초상국은 여전히 제일 앞에 서 있었다.

청 말기 정부와 국민당 정부는 윤선초상국을 단단히 손에 쥐고도 국운을 바꾸지 못했지만 1978년 개혁개방을 실시하면서 중국은 권력을 분산시켰고, 윤선초상국이 개발한 서커우蛇口산업단지가 선두에서 중국의 발전을 이끌었다. 이에 따라 새로운 중국 기업들이 탄생했다.

프랑스의 역사학자 페르낭 브로델Fernand Braudel은 중세 유럽에서 시장경제가 등장한 것을 두고 "시장은 자유, 개방, 타국과의 교류를 의미한다. 시장은 사람들에게 신선한 공기를 불어넣는다"고 했다. 1980년대 중국도 마찬가지였다.

서커우 항구

불과 몇 년 만에 농민들은 134만 개의 향진鄕鎭기업(지방행정단위인 향, 진 주민들이 중소기업을 설립해 공동으로 생산, 경영하는 소규모 농촌기업)을 만들고 1222억 위안의 생산액을 올렸다. 국유기업의 98퍼센트가 도급경영 제도(국가가 기업과 도급계약을 체결해 국유기업의 경영권 및 사용권을 양도하는 제도)를 채택했으며 외국 기업의 중국 투자가 허용되고 개인 상공업자들은 직원을 고용해야 할 만큼 규모가 성장했다. 사람들은 과거와 다른 경제조직에서 시장경제의 기운을 느꼈다.

> 자유시장은 생산 품목과 가격을 자유롭게 결정할 수 있다는 것을 의미한다. 규정된 생산량을 초과해서는 안 된다거나 일정한 생산량을 반드시 생산해야 한다는 등 그 어떤 간섭도 받지 않았다.
> _ 제임스 멀리스, 케임브리지대학 교수 · 1996년 노벨경제학상 수상자

중국의 사상이 해방되고 사회가 개방됨에 따라 기업가들은 새로운 것을 창조할 수 있는 자유를 얻게 되었다. 덩샤오핑鄧小平이 대외개방 정책을 내놓

앉을 때 가장 먼저 기회를 잡고 성과를 거둔 것이 바로 기업가들이었다.

_ 존 네이스비츠, 미국 미래학자

1980년대는 창업자들의 시대였다. 살아남은 옛 기업과 갓 설립된 신생 기업들은 계획경제라는 두꺼운 얼음을 깨뜨렸다. 그리고 바로 그들이 중국 시장경제의 탄생을 촉진하고 오래 잠들어 있던 중국 대륙의 열정을 다시 흔들어 깨웠다.

러시아와 비교했을 때, 중국이 계획경제에서 시장경제로 전환된 지난 20년 동안 성공을 거둔 비결은 국유기업 외에도 많은 신생 기업들을 설립한 것이다. 이것은 매우 중요한 점이다.

_ 아오키 마사히코青木昌彦, 스탠퍼드대학 명예교수

많은 기업들이 생겨나자 중국은 생산 요소를 다시 배치할 수 있었다. 계획경제 체제에서는 정부에만 의존했지만 기업이 등장한 후에는 시장을 통해 경제구조를 조정했다.

_ 장웨이잉, 베이징대학 광화 경영대학원장

또 한 차례 기업 열풍이 몰아닥쳤다. 1992년, 중국은 앞으로 나아갈 방향을 시장경제 체제로 확실히 굳혔다. 당시 중국의 남부 지역은 열정과 꿈, 모든 가능성을 상징했다. 하이난海南에서만 부동산개발회사가 세

선전 국제무역센터 빌딩

배로 늘어났다. 공기 중에서도 진동하는 돈 냄새를 맡을 수 있을 정도였다. 베이징에는 매달 2000개의 회사가 새로 생겼으며, 그해 8월에는 준비돼 있던 회사허가증이 전부 발급되어 동이 났다. 선전深圳에 당시로서는 중국에서 가장 높은 빌딩인 국제무역센터가 들어서자 한꺼번에 300개 기업이 입주했다. 랴오닝遼寧에서는 3500명의 공무원이 사직하고 창업했다. 전국적으로 공무원을 그만두고 창업한 사람들이 15만 명에 달했다.

> 사회 전체가 어디로 가야 할지 방향을 잡지 못하다가 천천히 실마리를 찾기 시작했다. 원래 기업은 시장경제의 산물이었던 것이다. 시장경제는 아주 천천히 궤도에 올랐고 기업은 그제야 점차 궤도를 찾았다.
> _ 류촨즈, 레노버 그룹 창업자

수많은 중국인들이 경제에 참여할 기회를 얻었다. 지리吉利자동차의 리수푸李書福 회장은 자신과 지리자동차의 성공 비결에 대해 "아름다운 꿈을 향해 매일 노력하기 때문"이라고 말했다. 자본 120위안으로 사진관을 차린 리수푸는 냉장고 생산으로 거액을 벌었고, 오토바이 조립에 성공한 후에는 자동차를 만들겠다고 선언했다. 하지만

지리와 볼보, 두 개의 브랜드를 보유한 리수푸 회장

자동차 업계는 오래전부터 대형 국유기업에 의해 점령돼 있었다.

자동차기업 설립 허가를 받으려고 하자 담당 책임자가 이 업계는 아주 힘든 곳이라고 했다. 국유기업도 성공하기 힘들다며 나를 만류했다. 분명히 실패할 것이라고 했다. 나는 실패해도 괜찮으니 한번 시도해보겠다고 했다. 정말로 실패하더라도 기꺼이 받아들일 것이고 국가의 돈을 쓰는 것이 아니니 내게 실패할 기회를 달라고 설득했다.

_ 리수푸, 지리자동차 회장

한 국가가 오랫동안 번영을 누리려면 민간의 역량이 충분히 발휘돼야 한다고 생각한다. 민간의 상업 활동에 제도 변화라는 새로운 압력이 가해지면 사회 발전이 촉진된다.

_ 천즈우, 예일대학 경영학과 교수

자금은 민간에서 조달하고 생사는 경쟁을 통해 결정된다. 시장에서 경쟁하는 기업들에게는 결과가 어떻든 자유로운 선택을 할 수 있고 자주적으로 경영할 수 있는 것이 가장 중요하다. 이는 개인의 권리에 대한 존중이며 개인의 능력에 대한 해방이다.

중국에서 민영기업이 걸음마를 하고 있을 때 전 세계 경제에 또 한 차례 변화의 바람이 불어닥쳤다. 1990년대 계획경제 국가들이 속속 체제를 전환하면서 세계무역의 통로가 조금씩 열리기 시작한 것이다.

> **이머징마켓**
>
> 이머징마켓(신흥시장)이란 한국, 인도, 중국, 브라질, 남아공, 러시아, 터키 등 발전 단계에 있는 국가들을 가리키는 말이다. 이런 국가들은 대부분 노동 원가가 낮고 천연자원이 풍부하다는 특징을 가지고 있다. 많은 선진국들이 생산공장을 이머징마켓으로 이전해 노동비용을 낮춤으로써 제품의 경쟁력을 높이고, 천연자원이 풍부한 국가에서 저렴한 가격에 원자재를 수입하고 있다. 개발도상국들은 앞선 생산기술 도입, 수익 창출, 소비능력 증대 등을 통해 경제 발전을 촉진하는 효과를 거둘 수 있다.

1994년, 미국 상무부가 발표한 '국가수출촉진전략'에 '이머징마켓emerging market 국가', 즉 '신흥시장국가'라는 개념이 정식으로 등장했다. 이 보고서는 새로운 세계가 부상하고 있음을 알렸다. 시장경제 체제를 구축해 고속 경제성장을 이룩하고 세계경제 체제로 진입하고 있던 중국으로 세계인의 관심이 쏠렸다. 순식간에 전 세계 기업들이 거대한 신흥시장 중국으로 눈길을 돌렸다.

이렇게 인구가 많고 규모가 큰 나라가 짧은 시간 동안 '동아시아의 환자'로 불리던 신세에서 세계경제의 발전을 촉진하는 중요한 힘으로 탈바꿈한 사례는 아마 세계 역사상 유례를 찾을 수 없을 것이다. 시장경제 체제 구축이 그 중요한 요인이었다고 생각한다.

_우징롄, 중국 국무원 발전연구센터 연구원

1993년, 미국 P&G는 단숨에 중국에 지사 4곳과 공장 5개를 설립했고 시티은행은 본부를 상하이로 옮겼으며 모토로라는 본사를 톈진으로 옮겼다. GM은 중국에서 생산한 첫 번째 자동차에 "고마워요. 중국, 미국 제조"라는 현수막을 달았다.

외국 기업들이 중국에 자금과 기술, 관리 방식을 들여왔지만, 무엇보다 중요한 것은 시장 규칙을 도입했다는 점이다. 그들은 중국의 시장 환경이 점차 성숙해지고 있다고 생각했다.

1993년 12월 29일 중국인민공화국 회사법이 제정되고, 1994년 7월 1일에 반포됐다. 기업이 사회주의 시장경제의 주체로서 처음으로 법률적 지위를 인정받게 된 것이다.

> '회사법'의 반포로 기업들 간의 소유제 신분 차이가 사라졌다. 기업의 투자자가 국가일 수도 있고 단체나 개인일 수도 있지만, 법률적 지위는 모두 유한공사이고 주식회사다. 회사법 앞에서 모든 회사는 평등하며 동등한 권리를 갖는다.
> _ 자오쉬둥趙旭東, 중국정법政法대학 교수

어떤 이들은 회사법을 시장경제의 날카로운 검이라고 부른다. 이 법이 반포되면서 국유기업은 공장제에서 회사제로 바뀌었고 공장장은 사장이 되었다. 또한 관리는 회사 규정에 따라 이루어졌다. 기업 제도가 중국의 체제 전환에서 더욱 중요한 역할을 맡기 시작했다.

외자기업과 민영기업이 이익을 올리고 있을 때 국유기업도 험난한 개혁을 시작했다. 1978년 〈워싱턴포스트〉의 한 기자는 중국의 자동차 공장을 시찰한 후 이런 기사를 썼다. "여공 세 명이 옆 테이블에 있는 다른 세 명과 잡담을 하고 있다. 오직 한 사람만 일하고 있다. 목표 생산량이 얼마인지 아는 사람이 없다. 중국 노동자들은 일을 기회가 아닌

선전 초상은행 빌딩

일종의 권리로 생각한다." 이 기자는 이런 기업들을 "세계 최대 인구 보유국의 현대화 실현을 가로막는 장애물"이라고 표현했다. 통계에 따르면, 1990년대 국유기업 가운데 50퍼센트 이상이 적자를 냈다.

> 국유기업 개혁의 핵심은 기존 국유기업을 주식회사로 재편하는 것이다. 중국공산당 제14기 중앙위원회 제3차 전체회의에서 현대 기업 제도 채택이 건의되었다. 재산권의 명확한 구분, 정부와 기업의 분리, 과학적인 관리를 추진해야 한다는 것이었다.
> _ 저우팡성周放生, 국무원 국가국유자산감독관리위원회 기업개혁국 전 부국장

> 체제 개혁을 통해 중소기업들 사이에서 국유경제가 퇴출되고 다른 소유제 경제가 더 깊숙이 자리 잡게 되었다. 국유경제의 구조가 변화해 중소기업들 중에는 국유기업이 존재하지 않게 된 것이다. 국유기업은 주로 대기업에 국한되었다. 이것이 첫 번째 체제 개혁이다. 두 번째 체제 개혁은 국유 대기업에 대한 개혁이다. 외국 투자자 유치와 지분의 다원화, 국유경제 단일투자 주체 개혁이 중요한 목적이다.
> _ 샤오닝邵寧, 국무원 국가국유자산감독관리위원회 부주임

국유기업을 회사 제도로 개혁하는 것을 '도시의 토지개혁'이라고 표현하는 사람들도 있다. 대대적인 사회체제 전환 과정에서 중국인은 소비자로서는 시장이 안겨준 풍요와 신속함을 누렸지만, 생산자로서는

시장의 냉혹함과 무정함을 맛보아야 했다. 중국 노동부가 발표한 자료에 따르면, 1997년 중국에서 해고된 노동자는 1000만 명이 넘었다.

각자 선택한 방식이 같을 수는 없지만 시장경제 체제로 전환하는 국가들은 모두 물질적, 정신적 고통을 겪을 수밖에 없었다. 사람들은 오랫동안 갈망했던 자유와 개방을 누리면서 또 한편으로는 새로운 생존의 압력에 직면해야 했다. 그리고 이 과정에서 국민뿐만 아니라 정부도 바뀌어야 했다.

야금부冶金部가 폐지되자 중국의 철강 생산량은 세계 1위를 차지했고, 방직공업부가 사라지자 중국의 방직업 생산량은 세계 최대가 되었다. 수십 개의 정부 부처가 차례로 경영 분야에서 퇴출된 것은 중국이 사회주의 시장경제 모델을 모색하는 과정에서 중요한 분기점이 되었으며, 그 덕분에 중국 특색을 가진 많은 국유기업들이 탄생했다.

중국국제항공의 민간 여객기

중국해양석유총공사의 근로자

시장의 보이지 않는 손은 모든 기업을 탄생시키고 움직이게 한다. 그 과정에서 어떤 기업은 살아남고 어떤 기업은 무너진다. 나는 이 점을 절실하게 깨달았다. 시장의 이런 추진력은 기업의 발전에 원동력이 되었다. 어떤 기업이든 발전하고 싶다면 이런 시장의 압력을 잘 이용해 원동력으로 전환시킴으로써 자기 발전의 길을 모색해야 한다.

_ 쿵둥孔棟, 중국국제항공공사 전 회장

> **중국 대형 국유기업의 설립**
>
> 1982년 중국 매탄부煤炭部가 중국 매탄수출입총공사로 개편되고, 1988년에는 석유부가 중국석유천연가스총공사로 전환되었다. 그 후 1993년과 1997년에도 항공항천부航空航天部와 전력부가 각각 중국항공공업총공사와 중국항천공업총공사, 국가전력공사로 개편되었다.

사회주의 제도에서는 공유제가 국민 경제를 주도해야 하지만 중국이 구축한 체제는 사회주의 시장경제 체제다. 첫째, 국유경제와 시장경제는 개혁을 통해 결합할 수 있다는 점이 분명해졌다. 둘째, 국유기업은 경쟁력 있는 시장경쟁의 주체가 될 수 있다. 지난 몇 년간 국유기업은 빠르게 발전했고 시장경제에서 비교적 강한 적응 능력과 경쟁력을 보여주었다. 특히 국유기업들이 대거 해외로 진출해 국제 경쟁에 참여했다.

_ 샤오닝, 국무원 국가국유자산감독관리위원회 부주임

2005년, 한 중국 기업의 해외 인수합병 소식에 사람들의 이목이 집중됐다. 중국해양석유총공사中國海洋石油總公司가 185억 달러에 미국 제9위 석유회사인 유노콜Unocal의 인수 입찰에 뛰어든 것이었다. 이 소식은 당시 월 가의 최대 이슈였다. 비록 여러 가지 이유로 인수는 실패했지만, 세계적으로 기업 인수에 성공하지 못하고도 시가총액이 급증한 기업은 아마도 중국해양석유총공사가 유일할 것이다. 실력 있는 중국 기업이 세계로 발걸음을 성큼 내딛고 있다는 사실을 보여준 덕분이었다.

중국의 WTO 가입

세계무역기구(WTO)는 유엔에서 독립된 영구적인 국제기구로 1995년 1월 1일 정식 설립됐다. 세계경제 및 무역의 질서 유지를 담당하고 있으며 스위스에 본사를 두고 있다. 법인의 지위를 가진 국제기구로서 회원국 간의 분쟁 조정에 있어서 강한 권위를 행사할 수 있다. 세계무역기구의 전신은 1947년 조인된 관세 및 무역에 관한 일반협정(GATT)이다. 세계무역기구는 국제통화기금(IMF), 세계은행(IBRD)과 함께 세계경제 발전을 지탱하는 세 개의 기둥으로 불린다. 1995년 7월 11일, 세계무역기구 총이사회 회의에서 참관국 자격으로 중국의 가입을 허락하기로 결정했다. 중국이 1986년 관세 및 무역에 관한 일반협정 복귀를 신청한 후 세계무역기구에 가입되기까지 15년의 세월이 걸렸다. 2001년 12월 11일, 중국은 세계무역기구의 정식 회원국 자격을 취득하고 143번째 회원국이 되었다.

우리가 해외로 진출할 수 있었던 것은 수년 동안 급성장했기 때문이 아니라 중국 국유기업의 국제 경쟁력이 크게 상승했기 때문이다. 이는 하나의 상징이며, 단순히 한 기업만의 일이 아니라 전체 기업에서 나타난 현상이다. 이것은 아마도 중국의 체제 개혁에서 기인했을 것이다. 이 개혁을 통해 현대 기업 제도가 구축되었다. 시장에 진입하려면 그 시장의 관리 방식에 따라 국유기업을 관리해야 한다.

_ 푸청위(傅成玉), 중국석유화공(시노펙) 회장

세계무역기구에 가입한 후 국제무역을 하거나 세계와 교류, 소통할 때 우편 등 종전의 방식이 아니라 반드시 인터넷을 통해야 할 것이라고 생각했다. 그래서 이 기회를 잡기로 결심했다. 물론 10년 동안 이렇게 빠르게 성장할 수 있을 것이라고는 우리도 상상하지 못했다.

_ 마윈, 알리바바 그룹 회장

2000년 9월 10일, 중국 인터넷 업계의 인재들이 항저우杭州로 모여들었다. 마윈이 인터넷 업계 선두주자들과 항저우의 아름다운 호수 시후西湖에서 토론을 벌일 당시만 해도 전자상거래가 무엇을 바꿀 수 있

알리바바 그룹 본사

을 것이라고 생각하는 사람은 거의 없었다. 7년 후 알리바바는 홍콩 증시의 스타로 떠올랐으며 연간 영업이익이 21억 7000만 위안까지 증가했다. 새로운 경제 체제에서 중요한 위치를 차지하고 있던 중국 기업들은 세계의 미래에 영향을 미칠 잠재력을 품고 있었다.

현대 기업의 발전으로 두 가지 변화가 나타났다. 첫째, 기업이 중국 사회를 바꿔놓았다. 중국인들이 국가의 중요한 경제정책 결정에 참여할 수 있는 기회가 더 많아졌다. 이는 좋은 일이라고 생각한다. 둘째, 중국의 경쟁력이 더 향상되어 세계 진출이 더 확대될 것이다.

_ 데이비드 램튼David Lampton, 존스홉킨스대학 중국연구과 교수

중국 대기업들은 '전 세계 최대 통신회사', '아시아 최고 매출기업' 등의 영예를 차지했다. 2010년 5월, 중국석유천연가스그룹中國石油天然氣集團(CNPC)은 영국 〈파이낸셜타임즈〉가 선정한 세계 500대 기업 순위에서 1위를 차지했다. 이와 거의 동시에, 설립한 지 15년밖에 되지 않은 민영기업 BYD는 미국 〈비즈니스위크〉가 선정한 2010년 세계 100대 IT 기업 순위에서 애플, 아마존을 제치고 1위를 차지했다.

> 기업은 전체 시장경제에서 하나의 세포라고 할 수 있다. 기업은 집행자이며 강한 경쟁력이 있어야 도태되지 않고 살아남을 수 있다. 기업은 중국 사회에 혁신을 일으켰다.
> _ 왕환푸王傳福, BYD 사장

> 중국이 개혁개방을 시행한 후 30년 동안 기업도 시장경제도 모두 발전했다. 시장경제에서 가장 두드러진 활약을 보여준 것이 바로 기업들이다.
> _ 마윈, 알리바바 그룹 회장

> 지속가능한 발전을 실현할 수 있느냐가 훌륭한 기업을 판단하는 기준이다. 계속해서 훌륭한 기업으로 평가받고 싶다면 사회로부터 인정받아야 한다.
> _ 푸청위, 중국석유화공(시노펙) 회장

앞으로 10년 또는 30년 후에는 중국의 선두 기업이 세계 정상급 기업이 될

상하이의 금융 지역

것이다.

_ 쉬샤오춘徐少春, 진뎨金蝶국제소프트웨어 회장

중국의 경제 발전과 중국 민족의 위대한 부흥을 실현하는 데 있어서 기업이 막중한 경제적, 정치적, 사회적 책임을 져야 한다.

_ 쿵둥, 중국국제항공공사 전 회장

계획과 통제 속에서 탄생한 신흥시장국가들은 각자 조심스럽게 균형을 모색해가고 있다. 그렇다면 어떻게 해야 생존에 필요한 원대한 안목을 가질 수 있을까? 어떻게 해야 도태되지 않고 영원히 경쟁할 수 있는 품질을 얻을 수 있을까? 이에 대한 해답은 시간이 하나씩 알려줄 것이다.

  하지만 한 가지 분명한 사실은 이렇게 끊임없이 더 높게, 더 멀리 날아야 하는 시대에는 평범한 사람들을 최대한 더 큰 무대로 끌어올려야 한다는 것이다. 그래야만 수많은 우여곡절과 고난을 겪으면서도 진정으로 세계의 발전을 촉진하는 새로운 나라로 우뚝 설 수 있다. 세계적인 각축전의 역사가 이미 그 서막을 올렸다.

Interview inside
: 인터뷰 인사이드 :

장웨이잉 베이징대학 광화 경영대학원장
첸잉이 칭화대학 경제관리학원장
우징롄 중국 국무원 발전연구센터 연구원

Q 기업이 중국 근현대 사회에 어떤 영향을 미쳤습니까?

A **장웨이잉** 중국 경제는 비교적 늦게 발전 궤도로 올라섰습니다. 우리는 전통적인 농업사회에서 현대적인 산업사회 또는 포스트산업사회로 전환되었죠. 기업이라는 조직이 없었다면 이런 전환은 불가능했을 것입니다. 농업의 산업화 역시 현대 기업이 없었다면 농업을 아무리 개

혁한다 해도 달성할 수 없었을 것입니다. 또 중국은 거대한 영토와 인구를 보유한 나라입니다. 나라가 크니 시장도 크고, 시장이 클수록 세밀한 분업이 이루어져 기술의 진보와 발전도 빠른 것이라고 설명할 수 있습니다. 그런데 왜 과거에는 이렇게 발전하지 못했을까요? 기업의 힘을 진정으로 이용하지 못했기 때문입니다. 기업의 힘을 잘 이용한다면 중국은 막대한 시장 잠재력을 발휘해 내수 시장만으로도 각 지역과 개인들이 다양한 분야에서 전문적으로 분업할 수 있습니다. 수많은 사람들이 각기 자기 분야에 집중하게 되면 높은 경쟁력을 창출할 수 있고, 그렇게 되면 중국은 현대사회로 완벽하게 전환될 것입니다. 우리가 현재 이야기하고 있는 도시화, 산업화, 정보화, 민족화 등등 이 모든 것들의 이면에 숨어 있는 가장 중요한 추진력이 바로 현대 기업이라고 생각합니다.

Q 중국이 '이머징마켓 국가'라고 불리는 이유는 무엇입니까?

A 첸잉이 성숙한 시장경제는 법치를 기반으로 해야 한다고 생각합니다. 중국의 시장경제는 신흥시장경제라고 해야 할 것입니다. 중국이 1992년 정식으로 사회주의 시장경제를 확립한 후 지금까지 시장경제 체제를 구축하기 위해 많은 일을 했고 또 많은 진전을 거두었지만 여전히 성숙한 시장경제와는 격차가 있습니다. 사실 이것은 이상한 일이

아닙니다. 기업을 예로 들어보죠. 중국 최초로 회사법이 제정된 것은 1993년 12월이었습니다. 이 회사법이 2005년 개정되기까지 불과 십수 년밖에 흐르지 않았습니다. 미국이나 영국에서는 19세기 중후반에 회사법이 제정되었으므로 역사가 매우 길죠. 중국은 관리감독 체계와 시장 메커니즘을 갖추어나가고 있습니다. 여전히 고속성장세를 유지하고 있지만 성숙한 시장경제를 향해 계속해서 차근차근 올라가야 합니다.

중요한 것은 법치 확립입니다. 기업의 실적이나 증시의 변동과 같은 전반적인 경제 활동에 있어서 정부가 해야 할 일이 많습니다. 성숙한 시장경제 체제를 구축한 국가들보다 정부의 역할이 더 큰 것입니다. 법치 기반이 아직은 견고하지 못하기 때문에 지금 중국은 이머징마켓 국가일 수밖에 없습니다.

Q 현대 기업이 중국에서 발전해온 지난 30년 동안 중국 사회에 어떤 영향을 미쳤습니까?

A **우징롄** 시장경제 체제를 구축하기 위해서는 두 가지가 필요합니다. 하나는 기업 제도입니다. 현대의 시장경제에는 경제주체가 필요한데 가장 큰 경제주체가 바로 대기업이기 때문입니다. 또 다른 하나는 시장의 질서 확립입니다. 이 두 가지 개혁을 통해 중국 경제가 30년 넘

게 고속성장세를 유지하고 국가 전체의 면모를 완전히 뒤바꿀 수 있었던 것입니다. 또한 중산층이 성장하면서 사회 전반적으로 현대적인 문화를 수용할 수 있게 되었습니다. 이들이 전체 국민 가운데 차지하는 비중이 높지는 않지만 절대적인 숫자는 매우 많기 때문에 사회를 변화시키고 문화와 생활 방식을 개선해나가는 데 있어서 큰 의미를 가지고 있습니다.

Insight review
: 인사이트 리뷰 :

근대 중국 기업들은 어떤 과정을 겪었는가?

청나라 말기로 들어서면서 중국은 사상 최대 변혁에 직면했다. 서구 열강이 무력을 앞세워 중국을 근대화시켰다. 근대적인 의미의 중국 기업들이 거센 풍랑 속에서 등장해 걸음마 단계로 접어든 것이다.

아편전쟁 이후 서구 열강은 중국의 자원을 무자비하게 약탈하는 동시에 자신들의 상품을 판매하기 위한 시장을 개척했는데 이것이 중국 본토 기업들에게는 발전에 필요한 외적 환경을 제공해주었다. 한편 청 정부가 나라를 지키기 위해 추진했던 일련의 개혁들이 중국에서 근대적인 기업이 출현할 수 있는 내적 기회를 창출했다. 이런 복잡한 역사적 배경 속에서 양무운동이 전개되고 각종 군수기업과 민간기업이 차례로 탄생했다.

1872년 설립된 윤선초상국은 근대 중국 최초의 주식회사였다. 그 후 청일전쟁, 보로운동에 이르기까지 중국 기업들은 관료들의 각종 전횡과 착취, 서구 열강의 탄압이라는 이중고 속에서 어렵사리 버티며 서서히 성장해갔다. 1895년 시모노세키조약을 통해 외국 기업들이 상하이에 공장을 세울 수 있게 되었다. 전기 동력을 갖추고 체계적으로 관리되는 현대식 공장을 처음 본 중국의 지식인들이 스스로 창업 전선에 뛰어들었다.

1912년 중화민국이 수립되면서 봉건 체제가 종말을 고했다. 중화민국은 개인의 재산권을 인정해주었고 장젠, 룽씨 형제를 필두로 한 중국 본토 기업들이 속속 생겨나 상하이, 광저우廣州, 톈진이 상공업 중심지로 변모했으며 과거 위세를 떨치던 관료자본은 차례로 몰락했다.

청 말기의 관독상판에서 중화민국 시기의 관료자본에 이르기까지, 봉건 시대의 상단에서 가족기업에 이르기까지 중국 기업들은 숱한 우여곡절과 시행착오를 겪으며 조금씩 시장화되고 민영화되었다.

당나라 때 시인 두목杜牧은 '아방궁부阿房宮賦'에서 이렇게 탄식했다. "진나라 사람들 스스로 슬퍼할 겨를이 없건만 뒷사람들이 그들을 슬퍼하도다. 뒷사람이 슬퍼하면서도 거울삼지 않는다면 그 뒷사람들 또한 후세 사람들을 슬프게 하리라." 근대 중국 기업의 발전사도 훗날 우리들에게 많은 교훈을 남겼다.

중화인민공화국 수립 이후
기업은 어떻게 달라졌는가?

중국의 계획경제 시대에는 기업이 정부의 부속품이나 마찬가지였다. 개혁개방 이후에 곳곳에서 꽃을 피운 향진기업과 민영기업들은 비교적 독립적이고 활력을 갖춘 경제주체가 되었지만 여전히 진정한 기업이라고 부르기에는 부족했다. 민영기업들이 여전히 유형 혹은 무형의 통제에서 벗어나지 못했고 향진기업들도 지방정부의 관리 감독에서 자유롭지 못했다.

시장경제의 본질은 법치경제다. 중국은 1992년 사회주의 시장경제 체제를 확립하고, 1994년에는 '중화인민공화국 회사법'을 반포했다. 이로써 중국 기업들의 발전에 새로운 시대가 열렸다. 국유기업 개혁이 확산되고 기업 관리의 개념이 보급되었다. 중국 기업들의 현대화 과정이 비록 순탄치는 않았지만 결국에는 정상 궤도로 들어섰다. 지금 중국은 국유, 민영, 외자, 공유제를 중심으로 다양한 소유제가 병존하는 혼합경제 체제가 구축되는 과정에 있다.

민족과 국가의 경계가 사라지고
글로벌시장 구축의 장벽이 허물어졌다.
기업은 탄생 직후부터 지금에 이르기까지
먼 곳을 향한 발걸음을 한 번도 멈추지 않았다.
다국적기업에서 글로벌기업으로 발돋움하고
갈등과 충돌을 극복하며 공유와 협력으로 나아가고 있다.
기업은 앞으로 이 세상을 어떻게 연결하고
또 어디를 향해 나아갈 것인가?

제10장

국경 없는 세계, 새로운 기업의 시대

광활한 해외시장이 없었다면
현대 기업은 탄생하지 못했을 것이다.
기업은 지중해에서 싹을 틔워 대서양에서 출발했다.
기업의 탄생은 넓은 바다를 건너기 위한 것이었다.

정복과 약탈에 열중하던 초기 다국적기업들은
회사의 명칭에 세계의 지명을 넣어 사용했다.
다국적기업에 대한 사람들의 인식이 좋지 않았기 때문이다.
다국적기업은 침략의 도구로 여겨졌으며 뼈에 사무치는 공포를 불러왔다.

하지만 400년이 넘도록 기업들은 해외 진출의 꿈을 버리지 않았다.
천재지변이나 전쟁, 정치적 격차나 문화의 차이도
기업의 태생적인 충동을 막을 수는 없었다.

01
세계를 움직이는
다국적기업

　기업은 모든 시장을 동경하고 모든 시장으로 달려가며 모든 시장을 연결한다. 지난 수십 년 동안 기업은 사상 유례없는 적극성과 막강한 힘을 앞세워 민족과 국가의 구분을 초월하고 세계시장 건설의 장애물을 뛰어넘었다. 오늘날 기업의 입장에서 세계를 관찰하면 세계지도는 원래 모습과 다른 모습으로 그려질 것이다. 국가와 국가의 경쟁, 사람과 사람의 관계도 새롭게 정의할 수 있다.

　글로벌기업은 당분간 기업의 가장 긍정적인 형태로 인식될 것이다. 생산력 증대를 통해 각 지역과 계층의 생활을 개선했기 때문이다. 하지만 때로는 기업의 가장 우려되는 면을 보여주기도 한다. 국가를 뛰어넘는 거대한 조직이기 때문에 도덕과 제약에서 쉽게 벗어날 수 있다. 사

로레알 그룹

로레알 그룹은 세계 500대 기업 중 하나로 세계 최초로 합성염모제를 발명한 프랑스의 화학자 외젠 슈엘러에 의해 1909년 설립되었다. 현재 로레알은 세계 150여 개국으로 제품을 수출하고 있으며 18년 연속 10퍼센트가 넘는 수익증가율을 유지하고 있다. 자외선차단제, 모발용품, 염색약, 메이크업 제품, 향수, 샤워 제품, 약국판매 화장품, 피부과 질환 보조제 등 다양한 제품을 생산하고 있다.

람들은 기업으로 인해 변화된 세상과 이 세상 모든 기업들의 미래에 대해 동경을 품고 있지만 한편으로는 기대와 걱정이 교차하기도 한다.

2009년 세계 최대 화장품 기업인 로레알 그룹이 창립 100주년을 맞이했다. 파리 교외의 로레알 그룹 본사에서 열리는 직원들의 회의 모습을 처음 본다면 국제회의장에 온 것 같은 착각이 들지도 모른다. 50개국 출신의 직원들이 그곳에서 글로벌 업무를 맡고 있다.

100년 전 로레알은 화학자 외젠 슈엘러Eugën Schueller가 파리의 이 골목 저 골목을 돌아다니며 미용사들에게 파는 염색약의 이름이었을 뿐이다. 하지만 100년 동안 로레알은 차츰 파리의 구석진 골목에서 벗어나 성장을 거듭했고, 65개의 자회사를 거느린 대형 다국적기업으로 변신했다. 2010년 로레알의 23개 브랜드 제품이 33개국에서 판매됐다. 로레알 전체 매출의 90퍼센트 이상을 프랑

로레알 본사

로레알 제품

스 이외의 국가에서 거두어들였고, 50퍼센트 이상은 유럽을 제외한 나라에서 얻었다. 로레알은 각 브랜드가 겨냥한 시장에 맞추어 정확한 시장 전략을 세웠다.

아마도 기업의 시각에서 관찰한 세계는 시장의 형태로 존재할 것이다. 하지만 세계는 수많은 국가들로 이루어져 있고 이는 역사를 통해 형성된 것이다. 각 나라의 국경은 자유무역의 경계가 되었고 큰 시장은 수많은 공간으로 나뉘어 있다. 사업 확장을 원치 않는 기업이 있을까? 그것은 기업의 피 속에 흐르는 가장 오래되고 고집스러운 유전자다.

다국적기업은 현대 기업이 탄생한 후 얼마 되지 않은 19세기 중반에 나타났다. 기업의 다국적화는 급속도로 이루어졌다.

_ 에이드리언 울드리지, 영국 〈이코노미스트〉 경영전문 편집인

1851년의 어느 날 베를린 주재 러시아 공사가 한 독일인을 접견했다. 이 독일인은 외교관이 아니라 한 수공업 공장의 주인이었다. 그 만남 이후 러시아 공사는 전보기 75대를 구입해 러시아로 가져갔다. 그로부터 1년 후 모스크바에서 시작되어 러시아 국경을 넘어 독일까지 이어지는 전보망이 구축되었고 그 모든 일이 이 독일 회사에 맡겨졌다. 이 기업이 바로 지멘스다. 19세기 말까지

지멘스

지멘스의 전신은 1847년 베를린에 설립된 지멘스운트할스케Siemens & Halske 전신기제조회사다. 1897년 주식회사로 전환했으며 1966년 회사 명칭을 정식으로 지멘스로 변경했다. 지멘스는 유럽 최대 전기전자기업이며 세계 최대 배전설비 건설기업 중 하나다. 현재 세계 190여 개국에 진출해 약 600개의 공장과 R&D센터, 영업사무소를 두고 있다. 현재 의료, 에너지, 산업서비스를 3대 주력 사업으로 삼고 있다.

지멘스의 설립 초기 모습

지멘스는 49개국에 168개의 경영기구를 설립했다.

독일 기업들은 자국 시장이 협소하기 때문에 시작부터 수출에 주력했고 해외시장 개척을 끊임없이 시도했다.
_ 베르너 플룸페, 프랑크푸르트대학 역사학과 교수

광활한 내수 시장을 보유한 미국 기업들도 일찍부터 해외로 눈을 돌렸다. 19세기 중반 미국 기업들은 이익을 좇아 바다를 건넜다. 1867년 영국의 유명한 공업도시 글래스고에 미국인이 세운 재봉틀 공장이 들어섰다. 처음에는 매주 주문량이 100대였지만 다음 해에는 600대로 늘어났다.

1914년 글래스고의 이 공장에서 만든 재봉틀이 세계 재봉틀 시장의 90퍼센트를 차지했다. 이를 통해 다국적기업은 국가와 국가 사이에 기술과 아이디어를 전파하는 놀라운 능력이 있음을 알 수 있다.

_ 제프리 존스, 하버드대학 경영대학원HBS 교수

싱어

1851년 미국인 발명가 아이작 싱어Isaac Singer가 손바느질을 대신할 수 있는 재봉틀을 발명했다. 싱어는 뉴욕에 공장을 설립하고 1853년 마침내 처음으로 재봉틀을 생산해냈다. 2년 후 싱어는 처음으로 분할납부 판매방식을 고안해 세계적으로 분할납부 방식이 유행하게 되었으며, 이는 훗날 소비시장에까지 큰 영향을 미쳤다. 1867년 싱어는 미국 공업회사로는 최초로 해외 공장을 설립하고 현지에서 제품을 생산함으로써 다국적기업으로 거듭났다. 현재 싱어는 브라질과 중국에 생산공장을 두고 있으며 전 세계 190여 개국에 판매망을 가지고 있다.

싱어Singer가 해외에 공장을 설립한 것은 남북전쟁 이후 달러 가치가 상승하고 미국 내 인건비가 올랐기 때문이었다. 원가가 낮고 수요만 있다면 기업은 무슨 수를 써서라도 그곳으로 간다. 이는 오늘날까지도 변하지 않은 지극히 단순한 논리다. 이 논리가 아주 서서히 세계를 바꾸어놓았다.

싱어의 로고와 초기의 싱어 재봉틀

회사는 세계화를 하자고 말하지 않고 남미로 진출하자, 아시아로 진출하자 등과 같이 시장을 확대하자고 말한다. 기업은 더 큰 시장을 원하고 더 많은 제품과 서비스를 팔고 싶어 한다. 이 과정에서 모든 기업이 연결되고 그 기업들이 자기 이익을 추구한다면 이 모든 것이 합쳐져서 최종적으로 세계화가 실현되는 것이다.

_ 존 네이스비츠, 미국 미래학자

신대륙 발견과 함께 세계지도가 온전한 모습을 드러내자 기업은 앞장서서 출발했다. 오랜 세월 동안 기업의 이익은 국가의 의지와 밀접하게 연관되어 있었다. 그들은 수차례 병력을 동원했고 무력을 사용해 잠재 시장을 발굴했다. 제2차 세계대전은 다국적기업 발전의 분수령이 되었다.

제2차 세계대전이 끝난 뒤 식민지 시대가 막을 내리고 민족 독립과 주권 평등이 시대의 조류가 되었다. 어떤 국가도 회사를 침략의 도구로 이용할 수 없었고 회사 역시 국가를 등에 업고 사업을 확장할 수 없었다.

하지만 어디든 시장이 있기만 하면 기업은 얼마든지 스스로를 바꿀 수 있다. 각기 다른 문화와 민족 사이에서 기업은 정부보다 먼저 소통의 통로를 열었다. 정치적 패권 다툼으로 인해 세계가 양극화되었을 때에도 기업은 온갖 수단을 동원해 기회를 찾았다.

1930년대 미국인 아먼드 해머Armand Hammer는 포드자동차를 설득해 소련 니즈니노브고로드Nizni Novgorod 시에 연합 자동차 공장을 설립했다. 당시 모델 T는 미국 내에서 수요가 감소하고 있었다. 헨리 포드는 평소 소련의 이데올로기에 불만을 가지고 있었지만 "그곳에 거대한 시장이 있다"는 해머의 설득에 마음이 움직였다.

기업은 시장을 간절히 원하기 때문에 폐쇄와 단절을 무너뜨리려는 열망 또한 강하다. 1980~1990년대가 되자 세계시장을 하나로 연결하는 거대한 변화가 찾아왔다.

아먼드 해머(1898~1990)

러시아계 미국인 기업가. 일생 동안 수많은 사업을 운영했다. 젊은 시절에는 제약회사를 설립했고, 나중에는 러시아에 석면 및 연필 공장을 설립하고 중간거래상으로 활동했으며, 미국에 금주령이 내려졌을 때는 양조업에 투자했다. 그 외에도 골동품 및 예술품 무역, 목축업, 석유 사업 등에 종사했다. 또한 그는 사업 외의 사회 활동에 적극적으로 참여했다. 특히 미국과 소련의 외교 왕래에 크게 이바지해 레닌은 그를 '해머 동지'라고 불렀다.

> 1991년 12월 25일 소련의 해체는 냉전의 종식을 의미하는 중요한 이정표였다. 냉전 종식의 중대한 의의는 바로 과거 전 세계의 시장을 가로막고 있던 정치 구조가 깨졌다는 데 있었다.
>
> _ 왕즈러王志樂, 중국 상무부 다국적기업연구센터 주임

냉전 시기에 평행선을 이루던 세계가 사라지고 30억 인구를 보유한 새로운 시장이 탄생했다. 높은 정치적 장벽이 무너진 동시에 기술이 진보하면서 사람과 사람 사이의 거리도 더 가까워졌다. 1991년 영국 물리학자 팀 버너스 리Tim Berners Lee는 월드와이드웹을 만들었고 몇 년

> **네트워크 시대**
>
> 컴퓨터 네트워크는 여러 대의 컴퓨터를 서로 연결시켜 정보를 원격으로 교환 및 처리하고, 네트워크 내 모든 컴퓨터의 하드웨어, 소프트웨어, 데이터베이스에 저장되어 있는 모든 데이터를 서로 공유할 수 있게 했다. 컴퓨터 네트워크가 구축된 후 사람들은 언제든 마음대로 세계 각지의 자료를 이용하고 각종 정보를 수집할 수 있어 업무활동과 생활이 크게 편리해졌다. 컴퓨터 네트워크는 생산자동화, 경영관리, 업무자동화 등 다양한 분야에 응용되고 전자우편, 전자화폐, 종합정보통신망(ISDN) 등의 기반이 되어 인류에게 네트워크 시대를 열어주었다.

후 사람들은 인터넷이 세계에서 어떤 의미를 갖는지 진정으로 깨닫게 되었다.

한번 포문이 열리자 경제글로벌화의 거센 파도가 밀어닥쳤다. 실로 오랫동안 고대해오던 일이었다. 어떤 의미에서 이것은 기업들이 추진한 것이기도 했다.

아마도 대형 다국적기업들이 없었다면 글로벌화가 나타날 수 없었을 것이다. 그들은 글로벌화의 확산을 부추겼다. 해외 공장 설립뿐만 아니라 아웃소싱과 국제무역을 통해서 전 세계에 영향을 미쳤다. 한 예로 다국적기업은 중국과 미국, 중국과 유럽 사이의 거의 모든 교역을 책임지고 매우 중요한 역할을 하고 있다. 바로 그들이 전 세계 경제의 성질을 송두리째 바꿔놓았다.

_ 앙트완 반 아그마엘, 이머징마켓매니지먼트 회장

1985년 마이클 잭슨이 "우리는 하나의 세계 We Are The World"라고 노래했을 때 그것은 단순히 희망에 불과했지만 1990년대 이후에는 점차 현실이 되었다. 국경이 없다는 말을 증명하듯 기업들은 세계와 자신을 위해 새로운 기회를 창조했다.

'글로벌화'라는 개념을 제일 먼저 제시한 것은 바로 나다. '글로벌화'라는 명칭도 내가 만든 것이다. 하지만 20년 전 처음 글로벌화라는 개념을 내놓았을 때는 글로벌화된 대기업이 이렇게 많이 나타날 줄 예상하지 못했다.

_ 오마에 겐이치, 일본 비즈니스브레이크스루대학 학장

〈We are the world〉를 부르는 마이클 잭슨

02
소리 없는 글로벌 혁명

1993년 1월, IBM이 무거운 분위기에 휩싸였다. 회장 겸 CEO가 사임하고, 제 몸 하나 가누기 힘들어 시름시름 앓고 있는 거대한 기업만 남았다. 세계 최대 컴퓨터 회사인 IBM은 매년 160억 달러에 달하는 적자를 기록했고 주가는 연일 하락했다. 언론은 IBM이 이미 절반은 망한 것처럼 보도했다.

1993년 4월 1일, 51세의 루이스 거스너Louis Gerstner가 IBM의 경영을 맡았다. 그는 IBM을 하드웨어 생산업체에서 서비스 제공업체로 전환시켜 이 육중한 코끼리를 다시 춤추게 만들었다. 9년 후 50세의 사무엘 팔미사노Samuel Palmisano가 경영권을 이어받아 기업의 혁신을 완성했다.

IBM 회장으로 취임한 사무엘 팔미사노는 나날이 글로벌화되고 있는 세계 시장에서 세계적인 수익 창출의 기회가 생길 것임을 예견했다. 인터넷 시대의 도래가 바로 그 중심에 있었다. 그는 이 분야에서 우리가 기회를 선점하려면 우선 스스로 세계적인 통합을 실현해야 한다고 생각했다. 우리는 이것을 글로벌 통합기업이라고 불렀다.

_ 앨런 가넥Alan Ganek, IBM 소프트웨어 부사장

2006년 6월, 사무엘 팔미사노는 미국의 외교전문지 〈포린어페어즈 Foreign Affairs〉에 기고한 글에서 "다국적기업의 시대는 이미 가고 글로벌 통합기업의 시대가 오고 있다"고 주장했다. 글로벌 통합을 통해 세계 각지에 있는 IBM의 데이터센터가 155개에서 6개로 줄어들었고, 재무 시스템은 1만 6000개에서 4100개로, 구매센터도 300개에서 3개로 줄어들었다.

IBM의 글로벌 본사는 미국 뉴욕에 위치해 있다. 하지만 글로벌 결제센터는 머나먼 중국 상하이에 있다. 상하이의 글로벌 결제센터는 중국 선전의 글로벌 구매센터, 쿠알라룸푸르의 글로벌 재무

IBM CEO 사무엘 팔미사노

센터, 마닐라의 글로벌 인력자원센터, 브리스번의 글로벌 고객서비스센터, 그리고 중국, 스위스, 일본, 인도 등 6개국에 설립된 연구개발센터와 함께 IBM의 핵심을 이루고 있다.

다국적기업에서 글로벌기업으로 명칭만 바뀐 것이 아니었다. 이것은 소리 없는 혁명이었다. 이 격변 속에서는 용감하게 경쟁에 뛰어든 자가 기회를 선점할 수 있다.

폐쇄적인 국가는 실패할 수밖에 없다. 폐쇄성은 창의력 앞에서 힘없이 패배하고 만다. 창의력은 경쟁을 유발하고 사람들이 더 잘하고 싶도록 만든다. 이 점은 우리에게 시사하는 바가 크다. 국가로부터 과도한 보호를 받는 경제는 지속적으로 발전할 수 없다.

_ 피에르 도케스Pierre Dockes, 프랑스 리옹 제2대학 교수

국가든 기업이든 역사적인 기회는 조용히 왔다가 금세 사라져버린다. 시대의 흐름을 이끄는 개척자만이 기회를 거머쥘 수 있다.

위성과 컴퓨터 시스템으로 14개국 6600개 매장과 수만 개의 공급업체를 관리하고 있는 월마트는 글로벌 시대에 글로벌 구매를 실현했다. 델컴퓨터와 물류 회사 페덱스가 결합한 주문식 생산 및 배송 시스템은 재고율 0퍼센트의 비즈니스 모델을 탄생시켰을 뿐만 아니라 소비자들을 진정한 제품의 주인으로 만들었다. 인터넷 세계에서 소비자와 판매자는 더 이상 얼굴을 맞대고 흥정할 필요가 없다. 전자상거래 혁명은

수천 년 동안 이어져온 인류의 판매 방식까지 바꿔놓았다.

글로벌 경쟁은 소비자에게 매우 유리한 것이다. 세계 각국의 생산자들이 모두 소비자에게 제품을 팔기 위해 경쟁하고 있기 때문이다. 이 과정에서 제품의 품질은 더 좋아지고 가격은 더 낮아진다. 글로벌 경쟁의 최대 수혜자는 바로 소비자다.

_ 존 네이스비츠, 미국 미래학자

월마트

미국 소매업 분야의 입지전적인 인물 샘 월튼Samuel Walton이 1962년에 아칸소 주에 설립한 기업으로 40여 년 후 세계 최대 소매유통 체인기업으로 우뚝 섰다. 2009년 5월 월마트는 세계적으로 7900개 매장을 보유하고 직원 수가 210만 명이었으며 연인원 한 주간 평균 고객 수가 1억 7600만명에 달했다. 월마트는 여러 번이나 세계 500대 기업 중 1위를 차지했다.

시간이 지나면서 상황이 변했다. 불평등했던 관계는 좀 더 대등한 관계로 바뀌고 있다. 예전보다 더 많은 수익과 일자리, 연구 프로젝트, 기술이 주요 국가로 유입되고 있다. 제품 가격도 더 합리화되었다.

_ 앙트완 반 아그마엘, 이머징마켓매니지먼트 회장

글로벌 경쟁은 전체적으로 교역 원가를 낮추었고, 기업의 촉각이 세

검색엔진 구글과 중국의 바이두의 로고

계 구석구석으로 깊숙이 파고들도록 했다. 그 덕분에 번화한 도시부터 외진 시골까지 무수히 많은 사람들이 현대 문명의 성과를 누렸다. 인터넷 검색엔진을 통해 우리는 지구상의 모든 변화를 시시각각 파악할 수 있다. 공간적으로 사람과 사람 사이는 아주 가까워졌다.

03
문화의 충돌과 현지화 전략

2006년 5월, 코카콜라는 탄생 120주년을 맞이했다. 120년 동안 코카콜라의 배합법을 아는 사람은 10명을 넘지 않았다. 하지만 생일 케이크 위의 촛불이 꺼짐과 동시에 이 신비한 배합법도 중대한 위기에 빠졌다.

2006년 8월, 인도 대법원이 코카콜라에 배합법을 공개하든 판매를 중단하든 둘 중 하나를 선택하라고 판결했다. 인도 과학환경센터에서 코카콜라의 잔여 농약성분이 기준치를 심각하게 초과한다는 보고서를 발표했기 때문이었다.

사실 코카콜라가 인도 시장에서 부딪힌 위기는 이때가 처음이 아니었다. 코카콜라는 1958년에 이미 인도 시장에 진출했지만 약 20년 후인 1977년 결국 전면 철수라는 선택을 해야 했다.

당시 인도 정부가 다국적기업의 외국 지분이 50퍼센트를 넘을 수 없다는 규정을 발표하자 기업들은 이것이 불합리한 조치라고 생각했다. 그래서 일부 기업들은 인도에서의 철수를 결정했고, 코카콜라도 그중 하나였다.

_ 시타 라마크리슈나 벨라무리Sita Ramakrishna Velamuri, 중국 유럽국제경영대학원CEIBS 교수

전 세계에 400개 지사를 두고 다국적 경영의 역사에 찬란한 이력을 남긴 코카콜라에게 이는 거의 전쟁과 다름없었다.

코카콜라의 아시아 사업은 일찍이 1925년 필리핀에서부터 시작됐다. 1929년 최대 해외시장은 상하이였다. 코카콜라의 다국적 경영은 매우 오래전, 아마도 다국적기업이라는 말이 나오기 전부터 시작되었을 것이다.

_ 존 패럴John Farrell, 코카콜라 전략기획사업 부사장

> **코카콜라**
>
> 세계 최대 음료 기업인 코카콜라는 1892년 설립됐으며 본사는 미국 조지아 주 애틀랜타에 위치해 있다. 코카콜라는 세계 음료 시장의 48퍼센트를 차지하고 있다. 세계 음료 시장 최다 판매량 3위 안에 드는 제품 가운데 두 가지가 바로 코카콜라(1위)와 다이어트콜라(3위)다.

코카콜라가 경제글로벌화의 기회를 놓칠 리 없었다. 1992년 코카콜라는 처음으로 글로벌 광고를 제작했고, 그해 열린 동계올림픽 기간 동안 코카콜라의 CM송은 12개 언어로 전 세계에 방송됐다. 코카콜라는 세계 131개국의 38억 시청자가 이 광고를 시청했다고 밝혔다.

인도 경제가 개방되면서 코카콜라는 1993년

다시 인도 시장에 진출했다. 인도 정부가 자진해서 코카콜라의 진출을 요청한 것이었음에도 불구하고 코카콜라는 계속해서 새로운 문제에 직면했다.

모든 국가에는 법률, 규칙, 제도 등 기업을 감독하는 시스템이 구축돼 있다. 그러므로 미국 기업이 외국에 진출하면 그 나라의 시스템을 배우는 과정을 거쳐야 한다. 이것은 매우 힘들고 많은 비용이 소요되는 과정이다.
_ 머레이 와이덴바움, 워싱턴대학 와이덴바움센터 명예회장

2006년 코카콜라의 위기는 양측의 화해로 마무리됐다. 11억 인구의 시장을 눈앞에서 포기할 기업은 어디에도 없을 것이다. 인도 정부 역시 과거 코카콜라의 철수로 22개의 콜라병 제조공장이 가동을 중단하고

인도 타지마할

코카콜라

수천 명의 실업자가 발생한 일을 잊지 않고 있었다.

코카콜라와 인도 사이의 애증은 결코 우연이나 개별적인 사례가 아니다. 이방인인 다국적 기업들이 비단 아시아에서만 곤경에 맞닥뜨린 것은 아니었다.

제2차 세계대전 이후 마셜플랜Marshall Plan(1947~1951년 서유럽 각국에 대한 미국의 대외원조 계획)은 유럽 경제를 점차 회복시켰다. 하지만 여전히 미국 기업은 유럽 반도체 산업의 50퍼센트, 컴퓨터 산업의 80퍼센트, IC회로 산업의 95퍼센트를 차지했다. 많은 유럽 국가들은 기술 분야에서 미국의 부속품이 되는 것은 아닐까 우려했다.

다국적기업은 어떤 국가에 진출하든 시장의 경쟁 규칙을 바꿔놓는다. 현지의 경제구조를 철저하게 변화시키는 것이다. 물론 경제구조를 변화시키는 동시에 저항에 부딪히기도 한다.

_ 베르나르 라마낭소아, 프랑스 공립 경영대학원(HEC) 파리 학장

미국도 예외가 아니었다. 미국인들은 한편으로는 자국 기업의 해외 진출을 바라면서도 타국 기업의 미국 진입은 두려워했다. 1989년 9월, 일본 소니가 콜롬비아영화사를 34억 달러에 인수했을 때 미국 여론이 들끓었다. 〈뉴스위크〉의 표지에는 콜롬비아영화사의 상표 속 자유의 여신상이 기모노를 입은 모습으로 등장했고 '일본 기업이 할리우드의 영혼을 사다'라는 제목 아래 수십 페이지의 기사가 실렸다. 기사에서는 소니를 두고 '소련군보다 더 무서운 위협'이라고 표현했다.

1980~1990년대 세계 강국으로 부상한 일본은 미국에 대대적으로 투자하고 미국 기업들을 사들이기 시작했다. 록펠러센터, 캘리포니아주의 골프장 등이 차례로 일본인의 손으로 넘어갔다. 미국인들은 "무섭다! 일본이 우리나라를 통째로 사들이고 있다. 그들이 모든 것을 도쿄로 가져가려고 한다. 이것은 미국에게 커다란 공포다!"라며 전율했다. 역사를 돌이켜보면 신흥국가가 막대한 투자금을 앞세워 시장에 진입하면 사람들이 경각심을 느끼고 정치적, 경제적으로도 위협으로 여겨 우려의 목소리가 나타난다.

콜롬비아영화사의 상징

충격과 저항이 점차 누그러진 후 시간이 지나면서 사람들은 생각했던 것만큼 두려워할 일은 아니라는 것을 깨달았다. 콜롬비아영화사는 주인이 바뀐 후에도 계속해서 미국적 색채가 짙은 영화들을 많이 제작했던 것이다.

외국 기업의 미국 기업 인수는 좋은 일이다. 물론 국가안보와 관련된 민감한 문제 같은 것들은 인수를 제한해야 한다. 하지만 소니의 콜롬비아영화사 인수 같은 것은 국가 안보상의 문제가 전혀 없다. 새로운 아이디어와 관리 방식, 자본이 들어오는 것은 미국 경제에 어느 정도 이익이 되는 일이다.

_ **조지프 나이**Joseph Nye, 하버드대학 케네디행정대학원 전 학장

기업의 질주를 멈출 수는 없었다. 변화가 필요한 것은 진행 방식이었다. 일본 경제학자 오마에 겐이치는 "과거 다국적기업들은 모기업의 제품과 서비스를 복제하고 번식시킬 수 있는 투자의 낙원을 물색했다. 하지만 지금은 기업들이 지역에 따라 각기 다른 서비스를 제공해야 한다. 더 이상은 소위 야만인들에게 코카콜라를 마시는 방법이나 감자칩 먹는 방법을 가르칠 필요가 없다"고 말했다.

맥도날드는 라마단 풍습이 있는 지역에 점포를 개설하면 라마단 기간에는 낮에는 쉬고 저녁에 영업을 하며 라마단 음식을 판매하는 것이 유리하다는 것을 깨달았다. 이는 충분히 가능한 것이며 또 이미 그렇게 하고 있다. 시

중국의 맥도날드와 KFC 매장

장에 따라 현지화하는 이런 방법은 앞으로도 바뀌지 않을 것이다.

_ 케네스 포메란츠Kenneth Pomeranz, 시카고대학 역사학과 교수

세계적인 브랜드를 보유하고 있다고 해도 문화적 특징이 너무 강한 제품을 수출해서는 안 된다는 점을 주의해야 한다. 내게는 재미있는 유머가 다른 사람에게는 하나도 재미있지 않을 수 있는 것이다. 또 그 반대의 경우도 있을 수 있다.

_ 벤 버바이엔, 알카텔-루슨트 CEO

1987년 초겨울 KFC가 베이징에 처음 매장을 열자 뜨거운 반응이 나타났다. 매장 안은 하루 종일 북적였고 두 시간씩 줄을 서야 빈자리를

> **KFC**
>
> KFC는 세계적인 패스트푸드 체인기업으로 전 세계에 1만 개가 넘는 매장을 보유하고 있다. 모든 매장을 통일적으로 엄격하게 관리하고 청결하고 쾌적한 환경을 유지해 소비자들에게 호평받고 있다. KFC는 사람들에게 기존의 음식들과는 완전히 다른 맛과 식사 방식을 선보였으며 서비스 개념 확립에 크게 기여했다. KFC는 또 다른 패스트푸드 업체 피자헛과 함께 세계 최대 패스트푸드체인기업인 얌Yum 그룹에 속해 있다.

잡을 수 있었다. 하지만 20여 년이 흐른 지금 중국의 KFC는 햄버거만 파는 것이 아니다. 중국식 패스트푸드에 중국식 인테리어, 중국인 직원까지, 문 앞에 미국인 할아버지 커넬 샌더스Harland Sanders의 마네킹이 서 있지 않다면 미국계 회사의 매장이라는 것을 잊어버릴 정도다. 물론 메뉴에 중국식 패스트푸드를 추가한 것은 현지화의 가장 표면적인 요소일 뿐이다. 진정 중요한 것은 기업의 핵심과 이념의 변화다. 글로벌 시대에 다국적기업의 성공 비결은 한마디로 "로마에 가면 로마법을 따르라"는 것이다.

미국 정치계에서 유행하는 말이 있다. "모든 정치는 현지의 정치다." 사실 정치뿐만 아니라 기업도 마찬가지다. 예를 들어, 내 집에 있으면 무엇이든 마음대로 할 수 있으니 편안하다. 기업이 전 세계를 내 집처럼 만들 수 있다면 그 기업은 자연히 성공하게 될 것이다.

_ 벤 버바이엔, 알카텔-루슨트 CEO

상품에서 관리 그리고 연구개발까지, 또는 제품에서 사람, 다시 사상에 이르기까지, 기업들은 온 세계를 내 집처럼 만들고 곳곳에서 차츰차츰 융화되었다. 기업이 초월하는 것은 이제 국경뿐만이 아니다.

서로 탐구하고 적응하는 과정에서 기업의 글로벌화는 인류에게 새로운 운명을 선사했다. 그 무렵 20세기가 거의 끝나가고 있었다. 인류는 이 100년 동안 가장 참혹한 충돌과 냉혹한 단절을 경험한 후 다시 거리를 좁히기 시작했다. 속내는 다를지 몰라도 세계는 마침내 효율과 발전의 원칙에 입각해 합의에 도달했다.

04
세계라는 이름의
경제 무대

20세기 말부터 21세기 초까지 기업합병의 거센 바람이 전 세계를 휩쓸었다. 보잉The Boeing Company이 맥도널더글러스McDonnell Douglas와 합병하고 아메리칸온라인American Online은 타임워너Time warner를 인수했으며 양대 석유기업이 합쳐져 거대한 다국적 석유 그룹 엑손모빌Exxon Mobil이 탄생했다. 마이크로소프트는 45차례 인수를 거쳐 소프트웨어 업계의 패권을 손에 넣었고 시스코Cisco Systems는 110차례 인수합병을 통해 네트워크 업계의 최강자 자리에 앉았다.

다국적기업의 인수합병도 급속히 진전되었다. 1998년 독일 최대 자동차 회사인 다임러벤츠Daimler-Benz와 미국 제3위 자동차기업인 크라이슬러가 합병을 선언했다. 12년 후 크라이슬러는 또다시 이탈리아 피아트Fiat SpA 로 소속을 바꾸었다.

과거 대기업들이 21세기에 대응할 전략 구상에 여념이 없는 동안 새로운 기업들은 소리 없이 빠르게 성장하고 있었다.

> 앞으로 10년, 20년 또는 30년 내에 많은 중국과 인도 기업들이 초대형 기업으로 성장할 것이다. 그때가 되면 이들 국가에서 중산층을 위주로 하는 중간시장이 매우 중요한 소비시장이 될 것이다. 무역이 전 세계를 하나로 연결시킬 것이다.
>
> _ 머빈 데이비스Mervyn Davies, **영국 무역산업부 전 장관**

보스턴컨설팅그룹(BCG)은 2006년부터 매년 각 산업에서 새롭게 부상한 신흥업체들을 '글로벌챌린저 100대 기업'으로 선정한다. 인도, 브라질, 러시아, 중국 기업들이 대부분을 차지하는데 이들 기업의 평균성장률은 세계 500대 기업의 약 3배에 달한다.

중국 남부에서 도전 정신 투철한 한 젊은이가 회사를 세워 사람들의 이목을 끌었다. 바로 1991년 설립된 민드레이Mindray다. 민드레이는 설립 후 10여 년 만에 중국 최대 의료기기 업체로 성장해 세계 190여 개국에 제품을 수출했다. 자금력에 있어서는 GE, 필립스philips, 도시바, 지멘스 등 동종 업계의 유명한 기업들에 턱없이 못 미치지만 지속적인 혁신 능력만큼은 어느 기업도 따라갈 수 없다. 미국 학자들은 민드레이를 성장 잠재력이 가장 큰 중국 기업 중 하나로 꼽고 있다.

우리는 매년 매출의 10퍼센트를 연구개발에 투자한다. 연구개발비의 비중이 국제적인 대형 경쟁사들보다 더 높다. 그 기업들의 투자액은 매출의 6~7퍼센트에 불과하다. 중국 내 경쟁사들과 비교해도 우리의 연구개발비 비중은 월등히 높다. 연구개발에 많이 투자하는 만큼 성과 또한 높다. 제품 하나를 개발하는 데 투자한 금액은 보통 3년이면 전액 회수할 수 있다.

_ 쉬항徐航, 중국 민드레이 이사장

2006년 9월 26일, 민드레이는 뉴욕 증권거래소에 상장되었다. 지난 10여 년 동안 중국 기업들이 만든 제품이 전 세계 곳곳으로 퍼져나갔다. 하지만 값싼 제품을 세계에 수출하는 것만으로 만족하는 나라는 어디에도 없다. 물론 타국 시장에 진입하는 것은 어느 기업에게나 결코 쉽지 않은 일이다. 세계시장에서는 도전하는 자든 도전을 받는 자든 경쟁의 법칙은 언제나 가혹한 법이다.

민드레이 본사와 민드레이가 생산한 장비

세계는 더 이상 남의 것을 모

방해 운 좋게 글로벌기업이 된 기업을 필요로 하지 않는다. 세계에 필요한 것은 혁신이다. 또 세계는 다른 지역에 혁신적인 제품과 서비스를 제공할 수 있는 기업을 원한다. 그 기업의 국적이 선진국인지 개발도상국인지는 아무도 개의치 않는다. 그러므로 단순히 제품을 외국에 판매하는 것만으로는 부족하다. 진정한 기업의 글로벌화란 남들이 제공할 수 없는 제품을 가지고 세계시장에 진출하는 것이다.

_ 존 켈치, 하버드대학 경영대학원(HBS) 교수

기업의 국적을 논하는 것은 이제 무의미한 일이다. 선두의 자리를 오랫동안 유지하기 위한 길은 오로지 혁신뿐이다. 관리부터 조직, 기술에 이르기까지 모든 것을 혁신해야 한다. 기업은 글로벌 시대 속에서 이미 변신을 시작했다.

1988년 스티브 창Steve Chang은 파트너와 함께 미국 로스앤젤레스에 컴퓨터 백신 소프트웨어 업체인 트렌드마이크로TrendMicro를 설립했다. 이 기업은 점차 성장해 마침내 컴퓨터 보안 업계에서 세계 1위가 되었다. 그런데 흥미로운 점은 이 회사가 '무국적기업'이라는 사실이다.

인종으로 따지면 우리 회사는 중국 회사다. 어느 나라에서 가장 큰 수익을 얻느냐고 묻는다면 일본 회사라고 해야 할 것이고, 최고경영자가 사는 곳으로 구분하자면 미국 회사라고 할 수 있다.

_ 오스카 창Oscar Chang, 트렌드마이크로 아시아퍼시픽 총괄 부사장

국경을 초월하는 바이러스에 대응하려면 국경을 초월한 기업이 있어야 한다. 글로벌 시대의 산물인 트렌드마이크로는 기업이 나아가야 할 방향을 제시해주었다.

우리 회사가 가장 남다른 점은 세계 최고의 인재를 통해 최고의 지혜를 창출한다는 것이다.
_ 오스카 창, 트렌드마이크로 아시아퍼시픽 총괄 부사장

오늘날의 세계는 커다란 경제 무대다. 누구나 그 무대에 올라 자신의 역할을 수행할 수 있다. 대사나 극의 제목은 각기 다를 수 있지만 혼자 1인극을 할 수는 없다. 새로운 비즈니스의 축제가 열리고 있다. 하지만 그 축제가 박수갈채만 받는 것은 아니다. 1999년 11월 30일, 노동자, 종교 인사, 환경운동가, 현지 주민 약 5만 명이 시애틀 거리에 모여 가두시위를 벌였다. 그들은 글로벌화와 다국적기업에 항의하고 당시 열리고 있던 세계무역기구 각료회의 중단을 촉구했다. 지금까지도 글로벌화에 대한 반대의 목소리는 사라지지 않고 있으며 사람들은 서로 다른 차원의 다양한 우려를 내놓고 있다.

다국적기업과 본국 사이에는 기술 유출과 일자리 감소 등의 갈등이 존재한다.
_ 장 에르베 로렌지, 프랑스 경제학자협회장

기업은 갈수록 강해지고 있다. 어떤 점에서는 정부보다 더 강대해졌다고 할 수 있다. 이것은 위험한 현상일 수 있다.

_ 아이라 잭슨, 메사추세츠대학 보스턴캠퍼스 교수

글로벌화는 경제 개방을 의미하지만 사실상 빈부 격차를 확대시켰다.

_ 이매뉴얼 월러스틴, 예일대학 사회학과 교수

우리는 현재 글로벌 시장을 가지고 있다. 그러나 아직 글로벌화된 통제 제도는 가지고 있지 않다.

_ 베르나르 라마낭소아, 프랑스 공립 경영대학원HEC 학장

이 세계는 서로 같지도 않고 또 같아져서도 안 된다. 세계의 모습은 더욱 더 다양해져야 한다.

_ 아오키 마사히코, 스탠퍼드대학 명예교수

글로벌 자원이 몇몇 대기업에 의해 지배되지 않을까? 글로벌화가 문화의 다양성을 저해하지 않을까? 거대 기업이 통제할 수 없는 힘을 갖게 되지 않을까? 갖가지 우려와 불안이 쏟아져 기업들에게 미래를 향한 여정을 조심스럽게 시작할 것을 경고하고 있다. 세차게 밀려오는 역사의 물결과 급격하게 변화하는 새로운 시대 앞에서는 아무리 강인하고 단호한 판단력도 무력해질 수 있다. 기업은 인류 사회와 계속 공생

뉴욕의 번화한 거리

하고 함께 성장할 것이다. 앞으로 우리에게 다가올 미래가 행복이든 불행이든 세계가 함께 대응해야 한다. 기업은 인류와 함께 앞으로도 미지의 여정을 함께할 것이다. 세계가 조용하든 소란스럽든 기업에게는 자기만의 특별한 생명의 논리가 있다.

앞으로 국제적인 기업들이 국가를 초월해 국가의 발전을 주도할 것이다.
_ 오마에 겐이치, 일본 비즈니스브레이크스루대학 학장

기업이든 조직이든 미래에 세계의 일부분이 되고 싶다면 과거를 되풀이하기만 해서는 안 된다.

_ 프랜시스 헤셀베인, 피터 드러커 재단 설립자

기업은 계속해서 값싸고 질 좋은 제품을 공급해야 한다. 그러지 않으면 사라지게 될 것이다.

_ 존 네이스비츠, 미국 미래학자

사회의 진보와 젊은이들이 기업을 어떻게 이해하는가는 아주 밀접한 관계가 있다.

_ 헤르만 지몬, 독일 경영학자

기업은 중요한 사회문제를 해결해야 한다. 그들이 아니면 누가 해결하겠는가?

_ 데이비드 슈미틀라인, 메사추세츠공과대학 슬론 경영대학원 학장

19세기 영국 시인 윌리엄 화이트헤드William Whitehead가 쓴 시에 이런 구절이 있다. "전쟁의 용기는 무역으로 더 굳건해졌고 새로운 힘은 정복에서 나왔다. 지구의 유한한 자원과 인간의 무한한 욕망이 충돌하는 한 투쟁과 충돌은 끝날 수 없다. 무역을 위한 전쟁은 무역으로 바뀌었고, 전쟁은 협상으로, 약탈과 점령은 협력과 상생으로 바뀌었다."

기업이 걸어온 길은 곧 세계 현대화의 과정이었다. 이는 국가 간의 경쟁과 각축으로 점철된 역사이며 인류에게 자기 성찰과 재발견이라는 과제를 남겼다. 시장이 있기에 기업은 계속 창조하고 꿈을 꾸었으며 존중과 겸손을 배웠다. 기업은 이익을 찾아 세계적인 경쟁을 벌이고 있지만 어느 곳에 있든 인류의 이상적인 생활에 부합하는 가치를 창조해야만 미래의 승자가 될 수 있다.

갈등과 기회, 협력과 이견 등 여러 가지 복잡한 상황에 놓인 기업이 최종적으로 어떤 방향을 향해 나아갈지는 아무도 단언할 수 없다. 하지만 역사는 뒤돌아보지 않으며 오로지 앞으로만 나아간다는 것은 분명하다. 부와 권력, 과학기술, 문화 등이 함께 작용해 기업의 잠재능력을 얼마나 더 이끌어낼 수 있을지는 예측할 수 없다. 우리가 알 수 있는 것은 미래는 언제나 상상 그 이상의 것을 보여준다는 사실뿐이다.

Interview inside
: **인터뷰 인사이드** :

베르나르 라마낭소아 프랑스 공립 경영대학원(HEC) 학장
헤르만 지몬 독일 경영학자

Q 다국적기업의 진입이 현지의 경제 발전을 저해하지 않습니까?

A **베르나르 라마낭소아** 어떤 나라든 다국적기업이 진입하면 경쟁 규칙이 바뀌고 경제구조가 완전히 변합니다. 경제구조가 완전히 뒤바뀌므로 당연히 경제 발전에도 영향을 미치게 됩니다. 제2차 세계대전 이후 유럽에서 다국적기업에 반발하는 움직임이 나타났습니다. 미국의 다국

적기업들이 유럽으로 진출하면서 유럽 시장의 경쟁구도가 철저히 바뀌었기 때문입니다. 단기적으로는 반발과 저항이 나타날 것이고, 중장기적으로는 다국적기업이 현지 시장에서 처참하게 패배하거나 아니면 현지의 경제와 사회에 융화되거나 둘 중 하나의 결과가 나타납니다. 여기에서 주의해야 할 것은 모든 형태의 보호무역주의를 배제해야 한다는 것입니다. 보호무역주의는 세계경제를 가장 심각하게 위협하는 것입니다. 단기적으로는 경제 분야에만 악영향을 미치겠지만, 중장기적으로 보면 세계 평화에도 커다란 위협이 됩니다.

Q 신흥시장국가 기업들의 다국적 경영을 가로막는 것들은 무엇입니까?

A 베르나르 라마낭소아 몇 년 전 세계가 겪은 경제 위기는 세계경제의 판도를 빠르게 변화시켰습니다. 아마도 현재의 선진국들은 위기를 극복한 후에도 더 이상 강한 경쟁력을 가질 수 없을 것입니다. 반면 위기가 진정되고 몇 년이 지나면 현재의 신흥시장국가들이 경제적으로 선진국을 능가하는 경쟁력을 가지게 될 가능성이 큽니다. 특히 그중 몇몇 국가는 거의 확실합니다. 다시 말해, 이 위기가 지나가고 나면 세계의 경제 권력이 재분배될 것입니다. 어쩌면 이 경제 위기 자체가 경제 패권이 재분배되는 과정일 수도 있습니다. 물론 이것도 역시 상호적인 작용입니다. 재분배가 위기를 초래하고, 또 위기가 재분배를 촉진하는 것

입니다.

   기업들이 해외 진출에 성공하는 것은 결코 쉬운 일이 아닙니다. 새로운 참여자는 어떤 국가에 진입하든 현지의 경제구조를 완전히 바꿔놓게 됩니다. 그러므로 그 변화에 빠르고 효과적으로 적응하는 기업만이 성공할 수 있습니다. 그들은 현지 국가의 법률, 사회, 도덕, 규칙 등 다양한 분야에 적응해야 합니다. 그러므로 신흥시장국가의 다국적기업이라고 해서 모두 다 새로운 국제시장에 성공적으로 진입할 수 있는 것은 아닙니다. 가장 우수한 기업들, 그리고 현지 국가의 특징에 적응할 수 있는 기업들만이 다국적 경영에 성공할 수 있습니다.

Q 오늘날 기업들의 글로벌 경영에 있어서 가장 해결하기 어려운 난제는 무엇입니까?

A 헤르만 지몬 개인적인 경험으로 볼 때 가장 큰 난제는 현지화입니다. 국제적으로 인사관리를 하기 위해서는 관리 능력을 강화해야 합니다. 특히 글로벌화된 기업문화를 형성하는 것이 중요합니다. 기업마다 자기의 독특한 문화와 역사가 있습니다. 그중에서도 가장 중요한 것은 제품의 품질, 혁신, 기술력, 고객에 관한 것이죠. 기업이 글로벌화되면 이런 가치관들을 외국인 직원들에게 철저히 주입시키려 하고 그 과정에서 각국의 다양한 문화와 부딪히게 됩니다. 현재 제가 이끌고 있는

전략컨설팅업체인 사이몬-쿠처앤파트너스Simon-Kucher & Partners의 경우 19개국에 사무소를 두고 있습니다. 이들 사무소를 관리하는 것은 결코 쉬운 일이 아닙니다. 해외 사무소를 관리할 수 있는 역량을 확대해야 합니다. 미국에서는 미국인이 필요하고 중국에서는 중국인이 필요하며 일본에서는 일본인이 필요합니다.

Insight review
: 인사이트 리뷰 :

'글로벌화'란 무엇인가?

글로벌화의 단적인 예를 들어보자. 다이애나 전 영국 황태자비와 그녀의 이집트인 애인이 프랑스 파리의 한 터널 안에서 교통사고로 사망했다. 그들이 타고 있던 자동차는 네덜란드인이 설계하고 독일에서 만든 것이었고, 운전기사는 벨기에 사람이었다. 사고 원인은 운전기사가 스코틀랜드산 위스키를 마시고 음주운전을 하던 중 파파라치가 따라붙자 이를 따돌리기 위해 과속 운전을 한 것이었다. 당시 그들을 따라가던 파파라치는 이탈리아인이었으며 그가 타던 오토바이는 일본산이었다. 사고 후 다이애나는 미국인 의사에게 응급조치를 받았고 브라질산

약이 사용되었다. 한 중국인이 빌 게이츠의 제품을 이용해 이 소식을 친구에게 알리자 그 친구는 인도네시아에서 생산한 IBM 컴퓨터 앞에 앉아 그 메일을 읽었다. 이 예가 평면적인 글로벌화라고 한다면 다음의 이야기는 수직적인 글로벌화를 증명하는 예가 될 것이다.

2008년 9월 15일, 세계 5대 투자은행 가운데 하나인 리먼브라더스가 심각한 재정위기에 빠져 파산보호를 신청했다. 그날 바로 유럽중앙은행은 시중 은행에 300억 유로를 지원하겠다고 발표했다. 10월 8일, 세계 주요 국가의 중앙은행이 공감대를 형성하고 동시에 금리를 인하했다. 10월 9일, 한국과 일본, 인도네시아 등이 재정확대정책을 발표하고 은행에 자금을 지원했다. 10월 24일, 영국 정부가 1992년 이래 처음으로 GDP가 감소했다고 발표했다. 10월 25일, 독일 다임러가 자동차 판매량이 몇 주 동안 '현저히 감소해' 12월 11일부터 한 달간 자동차 조립라인의 가동을 전면 중단할 계획임을 밝혔다. 11월 초, 중국 남부 연해 지역에서 기업들이 연달아 도산하자 국무원이 10대 내수부양 조치를 발표하고 4조 위안 투자계획을 확정했다…….

15세기 중반 신대륙이 발견된 후 인류는 제1차 글로벌화를 경험했다. 1990년대부터 냉전 체제가 붕괴되고 신기술 혁명이 발생했으며 세계무역기구가 활동을 확대했다. 이로 인해 상품과 각종 생산요소들이 전 세계를 시장으로 삼아 유통되고 배치되어 사상 최대 글로벌시장이 형성되었다.

그런데 사람들은 글로벌화가 안겨준 혜택을 누리는 동시에 글로벌화가 빈부격차를 더 벌려놓지 않을지 우려했다. 글로벌화된 시장을 누가 통제할 수 있을까? 글로벌화가 문화의 다양성을 저해하지 않을까? 글로벌 자원이 몇몇 대기업에 의해 통제되지 않을까? 거대한 기업이 통제하기 힘든 막강한 권력을 갖게 되는 것은 아닐까? 글로벌화가 세계경제의 혼란을 가중시키지 않을까?

글로벌화의 주인공은 누구인가?

기업은 탄생과 동시에 장벽 해소, 국경 초월의 긴 여정을 시작했다. 오늘날 글로벌화된 드넓은 무대 위에서 훌륭한 무용수들이 화려한 춤을 선보이고 있다. 마이크로소프트, GE, 시스코 등 다국적기업들이 바로 이 무대의 주인공이다. 그들은 막대한 상업자본과 앞선 경영 및 기술을 앞세워 글로벌자원을 배치하고 글로벌네트워크를 구축해 철저한 분업체계를 형성하고 있다. 연구개발, 원자재 구매, 생산 및 조립, 서비스가 각기 다른 나라에서 이루어지고, 이렇게 해서 만들어낸 제품을 세계시장에 판매하고 있다. 글로벌경제는 다국적기업들의 이 세밀한 분업체계 속에서 조용히 하나로 통합되었다.

다국적기업이 글로벌화 촉진에 가장 크게 기여하고 글로벌화 물결을 주도한 것은 부인할 수 없는 사실이다. 기업은 다국적기업에서 글로벌기업으로 변화하면서 투쟁과 충돌을 잠재우고 공유와 협력을 실현해 세계를 하나로 연결했다. 글로벌화가 확대되면서 다국적기업들은 잇따라 혁신을 이룩했다. 바닥까지 추락했던 IBM은 글로벌화가 탄생시킨 새로운 무대를 이용해 제조 중심에서 서비스 중심으로 경영전략을 수정해 재기에 성공했다. 또한 델은 페덱스와 공동으로 주문식 생산 및 배송 방식을 고안해내 '재고 제로zero'라는 새로운 판매 모델의 창시자가 되었다.

글로벌화의 확대는 다국적기업들에게 지금껏 겪어보지 못한 거센 인수합병 바람을 불러일으켰다. 보잉이 맥도널더글러스와 합병하고 아메리칸온라인은 타임워너를 인수했으며, 다임러벤츠와 크라이슬러도 합병을 선언했다. 기업 합병은 다국적기업들에게 사세 확장의 유용한 무기가 되었다. 개발도상국 기업들도 후발주자의 장점을 십분 활용해 다국적기업에 도전장을 내밀고 있다. 화웨이華爲, 텐센트Tencent, BYD, 알리바바, 지리, 민드레이 등등 중국 기업들이 지속적인 혁신을 통해 동종업계 다국적기업들을 위협하고 있다.

중국의 개혁개방은 현재 글로벌화가 가속화되는 단계에 있다. 초기에는 외국 기업을 유치하는 것이 주된 방식이었다. 비교적 우수한 인프라, 저렴한 생산원가, 성숙한 산업클러스터의 장점 덕분에 중국은 단숨에 '세계의 공장'으로 도약했다. 그런데 해외 기업들을 벤치마킹해 설립된 중국 기업들이 이제는 스스로 '바깥세상'으로 나갈 기회를 호시탐탐 엿보고 있다. 특히 자원, 해운, 금융 분야의 대형 국유기업들은 해외진출의 선봉장이라고 할 수 있다.

글로벌기업의 과제는 무엇인가?

글로벌화 앞에서 다국적기업들은 존중과 겸손함을 배웠다. 어디에 있든 인간의 이상적인 생활에 더 부합하는 가치를 창출하고 인류의 생활을 더 윤택하게 만들어줘야만 계속해서 생존할 수 있다. 이 치열한 경쟁 시대에 값싼 제품을 세계에 수출하는 것만으로 만족하는 나라는 어디에도 없다. 물론 타국 시장에 진입하는 것은 어느 기업에게나 결코 쉽지 않은 일이다.

글로벌화가 확대될수록 다국적기업들은 '현지화'라는 난제에 봉착하게 되었다. 과거에는 '표준화'가 다국적기업들의 시장 개척에서 막강한 무기였다. 제품의 생산, 경영, 심지어 가격까지도 모두 통일시켰다. 하지만 글로벌화가 추진되면서 다국적기업과 현지 국가의 법률 및 규칙, 정부의 관리 제도 사이의 큰 차이로 인해 심한 충돌이 발생하고 말았다. '글로벌화'인가, '현지화'인가? 다국적기업들은 이 두 가지를 신중하게 조화시키기 시작했다. 미국 코카콜라는 인도에서 안전성 위기를 겪으면서 유연하게 자신을 변화시켜 현지에 적응했고, 일본 소니는 미국 콜롬비아영화사를 인수한 후에도 계속해서 미국적 색채가 농후한 영화들을 제작했다. 중국에 진출한 KFC도 메뉴에 중국풍 음식들을 추가시켜 소비자들의 이질감을 해소하고 고객과의 거리를 좁혔다.

노벨경제학상 수상자 5인 인터뷰

기업, 정부
그리고 시장경제의 미래

[ **로버트 포겔** Robert Fogel
1993년 노벨경제학상 수상자, 시카고대학 교수 **1**]

Q 경제위기와 실업은 어떤 연관성이 있습니까? 2008년 경제위기에서 나타난 실업 문제를 어떻게 평가합니까?

A 경제가 위기에서 서서히 회복된다고 해도 경제성장 속도가 노동력 증가 속도를 따라잡지는 못할 것입니다. 가계 지출과 수입 지표가 호전되더라도 실업률을 가지고 경제 회복 여부를 판단한다면 앞으로도 상당 기간 동안 경제는 쇠퇴기에 머물러 있을 것입니다.

중요한 것은 경제 회복에 얼마나 긴 시간이 필요한가 하는 문제입니다. 제2차 세계대전 이후 미국은 여러 번의 경제위기를 경험했습니다. 그 위기가 지속된 기간은 평균 11개월이었고, 그 후 6년간의 경제성장기가 찾아왔습니다. 길게는 경제 호황이 10년 동안 이어지기도 했습니다. 그런데 2008년 경제위기는 평균 지속기간의 두 배가 넘는 기간 동안 지속되었습니다. 실업률도 사상 최고치를 경신했지요.

Q 산업사회로 접어든 후 시대를 막론하고 노사분쟁이 끊이지 않고 발생했습니다. 노사분쟁은 경제성장의 필연적인 현상이라고 생각합니까?

A 노사분쟁은 빈곤층이든 중산층이든 부유층이든 어느 시대의 계층에서나 있어왔습니다. 그러나 노사분쟁이 경제성장을 저해한 적은 결코 없습니다. 반면 경제성장은 사람들의 재산을 증가시켰습니다. 세계적으로 정치적, 경제적 재난이 수없이 많이 발생했음에도 불구하고 20세기를 위대한 시대라고 부르는 이유가 바로 여기에 있습니다.

세계 인구의 대부분이 국가의 경제성장을 통해 혜택을 입었습니다. 물론 모든 국가가 발전한 것은 아니고, 몇몇 최빈국들은 아직 경제성장의 궤도에도 올라서지 못했지요. 그런 국가들은 대부분 치열한 내란이나 종족 간의 내전이 치열하게 벌어지고 있으므로 경제성장을 논하는 것 자체가 사치인 상황이지요.

Q 중국의 현재와 미래의 경제성장에 대해선 어떤 견해를 갖고 있습니까?

A 중국 경제가 연평균 약 8퍼센트의 성장을 계속해 2040년쯤이면 중국의 1인당 연평균 소득이 8만 5000위안까지 증가할 것이라고 예상합니다. 이런 낙관적인 전망에 대해 회의적인 입장을 가지고 있는 동료들도 많습니다. 내가 이렇게 예상하는 이유는 중국이 교육에 적극적으로 투자하고 있다는 것입니다. 중국 정부는 중고등학교와 전문대학 교육에 대한 투자를 계속 늘리고 있습니다. 중국 경제는 지금까지 연평균 9퍼센트에 가까운 성장률을 유지해왔는데, 그중 6퍼센트 정도는 교육의 힘에서 비롯된다고 생각합니다. 그럼 나머지 3퍼센트는 어디에서 얻어졌을까요? 바로 농촌에서 도시로 이동한 노동력입니다. 농업의 생산성이 높아지자 잉여 노동력은 1인당 생산성이 더 높은 제조업, 서비스업 등으로 이동했습니다. 이런 산업에서 근로자 한 사람이 창출해내는 생산액은 농업에서보다 훨씬 많습니다. 그러므로 농업에서 다른 산업으로 이동한 노동자들이 중국의 연평균 성장률 상승에 크게 기여한 것입니다.

신기술을 발전시키지 않고 첨단기술 개발에 뛰어들지 않는다면 국가도 발전할 수 없습니다. 중국은 서방 국가들의 기술을 도입해 중국 실정에 맞게 개조하는 데 주력하고 있습니다. 이것이 바로 '후발주자의 장점'입니다. 이는 중국이 미국보다 빠르게 성장할 수 있었던 이유 중 하나이기도 하죠. 내가 중국의 미래를 낙관하는 또 한 가지 이유는 '인구 보너스(전체 인구에서 생산연령 인구인 15~64세가 차지하는 비중이 증가해 노동력과 소비가 늘면서 경제성장을 이끄는 현상) 때문입니다. 중국은 여전히 인구 보너스의 혜택을 받고 있습니다. 프랑스, 스페인, 독일, 일본, 북유럽 등의 국가들보다 생산연령대의 인구 비중이 매우 높습니다. 이런 인구구조가 앞으로 10년, 길게는 20년 동안 중국의 경제성장을 주도할 것입니다.

제임스 멀리스 James Mirrlees
1996년 노벨경제학상 수상자, 케임브리지대학 교수

2

Q 애덤 스미스의 『국부론』에서 가장 중요한 관점이 무엇이라고 생각합니까?

A 애덤 스미스는 시장경제를 수많은 독립생산자가 모여 각기 자신의 상품을 팔고 있는 곳으로 묘사했습니다. 사람들은 누가 자기 상품을 사줄지 알지 못하지만 어쨌든 소비자를 찾을 수 있습니다. 애덤 스미스는 이것을 매우 신기한 운행 시스템이라고 생각했죠.

사람들은 스스로 선택해서 소비하고, 시장에서 수요로 나타납니다. 생산자는 어떻게 하면 사람들이 원하는 제품을 생산할 수 있을지 고민하게 됩니다. 예를 들어 농장에 어떤 농작물을 심을 것인지, 공장에서 어떤 제품을 만들 것인지 고민하는 것입니다. 시장은 최대한 자유롭게 개방되어야 한다고 애덤 스미스는 생각했습니다. 농작물의 자유로운 수입을 허가하면, 사람들이 식생활에 들이는 비용이 줄어들 수 있고 임금도 낮아질 것이며, 그러면 자연스럽게 상업과 경제도 발전하게 된다는 논리입니다.

Q 진정한 시장경제는 어떤 것이라고 생각합니까?

A 시장경제는 추상적인 단어입니다. 나는 추상적인 단어에는 별로 관심이 없습니다. 우리가 알고 있는 것은 어떤 국가에서 다양한 경제활동이 발생하고 있고, 그중 대부분이 자유시장에 의해 주도되고 있다는 사실입니다.

'자유시장'이란 사람들이 무엇을 얼마나 생산해 얼마에 판매할 것인지 자유롭게 결정할 수 있는 시장을 의미합니다. 중국이든 미국이든 시장의 자유로운 정도에는 큰 차이가 없습니다. 중국에서는 가격, 환율, 금리 등 시장의 대부분이 정부의 통제를 받고 있다고 말하는 이들도 있습니다. 하지만 전적으로 그런 것은 아닙니다. 중국의 국민소득 가운데 국방, 경찰, 학교, 의료 분야 등의 지출항목은 정부에 의해 결정되고, 이런 부분에 대한 지출이 매우 많은 것이 사실입니다. 하지만 그 비중은 유럽 국가들보다 낮습니다. 일부 유럽 국가들은 국민소득의 50퍼센트 이상을 정부가 통제하고 있으니까요.

Q 정부와 시장이 어떤 관계에 있다고 생각합니까?

A 애덤 스미스는 경제 분야에서 맺은 계약이 충실하게 이행될 수 있도록 법률을 제정하고 재산권을 명확하게 확립하는 것이 바로 정부가 해야 할 일이라고 했습니다. 오늘날에는 규정을 수립하는 일, 감시와 통제 같은 것들이 점점 더 중요해지고 있습니다. 경제 관계가 복잡해지고 있으므로 질서를 유지하기 위해 정부의 역할이 더욱 중요해진 것입니다. 예를 들어 사람들이 믿고 약을 구입할 수 있도록 정부가 약의 효과를 검증해야 합니다. 학교도 마찬가지입니다. 사람들이 높은 학비를 지불하는 만큼 정부도 학교에 대해 엄격한 관리 감독을 실시하고 양질의 교육을 제공하고 있는지 수시로 점검해야 합니다.

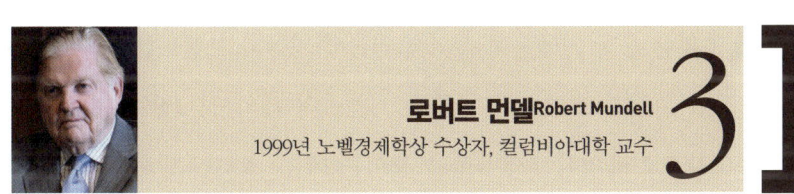

[로버트 먼델 Robert Mundell 3]
1999년 노벨경제학상 수상자, 컬럼비아대학 교수

Q 기업가의 역할은 어떠해야 한다고 생각합니까?

A 기업가에게 가장 중요한 것은 기회를 개척하고 포착하는 능력입니다. 그런 능력이 없다면 기업가가 될 수 없습니다. 기회를 포착하고

잘 이용할 수 있는 지식을 갖추어야 합니다. 진정한 의미의 전문경영이 시작된 것은 20세기 초반 이후입니다. 경영대학원이 설립되면서부터 전문경영인들이 배출되기 시작했죠. 전문경영이 점점 더 중요해지고 있고 전문경영법을 배우기 위해 경영대학원에 입학하는 사람들도 많습니다. 이것은 매우 중요한 현상입니다. 이렇게 배출된 인재들이 기업의 효율성 제고와 효과적인 관리 및 경영에 큰 역할을 발휘하고 있습니다. 나는 기업가가 인류의 역사에서 정치인만큼이나 중요한 역할을 한다고 생각합니다. 기업가들이 서양을 더 강하게 만들었으며, 앞으로 중국의 실력도 더 강하게 만들 것입니다.

Q 브랜드 구축에 힘쓰고 있는 중국 기업들에게 조언을 한다면?

A 많은 중국 기업들이 해외에 진출해 자신의 브랜드를 알리고 해외 공장을 설립하고 있습니다. 중국 기업들의 해외시장 진출은 기술력을 향상시키고 해외시장 점유율을 높이는 데 큰 효과를 발휘할 것입니다. 중국 제조업은 내수 시장에서 큰 성공을 거두었지만 국제적인 브랜드 경쟁력은 아직 약합니다. 중국에도 대형 브랜드가 몇 개 있지만 세계 제조업에서 중국이 차지하는 비중은 미국, 일본, 독일, 프랑스, 영국, 한국 등과 큰 차이가 있습니다. 중국 기업들은 국제적인 브랜드를 양성하고 기업을 글로벌화해야 합니다. 국제 시장에서 영향력을 가진 브랜드

를 얼마나 가지고 있느냐는 글로벌화를 가늠하는 척도입니다. 그런 점에서 볼 때 지금의 경제 불황은 오히려 중국에 매우 좋은 기회입니다. 많은 기업들이 도산하고 브랜드 매각이 진행되고 있으므로 중국 기업들이 이 기회를 잘 이용해야 합니다.

조셉 스티글리츠 Joseph Stiglitz **4**
2001년 노벨경제학상 수상자, 컬럼비아대학 교수

Q 경제발전 과정에서 공평과 효율의 관계를 어떻게 조절해야 한다고 봅니까?

A 경제성장과 사회의 공평함 가운데 어떤 쪽에 더 비중을 둘지는 각 나라마다 입장이 다릅니다. 이 분야에 있어서 가장 큰 효과를 거두고 있는 나라는 스칸디나비아 반도의 국가들이죠. 그들은 높은 경제성장률을 유지하는 동시에 공평한 사회를 실현하고 있습니다. 그들은 믿을 수 있는 사회보장제도를 실시하고 우수한 교육과 양질의 의료 서비스를 제공함으로써 경제 발전을 통해 얻은 혜택이 사회의 각 구성권들에게 골고루 돌아가도록 하고 있습니다. 이것은 또 그들의 경제를 발전시키는 탄탄한 기반이기도 합니다.

미국 경제는 경제성장률이 높지도 않을뿐더러 경제성장을 통해 얻은 부의 대부분은 부유층의 지갑 속으로 들어가고 있습니다. 미국 국민 중 대다수는 8년 전보다 더 가난해졌습니다. 국가 경제는 발전하는데 국민들의 소득 수준은 오히려 낮아지는 전형적인 예입니다. 이런 경제성장은 실패작입니다. 실패의 원인은 금융 분야의 고속 성장을 허용하면서 공평한 세금 제도를 실시하지 않은 데 있습니다. 미국은 시장 기능과 정부의 기능이 분리되지 않았음에도 불구하고 정부가 사회의 공평한 분배를 위해 아무런 역할도 하지 못하고 있습니다.

Q '경영인의 신뢰성 위기'에 대해 어떻게 생각합니까?

A 기업의 일상적인 경영은 기업 자체의 이익을 위한 것이지 주주나 단체, 직원 등 관계자들의 이익을 위한 것이 아닙니다. 이를 혼동하는 것이 바로 이익의 불평등을 악화시키는 요인입니다. 훌륭한 기업 관리는 매우 중요합니다. 잘못된 기업 관리는 사회적 불평등을 일으킬 수 있으니까요.

Q 경제에 대한 정부의 간섭을 어떻게 평가합니까?

A 모든 경제에 적용되는 보편적인 원칙은 존재합니다. 하지만 다른

관점에서 보면, 경제 시스템마다 각기 다른 문제점을 안고 있기 때문에 정부의 간섭 정도나 간섭의 방식도 다를 수밖에 없습니다. 평등과 사회적 공정성을 더 높은 순위에 두는 국가에서는 정부의 간섭과 경제정책도 다른 국가들과 다를 수밖에 없습니다. 시장경제 체제에서는 기업이 때때로 이익을 위해 사람들을 착취하기도 하고 환경을 파괴하기도 합니다. 한 기업의 행위가 다른 기업에 악영향을 미치거나 한 개인의 행동이 타인에게 피해를 준다면 마땅히 정부가 나서서 간섭해야 합니다.

미국의 대다수 은행들은 불특정 투자자들로부터 이익을 얻습니다. 그런데 미국 금융기관의 부당 행위가 미국 사회는 물론 세계경제에 막대한 손실을 입혔습니다. 근로자들은 일자리를 잃었고, 주택 소유자들은 자신의 집과 평생 모은 재산이 물거품이 되는 것을 지켜봐야 했습니다. 위기는 전 세계로 확산되었지요. 이후 이런 일이 재연되는 것을 막을 수 있는 강력한 조치가 마련돼야 한다는 공감대가 형성됐습니다.

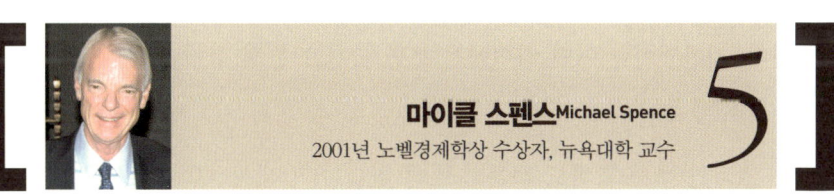

마이클 스펜스 Michael Spence
2001년 노벨경제학상 수상자, 뉴욕대학 교수
5

Q 현대사회에서 기업은 어떤 역할을 해야 한다고 생각합니까?

A 현대사회에서 중요한 논쟁은 기업의 합법적인 목표가 무엇인가 하는 것입니다. 기업은 이제 단순한 경제조직을 넘어서 사회조직이 되었습니다. 시장 시스템으로는 모든 문제를 해결할 수 없습니다. 분배 문제나 격차 문제, 환경 파괴 같은 것들이 특히 그렇습니다. 개인적인 이익이 아니라 공공의 이익, 사회적 이익과 관련해 기업과 소비자가 각자 어떤 역할을 수행할 것인지에 대해 진지하게 생각해야 합니다. 이런 역할 정립에 관한 논쟁들은 매우 유익하며 꼭 필요한 것입니다.

Q 기업에게 있어 재산권과 계약, 법률 제도가 중요하다고 생각합니까?

A 투자란 자산을 창조하고, 그 자산이 앞으로 더 많은 생산 잠재력을 보유하도록 하는 행위입니다. 투자한 돈을 남들이 멋대로 가져갈 수 있다면 아무도 투자하지 않을 것입니다. 그러므로 공식적인 법률 조항을 통해 그 돈을 아무도 멋대로 가져갈 수 없도록 규정할 필요가 있습니다. 재산권이란 어떤 의미에서 보면 습관을 통해 정립된 관례, 즉 사람들이 오래전부터 믿어오던 관례라고 할 수 있습니다. 앞날을 예측할 수 없다면 투자 효과도 적을 수밖에 없습니다. 세계적으로 개발도상국이나 고속 성장하고 있는 국가들을 투자전망이 높은 국가로 평가하곤 합니다. 이는 투자 결과를 예측할 수 있기 때문이죠. 그런데 투자를 예측하는 데 가장 중요한 역할을 하는 것이 바로 규칙과 재산권입니다.

Q 애덤 스미스의 시장경제 개념에 어떤 변화가 생겼다고 봅니까?

A 애덤 스미스가 제창한 많은 개념들은 우리가 귀중한 가치관을 정립하도록 해주었습니다. 시장경제에서 사람들은 자신의 이익을 추구하고 우수한 사회적 제품을 생산해냅니다. 다시 말해, 시장경제에서 전체의 이익이 창출되면 개인이 이익을 위해 적극적으로 노력하게 됩니다. 경제가 효과적으로 돌아가게 하려면 권력을 분산시키고 분산된 권력이 원활하게 행사될 수 있도록 해야 합니다.

생태학자 하딘G. J. Hardin이 제시한 '공유지의 비극tragedy of the commons'*을 누가 해결할 수 있을까요? 해양, 어업, 공공 목장 등 공유 자원을 어떻게 이용해야 할까요? 이런 것들은 시장의 기능이 미치지 못하는 분야입니다. 불완전하고 부정확한 정보가 존재한다면 시장은 원활하게 돌아갈 수 없습니다. 그러므로 시간이 흐름에 따라 애덤 스미스의 기본 개념을 적절히 수정해야 합니다. 그래야만 시장경제가 정상적으로 운행되고 개인과 집단의 이익이 일치하는 환경에서 사람들이 개인의 이익을 추구할 수 있습니다. 이것이 바로 현대 시장경제가 추구하는 결과입니다.

• **공유지의 비극** 1968년 12월 13일자 〈사이언스〉에 실린 하딘의 논문에 등장하는 개념. 마을 사람들이 공동으로 사용하는 목초지에서 자신의 이익을 위해 방목하는 소를 계속 늘릴 경우, 결국은 목초지가 황폐해져 개인과 공동체 모두에 불행이 닥칠 수 있다는 이론.

후기
기업을 통해
우리가 살고 있는 시대를 생각하다

5년 전 우리는 다큐멘터리 대작 〈대국굴기大國崛起〉를 제작했다. TV 다큐멘터리의 형태로 국가를 발전시키는 원동력을 탐색한다는 것은 결코 쉽지 않은 일이었다. 그런데 산더미 같은 사료들을 검토하고 연구하는 동안 유독 하나의 단어가 계속해서 등장했다. 바로 '기업'이었다.

　기업은 국가 권력이나 세계의 패권 다툼과 관련되어 있을 뿐 아니라 경제성장과 경제거품과도 연관성을 가지고 있었다. 산업혁명은 기업을 빼놓고는 결코 논할 수 없고 두 차례 세계대전에서도 기업은 역시 중요한 역할을 했다. 증기기관에서 인터넷에 이르는 무수히 많은 발명의 배후에도 모두 기업이 있었다. 근대 이래 세계가 번영했든 침체되었든, 협력했든 충돌했든, 아니면 진보했든 위기를 겪었든 기업은 언제나 누구도 대신할 수 없는 중요한 역할을 했다.

역사적으로 중요한 순간에는 거의 예외 없이 모습을 드러낸 기업이 우리를 단단히 매료시켰다. 우리를 더욱 몰입하게 만든 것은 기업이 우리에게도 현실이라는 점이었다. 기업은 우리 주변에 수없이 많고 의식주의 모든 것을 제공하며, 창업을 촉진하고 인생의 꿈을 실현시켜주는 매개체다. 물질생활에서부터 정신생활에 이르기까지 기업이란 인간에게 없어서는 안 될 존재다. 우리가 '기업의 힘'이라는 다큐멘터리 제목을 떠올린 것이 바로 그때였다(이 책의 TV 방영 당시 제목이다).

〈대국굴기〉가 전파를 타자마자 예상을 훨씬 뛰어넘는 큰 반향이 일어났다. 이에 고무된 나는 머릿속에만 맴돌던 생각을 구체화시키기 시작했다. 국가의 현대화를 추진하는 힘은 무엇일까? 거시적인 서사 방식을 사용한 〈대국굴기〉와 달리 미시적인 관점의 서사와 탐구가 과연 가능할까? 기업은 추상적인 주제였다. 2006년 우리는 처음으로 다큐멘터리 〈기업의 힘〉 제작 계획을 공개했다.

그 사이 우리에게 또 다른 프로젝트가 맡겨졌다. 1840년부터 현재에 이르는 중국의 발전 과정을 되짚어 보는 다큐멘터리 〈부흥의 길〉을 제작하는 것이었다. 이 과정에서 나는 새로운 영감을 많이 얻을 수 있었다. 19세기 말 영국, 프랑스, 이탈리아, 벨기에 4개국 공사를 지낸 중국의 외교관 설복성은 기업의 위력에 대해 "기업은 무슨 일이든 다 할 수 있다. 산을 옮기고 바다를 메우며 바람과 번개를 부리고 물과 불을 만들 수 있다. 서구 열강들이 바다를 누비고 있는데 아무도 막을 자가 없다"라고 표현했다. 이런 관점에서 본다면 근대 이후 국가의 힘이 약하다는 것은 곧 기업의 힘이 약하다는 것을 의미했다.

2008년 우리는 중국의 개혁개방 30주년을 기념하기 위해 〈중국이야기〉라는 제목으로 평범한 중국인들 10명의 인생과 그들이 분투하고 추구하는 것에 대한 프로그램을 제작했다. 나는 그것을 '차이나드림의 10가지 표본'이라고 불렀다. 그런데 그 10명의 인물 가운데 절반 이상이 방식은 달라도 모두 기업을 통해 자신의 꿈을 실현했다. 중국인들은 개혁개방을 통해 경제 기적을 창조하고 1840년부터 한 번도 가지지 못했던 실질적인 존엄을 되찾았으며 독특한 발전 모델을 만들어냈다.

"기업이 움직이지 않으면 상공업이 발전할 수 없고 상공업이 발전하지 않으면 중국은 영원히 부강해질 수 없다"고 했던 설복성의 100년 전 예언이 그대로 적중한 것이다. 개혁개방 후 30여 년이 흐르는 동안 십수 억 중국인들은 전심전력을 다해 노력했고, 기업은 중국인들 모두에게 꿈을 실현할 수 있는 무대를 마련해주었다. 개인의 창의력이 발휘되자 기업들이 저마다 성장하기 시작했다. 부강한 국가를 이룩하는 것이 더 이상 우리들에게 손에 닿을 수 없는 아득한 꿈만은 아니었다.

2009년 우리는 다시 출발했다. 4년 동안 심사숙고하고 사전 준비한 끝에 우리는 매스컴 종사자의 안목과 머리로 '기업의 힘'을 찾고 기록하고 연구하고 전파했다. 기업의 힘은 언제나 우리를 기다리고 있었다. "산이 거기에 있으므로 산에 오른다"라는 어느 등반가의 말이 당시 우리의 심정을 그대로 대변해준다. 제작 과정에서 부딪힌 난관은 만만치 않았다. 기업을 주제로 할 때 우리가 다루어야 하는 경제, 경영, 사회, 역사 등의 분야에서 참고할 수 있는 문헌이나 책이 전무했다. 하지만 우리는 가장 힘들고 고통스러운 과정에서도 그 나름대로의 즐거움을 얻을 수 있다는 사실을 알고 있었다.

우리에게는 명확한 목표가 있었다. 대기업들의 성장사를 되짚어보려는 것도, 기업들의 관리 방식이나 마케팅 전략을 분석하려는 것도 아니었다. 우리가 만들려는 것은 특정 기업의 성공 비결이나 개별적인 사례들을 모아놓은 다큐멘터리가 아니었다. 우리는 역사와 사실을 통해 현재 우리가 살고 있는 시대에 대해 생각하고 표현하는 데 집중했다.

그래서 우리는 다음과 같은 몇 가지 기본원칙을 세웠다. 첫째, 기업은 객관적으로 존재하는 것이고, 사회 발전의 산물이며, 인류가 공유하는 문명의 성과다. 둘째, 아무런 문제도 없는 시대는 없으며, 영원한 해답도, 전지전능한 비결도 없다. 셋째, 문제를 해결하는 것보다는 문제를 제기하고 분석하는 것이 매스컴의 본분이자 책임이다. 넷째, 이야기를 통한 서술이 필요하지만 줄거리 자체에 그 목적이 있는 것은 아니다. 200~300년의 역사로는 역사의 커다란 줄기를 전체적으로 바라볼 수 없다. 역사는 지금까지 계속되어왔으며 앞으로도 계속될 것이다.

기업은 우리의 생명보다 더 오래되었지만 우리보다 더 젊은 명제다.

기업은 지금도 탄생하고 있고 생생하게 살아 있으며 또 변화하고 있다. 10부작 다큐멘터리 〈기업의 힘〉 제작이 거의 막바지 단계에 다다랐던 2010년 여름, 커다란 사건들이 연달아 터졌다.

멕시코 만에서 BP 소유의 유조선이 좌초되어 원유 약 490만 배럴이 바다로 유입되었다. 오바마 정부가 미국 역사상 1929년 이래 가장 엄격한 금융감독 조치를 발표했다. 중국 시장에서 멜라민 분유 파동이 터졌다. 중국 폭스콘Foxconn에서 근로자 투신 사건이 연이어 발생했다. 하지만 애플은 계속된 혁신을 발판으로 브랜드 가치 세계 1위 기업으로 도약했다. 중국농업은행이 정식으로 상하이와 홍콩에 상장됨으로써 중국의 4대 국유 시중 은행이 모두 증시에 상장되었다. 중국 지리자동차가 볼보의 지분 전액 인수를 완료했다.

얼핏 보면 큰 연관성이 없는 것 같은 이 사건들이 모두 기업과 관계되어 있었다. 매스컴 종사자로서 나는 기업이라는 매개체를 통해 우리가 얻을 수 있는 이 시대에 대한 관찰과 이해를 다큐멘터리 속에 포함시켜 사람들과 공유하고 싶었다.

기업은 무엇일까? 기업이 위대해지려면 얼마나 더 많은 길을 가야 할까? 기업은 권력의 도구가 되어서는 안 되며 평범한 사람들이 지혜를 펼치고 에너지를 함께 모을 수 있는 무대가 되어야 한다. 기업은 돈의 노예가 되어서는 안 되며 사회의 혁신과 진보를 이끌어내는 원동력이 되어야 한다. 또 기업은 차디찬 기계여서는 안 되며 인본주의의 창달자이자 수혜자가 되어야 한다. 훌륭한 기업은 자유롭고 공평한 경쟁을 유도하고 저렴한 제품을 풍부하게 창조하며, 훌륭한 정부는 자유롭고 공평한 경쟁을 보호하고 법치를 통해 이익의 경계를 확실히 구분한다. 기업이든 정부든 어떤 조직이든 인간의 진정한 행복을 목표로 하지 않는다면 진심에서 우러난 존중을 받을 수 없으며 긴 생명력을 가질 수 없다.

헤겔은 "인간이 역사에서 얻은 유일한 교훈은 인간은 한 번도 역사에서 교훈을 얻은 적이 없다는 사실이다"라고 말했다. 다큐멘터리 한 편이 무엇을 할 수 있겠는가? 이 다큐멘터리가 사람들에게 역사의 교훈을 주입시킬 수는 없을 것이다. 하지만 최소한 교훈 자체를 기록하는 역할은 할 수 있다. 〈대국굴기〉에서 시작해 〈부흥의 길〉, 〈중국이야기〉, 그리고 〈기업의 힘〉까지 우리가 기울인 모든 노력은 이 한 가지 목표에 집중되어 있었다. 우리에게 관심과 지지, 도움을 보내준 모든 이들, 그리고 서로 의지하고 격려하고 동고동락한 우리 제작팀 모두에게 감사의 뜻을 전한다.

다큐멘터리 총감독

런쉐안任學安

부록
연표로 보는 기업의 역사

◆ 제1단계 (기원전 3000년~기원후 1500년)

기원전 3000년	메소포타미아인과 수메르인이 계약을 처음 만들다.
기원전 2000년~기원전 1800년	아시리아인이 펀드계약조항을 처음 만들다.
1세기	로마인이 기업의 원형인 상업사단을 만들고 모종의 형식으로 유한책임을 졌다.
9세기	이탈리아 아말피, 베네치아 등에서 해운업이 등장하다.
12세기	피렌체 등 이탈리아 도시에서 compagnia(회사)라는 단어가 생겨나다. compagnia는 영어 company(회사)의 어원이다. 당시의 기업은 모두 연대책임제인 가족기업이었다.
1215년	영국에서 대헌장이 반포되다.
1279년	영국 왕 에드워드 1세가 양도불능의 부동산 소유법을 반포해 법인조직, 특히 교회의 토지 소유 면적을 제한하다.
1298년	마르코 폴로의 『동방견문록』이 발표되어 유럽 사람들에게 동방의 문명과 부에 대한 동경과 욕심을 불러일으켰으며 마침내 신항로

	와 신대륙이 발견되었다.
1340년	제노바 상인들이 복식부기를 처음 사용하다. 주로 해외사무소의 장부 조작을 방지하려는 목적이었다.
1347년	유럽의 현존하는 가장 오래된 민영기업인 스웨덴 스토라Storao의 직계 조상이 황제로부터 특허장을 받다.
1357년	런던직물협회가 양모 수출세 징수권을 획득하다.
1397년	조반니 디 비치Giovanni di bicci가 메디치은행을 설립하다.
1405년~1433년	중국 항해가 정화鄭和가 서양 각국을 항해하다.
1450년	유럽에서 활판인쇄술이 발명되어 사람들의 지식수준이 향상되고 대항해시대를 위한 사상적 기초가 마련되다.
1488년	바르톨로뮤 디아스Bartolomeu Diaz가 아프리카 희망봉을 발견하다.
1492년	크리스토퍼 콜럼버스Christopher Columbus가 신대륙을 발견하다.
1498년	바스코 다 가마Vasco da Gama가 코지코드Kozhikode에 도착해 인도 항로를 개척하다.

◆ **제2단계** (1501~1750년)

1555년	러시아 회사가 특허장을 획득, 세계 최초의 '특권 기업'이 되다.
1580년	이탈리아에서 세계 최초로 '은행'이라는 명칭을 붙인 베네치아은행이 탄생하다.
1584년	지리학자 해클루트Hakluyt가 세계 최초로 기업설립계획서인 『서양 식민에 관한 담화Discourse of the Western Planting』를 출간하다.
1599년	포르투갈과 네덜란드의 향료 무역 독점으로 인해 런던의 후추 가격이 폭등하다.
1600년	영국 동인도회사가 설립되어 동인도 무역을 15년간 독점할 수 있

	는 특권을 얻다.
1602년	네덜란드의 소규모 향료무역회사 6개가 모여 주식회사인 '네덜란드연합 동인도회사'를 설립하다.
1607년	버지니아 회사가 북미에 영국 식민지 버지니아를 최초로 세우다.
1608년	네덜란드 암스테르담에 세계 최초의 주식거래소가 설립되다.
1609년	네덜란드 암스테르담은행이 설립되다.
1612년	영국 동인도회사가 주식 공개발행을 시작하다.
1619년	영국 버지니아 회사가 북미 식민지에서 대의제 정치를 시행해 민주적인 방식으로 회사의 관리자를 선출하다.
1621년	네덜란드인들이 서인도회사를 설립하다.
1623년	영국이 세계 최초로 '특허법'을 반포하다.
1626년	네덜란드 서인도회사가 인디언들에게 현재 가치로 약 24달러 상당의 물품을 주고 맨해튼 섬을 사들여 뉴암스테르담이라고 명명하다. 이것이 바로 현재의 뉴욕이다.
1630년	매사추세츠 만灣 회사의 주주총회에서 회사를 주州로 바꾸고 '자유민'의 정의를 회사의 주주에서 주민州民으로 수정하기로 결의하다.
1670년	영국 왕 찰스 2세로부터 특허장을 받은 허드슨 만 회사가 설립되면서 북미에서도 '특권 기업'이 생겨나기 시작하다.
18세기	법학자 윌리엄 블랙스톤William Blackstone이 로마인들이 회사를 발명했다고 주장하다.
1706년	유럽 금융가 존 로가 프랑스 미시시피 회사를 설립하다.
1707년	독일의 뱃사공조합원들이 세계 최초의 증기선을 부수다. 이로써 증기선의 탄생이 100년이나 늦추어졌다.
1711년	스페인령 아메리카 식민지의 무역독점권을 가진 남해 회사가 설립되다.
1716년 5월	존 로가 방크 제네랄을 설립하다.
1720년	투자자들이 미시시피 회사의 주식을 투매하기 시작하자 프랑스 정부가 지폐 사용을 중단하고 방크 로얄을 폐쇄하다.
1720년	영국 의회가 '거품법'을 통과시키다. 그 후로 영국에서는 100년

	가까이 회사가 설립되지 못했다.
1732년	상업회사로는 세계 최초로 특허장을 획득한 영국 '신런던무역 및 상업협회New London Society United for Trade and Commerce'가 설립되다.
1733년	영국 방직기사 존 케이John Kay가 '플라잉셔틀flying shuttle'을 발명해 직조작업의 속도가 크게 향상되다.

◆ 제3단계 (1751~1860년)

1759년	제1차 산업혁명을 일으킨 위대한 선구자로 평가받은 조사이어 웨지우드가 도자기 공장을 설립하다.
1765년	영국 정부가 동인도회사에 벵골 총독의 지위를 부여하고 토지세 징수를 허가하다.
1771년	영국 이발사 아크라이트가 방직공장을 설립해 현대적 의미의 공장이 탄생하다.
1773년	영국 의회가 북미에 대한 차 수출 전매권을 동인도회사에 부여해 보스턴 시민들의 반발을 사다. 이것이 미국 독립전쟁의 도화선이 되었다.
1774년	글래스고대학의 교수 애덤 스미스가 『국부론』을 출간해 현대경제학을 창시하다.
1776년	토머스 페인이 『상식』을 출간해 소탈한 필치로 사람들에게 폭정과 노예제에 항거할 것을 호소하다.
1781년	최초의 미국 본토 회사 북미은행이 대륙회의Continental Congress로부터 특허장을 획득하다.

1782년	미국 제헌회의에서 통과된 '헌법'에 따라 연방 정부가 각 주의 무역을 관리하기 시작하다. 회사의 권리에 대한 각 주 정부의 통제권은 계속 유지되었다.
1785년	영국인 토마스 벨Thomas Bell이 발명한 롤러인쇄기가 생산되다.
1790년	영국인 토마스 세인트Tomas Saint가 세계 최초의 수동 봉제기구를 발명하다.
1791년	미국 헌법이 통과된 후 최초로 설립된 법인 뉴저지공익공업협회 Society for Establishing Useful Manufactures가 특허장을 획득하다.
1802년	미국 델라웨어 주에 듀폰이 설립되다.
1806년	영국 런던에 헨리풀 양복점이 설립되다.
1807년	프랑스에서 주식 양도가 가능한 주식회사가 탄생하다.
1810년	16세의 밴더빌트가 어머니에게 빌린 100달러로 낡은 배를 사서 사업을 시작하다.
1813년	영국 정부가 영국 동인도회사의 무역독점권을 취소하다.
1817년	영국 리버풀맨체스터철도회사에서 세계 최초의 증기기관차가 탄생하다.
1824년	밴더빌트가 리빙스턴의 해운독점권 취소를 요구하는 소송에서 승소하다. 미국에서 통일된 시장의 탄생이 촉진됐다.
1825년	영국 의회가 '거품법'을 폐지하다.
1831년	프랑스 리옹에서 노동자 시위가 발생하다.
1833년	영국 동인도회사가 영국 정부에 의해 무역권을 취소되어 관할권만 가진 법인단체로 전환되다.
1836년	독일 기업가 알프레드 크루프가 질병에 걸리거나 사망한 직원과 그 가족에게 보험금을 지급하다.
1840년	영국의 총 철도부설 길이가 약 3200킬로미터까지 늘어나다. 모든 철도는 특허권을 가진 주식회사가 건설했다.
1842년	영국이 회사법을 개혁해 주식회사가 기업의 주요 형태가 되다.
1843년	지멘스가 전기도금 기술을 발명해 영국 회사에 판매하다.
1844년	영국 법률을 통해 회사가 특허장 없이도 간단한 등기절차만으로 법인을 설립할 수 있도록 허가하다.

1844년	독일 슐레지엔에서 직조공 폭동이 발생하다.
1847년	독일인 지멘스와 할스케가 동업으로 회사를 설립하다.
1848년	스웨덴에서 처음으로 주식회사를 법적으로 인정하다.
1855년	영국이 '유한책임법'을 통과시켜 법인회사가 유한책임을 행사할 수 있도록 했다.
1856년	'현대 기업의 아버지'로 불리는 로버트 로Robert Lowe가 영국의 주식회사법 통과를 성사시키다.
1859년 4월	영국에서 빅벤이 설치되어 표준시가 탄생하다.
1860년	미국의 기업 수가 2만 5000~2만 6000개에 달해 최초로 기업화된 국가로 자리 잡다.

◆ **제4단계** (1861~1912년)

1862년	영국에서 훗날 세계 각국 회사법의 본보기가 된 '회사법'이 통과되다.
1862년	밴더빌트가 해운업을 그만두고 철도업에 진출하다.
1862년 7월	링컨 대통령이 '태평양철도법'에 서명하고 두 회사가 최초로 북미 대륙을 관통하는 철도의 부설권을 획득하다.
1864년	록펠러가 모은 돈 4000달러를 투자해 정유공장을 설립하다.
1865년	〈월스트리트저널〉의 전신인 〈상업금융신문Commercial and Financial Chronicle〉이 창간되다.
1866년	독일 지멘스가 세계 최초로 발전기를 생산해 전기화 시대를 열다.
1866년	미국노동조합이 설립되다.
1868년	250년 이상 일본을 통치하던 도쿠가와 막부가 붕괴되고 메이지유

	신이 시작되다.
1870년	프랑스에서 일반적인 허가만으로 유한책임제 주식회사를 설립할 수 있도록 법률로써 허가하다.
1870년	독일에서 주식회사를 자유롭게 설립할 수 있는 회사법이 제정되다. 하지만 반드시 관리위원회와 감사회로 구성된 이원제 관리구조를 갖추어야 했다.
1870년	록펠러가 정유공장 두 개와 석유수출업체를 합병해 모빌석유를 설립하다.
1871년	시부사와 에이치가 『입회약칙』을 출간하다.
1872년	중국에서 양무운동이 시작되고 민수기업 계롱창소繼龍昌繰 제사공장이 설립되었다.
1873년	시부사와 에이치가 일본 최초의 주식회사인 제일국립은행(현 미즈호은행)을 설립하다.
1874년	영국 동인도회사가 274년의 역사를 마감하고 역사의 뒤안길로 사라지다.
1876년	미국인 발명가 벨이 세계 최초로 전화기를 발명하다.
1882년	근대 중국 최초의 주식회사인 윤선초상국이 설립되다.
1882년	40개 회사를 통합해 스탠더드오일이 스탠더드오일트러스트로 재탄생하다.
1882년	에디슨이 최초로 발전소를 건설하다. 이로써 인류는 지구의 자전주기에 구애받지 않게 됐다.
1883년 11월	미국에서 최초로 전국적으로 통일된 철도시간표가 탄생하다.
1883~1889년	독일에서 국가가 질병보험, 재해보험, 노령 및 폐질보험 등 3개 보험을 창설하는 법안이 의회를 통과하다.
1885년	독일 벤츠가 세계 최초의 자동차를 생산하다.
1885년	세계 최초의 마천루인 시카고 홈 인슈어런스 빌딩이 완공되다.
1886년	주류 업체 기네스가 상장회사가 되다.
1886년	미국 대법원이 회사는 헌법의 보호를 받는 자연인이며 '권리장전'으로부터 전적인 보호를 받는다고 선포하다.
1886년 5월 1일	시카고에서 8시간노동제를 요구하는 대규모 파업이 발생하다. 그

	해 미국에서만 총 1500차례 파업이 발생했다.
1889년	뉴저지 주가 미국에서 가장 자유로운 회사등록법을 제정하고 주 주회사를 인정하다.
1889년	독일 황제가 직접 지멘스에게 귀족 작위를 하사하다.
1890년	일본 후쿠자와 유키치가 최초의 사립대학인 게이오기주쿠대학을 설립하다.
1890년	미국에서 '셔먼 법'이 통과되다. 하지만 독점 행위에 대한 처벌이나 단속 조치는 포함되지 않았으며 노조에 대응하는 수단으로 사용되었다.
1890년	일본에서 '헌법'과 '회사법'이 반포되다.
1891년	독일에서 '생산자 협동조합' 제도가 시행되어 회사 직원들의 발언권이 정식으로 인정되다.
1892년	오하이오 주 대법원이 스탠더드오일의 트러스트협약 승인을 거부하고 독점행위를 비판하다.
1893년	미국의 산업 총생산액이 세계 1위로 올라서다.
1894년	풀먼 단지 파업유혈사태가 발생하다.
1894년 7월 4일	시카고 파업 시위에서 유혈충돌이 발생, 노동자 13명이 사망하다.
1895년	영국 자딘매디슨Jardine Matheson이 중국 상하이에 자딘 방직공장을 설립하다.
1899년	뉴저지 스탠더드오일이 편법을 동원해 '석유왕' 록펠러의 정식 주주회사가 되다.
1899년	독일 바이엘이 아스피린을 개발하다.
1900년	독일과 미국에서 거의 동시에 상업대학이 개설되다.
1900년 3월	미국이 매킨리의 법안 서명을 통해 금본위제 채택을 선언하다.
1901년	J. P. 모건이 카네기의 철강왕국을 인수해 US스틸을 설립하다.
1902년	미쓰이가 중국에 면화공장을 설립해 일본 기업계에 대외 투자 바람을 일으키다.
1902년	기자 아이다 타벨Ida Tarbell이 〈맥클루어스〉 잡지에 총 19회에 걸친 보도를 연재해 스탠더드오일의 진상을 폭로하다.
1902년 5~10월	미국 펜실베이니아 주 서부 무연탄 광산에서 광부 15만 명이 파업

	시위를 벌이다.
1903년	포드자동차가 디트로이트에서 첫 번째 자동차를 판매하다.
1904년	청 정부가 중국 최초의 회사법인 '흠정대청상률'을 반포하다.
1904년 4월	영국인 전기기술자 헨리 로이스Henry Royce가 최초로 2기통 10마력 엔진을 장착한 자동차를 만들다.
1906년	시어도어 루스벨트 정부가 스탠더드오일을 상대로 한 반독점 소송에서 승소하다.
1906년 2월	시카고 육가공공장의 불량한 위생상태를 고발한 소설『밀림』이 출간되다.
1907년	미국 정부가 연방준비위원회를 창설하다.
1908년 9월	윌리엄 듀란트William Durant가 미국 미시건 주에 GM을 설립하다.
1908년	싱어 재봉틀이 뉴욕에 세계 최고 높이(187미터)의 빌딩을 세우다.
1908년	하버드대학 경영대학원이 학생 모집을 개시하다.
1908년	포드자동차가 모델 T를 생산하기 시작하다.
1909년	프랑스 파리에 로레알이 설립되다.
1911년	미국 대법원이 스탠더드오일이 '반독점법'을 위반했다고 판결하고 회사를 34개로 분산시킬 것을 명령하다.
1911년	프레드릭 테일러Frederick Taylor가『과학적 관리법The Principles of Scientific Management』을 출간하다.
1911년 3월	뉴욕 트라이앵글 셔트웨이스트 공장에서 대형 화재가 발생하다.
1912년	J. P. 모건이 미국 의회의 독점 관련 청문회에 소환되다.

◆ **제5단계** (1913~1944년)

1913년	미국이 중앙은행을 설립하다. 이로써 통화독점의 영향력이 크게 약화됐다.

1914년	미국 윌슨 정부가 '반독점법'으로 노조를 제소할 수 없도록 금지하다.
1914년	'클레이턴 반독점법Clayton Antitrust Act'이 시행되다. 이로써 특정인이 경쟁 관계에 있는 두 회사에서 동시에 이사직을 겸직할 수 없게 되었다.
1914년 8월	제1차 세계대전이 발발하다.
1915년	P&G가 장애인보조금 및 퇴직금제도를 시행하다.
1915년	일본 샤프가 창업자 하야가와 토쿠지가 발명한 샤프펜슬의 성공으로 급성장하다.
1915년	일본 히타치가 7000와트급 수력터빈을 개발하다.
1915년	미국이 근로시간과 아동근로에 관한 제한을 강화하는 일련의 법안을 통과시키다.
1916년	시부사와 에이치의 책 『논어와 주판』이 출간되어 일본 기업계의 바이블이 되다.
1916년	포드자동차의 수액주주 닷지Dodge 형제가 헨리 포드를 상대로 소송을 제기하다. 이 사건을 계기로 미국 정부가 기업가의 막강한 힘을 억제하고 소액주주를 보호할 수 있는 방안을 모색하기 시작했다.
1918년	마쓰시타 고노스케가 소켓과 선풍기 애반을 생산하는 소규모 회사인 마쓰시타를 설립하다.
1918년	도요타 키이치로가 방직기제작소를 설립하다. 15년 후 이 방직기제작소에 자동차사업부가 설치됐다.
1920년	앨프리드 슬론이 『조직연구』를 출간하고 '사업부제'를 제시하다.
1920년	독일에서 노조 설립과 노동사의 발언권을 확대하는 법안이 통과되다.
1923년	슬론이 GM의 CEO로 영입되어 최초의 전문경영인이 되다.
1924년	영국인 존 베어드가 최초로 텔레비전을 발명하다.
1924년	세일즈맨 출신의 토마스 왓슨이 IBM을 설립하다.
1926년	영국 기업 4개가 합쳐져 ICI로 재탄생하다.
1926년	시카고대학 교수 제임스 맥킨지James McKinsey가 세계 최초의 경영

	컨설팅회사를 설립하다.
1929년	미국의 생산 능력이 영국, 프랑스, 독일 3국의 생산 능력을 모두 합친 것을 초과하다.
1929년 10월 24일	미국에서 촉발된 세계적인 경제 불황으로 전 세계가 대공황 시기로 접어들다.
1929년	영국의 레버브라더스와 네덜란드의 마가린유니가 합병해 유니레버가 설립되다. 유니레버는 점차 영국 최대 기업으로 성장했다.
1929년 10월	뉴욕 42번가에 당시로서는 세계에서 가장 높은 건축물인 크라이슬러 빌딩이 완공되다.
1930년	미국인 젊은이 아먼드 해머가 포드자동차를 설득해 소련 니즈니노브고로드 시에 연합 자동차 공장을 설립하다.
1930년 6월	미국 의회에서 유사 이래 가장 강력한 보호무역법안 '스무트-홀리 관세법'이 통과되다.
1931년 5월	P&G가 브랜드 관리 제도를 시행하기 시작하다.
1931년 7월	독일이 경제 붕괴를 막기 위해 모든 은행과 거래소에 폐쇄명령을 내리다.
1932년 5월	마쓰시타 고노스케가 1932년을 회사 창립 원년으로 삼다.
1933년 3월	프랭클린 루스벨트가 미국 대통령에 취임하다.
1933년 5월	루스벨트 대통령이 미국 역사상 최초의 증권시장 규범화 법안인 '연방증권법'에 서명하다.
1933년 6월	미국 의회에서 '1933년 은행법'이 통과되어 막강한 힘을 자랑하던 모건 그룹이 두 회사로 분리되다.
1934년	벨연구소의 서류에 연구개발을 뜻하는 새로운 단어 'R&D'가 자주 등장하다.
1935년	미국 의회가 '사회보장법'을 통과시키다.
1936년	존 케인스가 『고용·이자 및 화폐에 관한 일반 이론』을 출간해 정부의 경제 간섭이 필요하다고 주장하다.
1937년	로널드 코스가 「기업의 본질The Nature of the Firm」이라는 논문을 통해 기업이 존재하는 이유는 특정한 경제활동을 조화시켜 거래비용을 최소화하는 데 있다고 주장하다.

1938년	실리콘밸리의 기적이 창조되다. 스탠퍼드대학 동창생 데이비드 패커드David Packard와 빌 휴렛Bill Hewlett이 캘리포니아 주 팰러알토의 한 주택가 차고에서 HP를 창업하다.
1939년 9월	영국과 프랑스가 독일에 선전포고를 하고 제2차 세계대전이 발발하다.

◆ **제6단계** (1945년~)

1945년 12월	28개국 대표가 브레턴우즈 협정에 서명함으로써 국제통화기금과 세계은행이 정식 창설되다.
1946년 2월	미국 펜실베이니아대학에서 세계 최초의 컴퓨터 에니악ENIAC이 공개되다.
1947년	미국 뉴저지 주 머리 힐의 한 실험실에서 트랜지스터가 탄생하다.
1947년 6월	마셜 미국 국무장관이 전후 '유럽부흥계획'을 제안하다. 훗날 이 계획은 마셜플랜으로 불리게 됐다.
1947년 10월	23개국 대표가 제네바에서 관세 및 무역에 관한 일반협정을 조인하다.
1950년대	HP 등 스탠퍼드대학 졸업생들이 창업한 몇몇 회사가 스탠퍼드대학 내 산업단지에 둥지를 틀다.
1950년	미국에서 인터넷이 탄생하다.
1955년 1월	소니가 트랜지스터 라디오의 초기 모델을 개발하다.
1955년 7월	미국 캘리포니아 주에 디즈니랜드가 들어서다.
1955년	벨연구소 트랜지스터연구팀 책임자 윌리엄 쇼클리가 사직한 후 캘리포니아에 반도체회사를 설립하다.
1956년	포드자동차가 공개상장되다.

1957년 3월	프랑스, 이탈리아, 벨기에, 네덜란드, 룩셈부르크, 서독 6개국 정상이 로마에 모여 유럽공동시장 창설에 합의하다. 이것이 훗날 유럽연합EU의 전신 중 하나다.
1959년	일본 교토에 교세라 그룹이 설립되다.
1960년	기업이 그룹으로 확대되기 시작하다.
1965년	마쓰시타가 주5일 근무제를 도입하다. 이듬해에는 전통적인 연공서열제를 폐지하고 경쟁 체제를 도입해 직원들의 재능에 따라 업무와 임금을 결정했다.
1968년	가족경영을 유지해온 지멘스에 최초로 외부인 CEO가 영입되다.
1970년대	파날바 사건이 터지고 업존 모의실험이 실시되다.
1971년	미국 닉슨 정부가 근로자의 임금과 상품 가격을 통제하기 시작하고 환경청, 직업안전위생관리국 등 감시감독기구를 설치하다.
1971년	한 신문기자가 '실리콘밸리'라는 명칭을 만들어내다. 당시에는 실리콘웨이퍼 생산업체의 성공을 표현하기 위한 말로 사용됐다.
1973년 12월	제1차 석유파동이 발생해 유가가 두 배로 폭등하다.
1976년	스티브 잡스와 스티브 워즈니악Steve Wozniak이 스티브 잡스의 집 차고에서 애플컴퓨터를 설립하다.
1977년	미국 경영사학자 챈들러가 『보이는 손: 미국 기업의 관리 혁명』을 출간하다.
1978년	중국 광둥성이 최초로 위탁가공계약을 체결해 중국에서 가공무역이 시작되다.
1978년 12월	중국이 개혁개방정책을 시행하다.
1980년대	실리콘밸리에 3000개 전자회사가 입주해 일부 제조업을 아웃소싱하기 시작하다. 반도체 기판 생산에서 컴퓨터 소프트웨어 개발로 주요 업종이 전환되다.
1980년	미국 대형 투자기관들이 월 가 주식의 3분의 1을 장악하다. 2000년에는 그 비중이 60퍼센트를 넘어섰다.
1980년	미국 의회가 지식산업의 발전을 촉진하기 위해 '베이-돌 법'을 통과시켜 정부, 대학, 기업이 협력할 수 있는 기반을 마련하다.
1980년 5월	중국 정부가 주하이珠海, 산터우汕頭, 선전, 샤먼廈門을 시범경제특

	구로 지정하다.
1981년	미국 경영학자 윌리엄 오우치가 『Z이론』이라는 책을 통해 기업문화라는 개념을 처음 제시하다.
1981년	나라야나 무르티가 인도 벵갈루루에 소프트웨어업체 인포시스를 설립하다.
1982~1992년	영국 정부가 보유하고 있던 북해유전North Sea oil, 브리티시텔레콤British Telecom, 브리티시가스British Gas, 영국항공British Airways, 브리티시스틸British Steel의 지분을 차례로 매각해 국영기업 가운데 3분의 2를 민영화하다.
1982년 1월	미국 사법부가 미국 AT&T가 '독점법'을 위반했다고 판결하다.
1982년 8월	멕시코에서 금융 위기가 발생하자 미국에서 원조를 제공하다.
1982~1983년	남미에서 부채 위기가 발생하다.
1985년	중국 정부가 농부산품을 통일적으로 구매하고 판매하는 제도를 폐지하다.
1987년	소니가 미국 콜롬비아영화사를 인수하다.
1987년 10월	미국에서 '블랙먼데이'라고 불리는 주가폭락 사태가 발생해 세계적인 주가 폭락을 촉발하다.
1989년	일본 미쓰비시가 미국 록펠러센터의 빌딩 14동을 구입하다.
1989년	소니의 창업자 모리타 아키오가 한 정치가와 공동으로 『노라고 말할 수 있는 일본』이라는 책을 출간하다. 그는 책에서 "앞으로 전 세계가 일본의 기업 모델을 본받게 될 것"이라고 단언했다.
1989년 11월	동서독을 가로막고 있던 베를린장벽이 무너지다. 2년 후인 1991년 12월 소련이 해체되고 그와 함께 미소 냉전도 종식되어 30억 인구의 거대한 시장이 탄생했다.
1990년대	일본 경제가 거품 붕괴와 함께 장기 불황으로 접어들기 시작하다.
1990년 11월	상하이 증권거래소가 정식 설립되다.
1991년	인포시스가 인도 제2위 소프트웨어기업이 되다. 2008년에는 전 세계 소프트웨어 수출액 100대 기업 중 3위를 차지했다.
1991년	부시 대통령이 기업들이 막중한 법률적 책임을 수행하도록 규정한 민권법안에 서명하다.

1990년	인도에서 라오 총리가 취임한 후 개방된 시장경제 체제 수립에 착수하다.
1991년	영국 물리학자 팀 버너스 리가 월드와이드웹을 창시하다.
1992년	러시아가 대규모 국유기업 민영화 계획을 발표하다.
1992년 2월	덩샤오핑이 중국 남부 지역을 시찰하고 개혁개방을 더욱 확대해야 한다는 내용의 중요한 담화를 발표하다.
1992년 10월	중국공산당 제14차 전국대표대회에서 사회주의 시장경제 체제 수립을 경제 체제 개혁의 목적으로 확립하다.
1992~1993년	유럽에서 통화위기가 발생하다.
1994년	미국 상무부가 「국가수출촉진전략」이라는 보고서를 통해 '이머징 마켓 국가'의 개념을 처음으로 제시하다.
1994년 3월	중국이 새로운 근로시간제를 시행하다. 주당 근로시간을 44시간으로 규정하고 이듬해 5월 1일부터 주5일 근무제를 시행하고 주당 근로시간을 40시간으로 규정했다.
1994년 5월	중국은행이 처음으로 홍콩달러 발행에 참여하다.
1994년 7월	'중화인민공화국 회사법'이 반포되다.
1997년 7월	아시아 금융 위기가 발생해 동남아시아 각국의 주가와 환율이 폭락하다.
1999년 1월	유로화가 출범하다.
1999년 9월	중국공산당 제15기 중앙위원회 제4차 전체회의에서 '서부개발대전략' 추진을 발표하다.
2000년	임시고용인력 파견업체 맨파워Manpower가 GM을 제치고 미국 기업 중 고용인력 1위 기업이 되다.
2001년 11월	6년 연속 미국에서 가장 혁신적인 기업으로 뽑혔던 엔론이 파산하다.
2001년 12월	중국이 세계무역기구에 가입하다.
2002년	미국 월드콤이 부정회계로 파산하다.
2002년	미국 제록스의 64억 달러 회계부정이 폭로되다.
2002년 여름	부시 대통령이 1930년대 이후 가장 엄격한 회사법인 '사베인-옥슬리 법Sarbanes-Oxley Act'에 서명하다.

2003년	유럽에서 파르말라트의 50억 달러 회계부정 사건이 발생하다.
2004년 1월 1일	중국과 홍콩, 마카오가 체결한 포괄적 경제동반자 협정(CEPA)이 발효되다.
2004년	일본 세이부철도의 상장자격이 취소되다.
2005년	중국해양석유총공사가 185억 달러에 미국 제9위 석유회사 유노콜 인수 입찰에 참여하다.
2006년	델의 분식회계 사실이 폭로되다.
2007년	미국의 서브프라임 위기로 촉발된 세계적인 금융 쓰나미가 발생하다.
2007년 3월 6일	'중화인민공화국 물권법'이 통과되다.
2008년 9월	158년 역사의 리먼브라더스가 파산 보호를 신청한 후 전 세계 증시에서 주가가 폭락하다.
2008년 10월	금융 쓰나미가 확산되어 전 세계 경제가 침체에 빠지다.
2010년 3월	지리 그룹이 포드자동차 산하의 볼보자동차를 18억 달러에 인수하다.
2010년 5월	유엔이 보고서를 통해 중국이 머지않아 세계 제2위 경제대국이 될 것이라고 전망하다.

옮긴이 허유영

한국외국어대학 중국어과와 동 대학 통역번역대학원 한중과를 졸업하고 현재 전문번역가로 활동하고 있다. 지은 책으로 『쉽게 쓰는 중국어 일기장』이 있고, 옮긴 책으로는 『디테일의 힘』 『디테일 경영』 『10년 후 부의 지도』 『저탄소의 음모』 『저우언라이 평전』 『다 지나간다』 『화씨비가』 등 60여 권이 있다.

중국 CCTV·EBS 방영 다큐멘터리

기업의 시대

초판 1쇄 발행 2014년 4월 25일
초판 9쇄 발행 2019년 3월 6일

지은이 CCTV 다큐 제작팀
옮긴이 허유영
펴낸이 김선식

경영총괄 김은영
콘텐츠개발1팀장 임보윤 **콘텐츠개발1팀** 이주연, 한다혜, 성기병
마케팅본부 이주화, 정명찬, 최혜령, 이고은, 이유진, 박지수, 허윤선, 김은지, 박태준, 배시영, 기명리
저작권팀 최하나, 추숙영
경영관리본부 허대우, 임해랑, 윤이경, 김민아, 권송이, 김재경, 최완규, 손영은, 김지영

펴낸곳 (주)다산북스 **출판등록** 2005년 12월 23일 제313-2005-00277호
주소 경기도 파주시 회동길 357 3층
전화 02-702-1724 **팩스** 02-703-2219 **이메일** dasanbooks@dasanbooks.com
홈페이지 www.dasanbooks.com **블로그** blog.naver.com/dasan_books
종이 (주)한솔피앤에스 **출력·인쇄** (주)갑우문화사

ISBN 979-11-306-0271-4 (13320)

· 책값은 뒤표지에 있습니다.
· 파본은 구입하신 서점에서 교환해드립니다.
· 이 책은 저작권법에 의하여 보호를 받는 저작물이므로 무단 전재와 복제를 금합니다.
· 이 도서의 국립중앙도서관 출판시도서목록(CIP)은 서지정보유통지원시스템 홈페이지(http://seoji.nl.go.kr)와 국가자료공동목록시스템(http://www.nl.go.kr/kolisnet)에서 이용하실 수 있습니다. (CIP제어번호 : CIP2014011007)

다산북스(DASANBOOKS)는 독자 여러분의 책에 관한 아이디어와 원고 투고를 기쁜 마음으로 기다리고 있습니다. 책 출간을 원하는 아이디어가 있으신 분은 이메일 dasanbooks@dasanbooks.com 또는 다산북스 홈페이지 '투고원고'란으로 간단한 개요와 취지, 연락처 등을 보내주세요. 머뭇거리지 말고 문을 두드리세요.